航空运输类专业新形态一体化教材

机场服务概论

中航协（上海）培训中心有限公司　组织编写

主编　杨晓青

副主编　狄娟

中国教育出版传媒集团

高等教育出版社·北京

内容提要

　　本教材为航空运输类专业新形态一体化系列教材之一,立足机场运行服务与管理的基本理论和知识,着眼于民航强国及智慧民航建设的未来发展,从民用机场定义、功能、分类及发展概况展开,以机场定位为公共基础设施,要以管理服务为主要职能为引领,系统介绍航站区与飞行区运行服务与管理、航空客货运输服务、民航安全检查、一体化交通系统、机场应急救援管理、运输机场生产运营指标等内容。同时,以支撑新时代民航强国建设和国家重大战略为当今民航机场的发展定位,结合四型机场和智慧民航建设目标,介绍临空经济及智慧机场建设相关知识。教材案例丰富、图片生动、数据翔实,便于读者直观地了解和掌握相关专业知识。此外,还将行业新近出台的规章、条例、指导意见等作为附录,帮助读者了解行业发展情况,可通过扫描书中二维码进行在线学习,在提高学习兴趣的同时,也为学习者提供更多的学习空间。

　　本教材适用于高等职业院校、职业本科院校、应用型本科院校及中等职业学校航空运输类相关专业师生学习使用,也适用于民航企业相关一线从业人员学习及参考。

图书在版编目（CIP）数据

　　机场服务概论 / 中航协（上海）培训中心有限公司组织编写；杨晓青主编. --北京:高等教育出版社,
2023.7
　　ISBN 978-7-04-060525-9

　　Ⅰ.①机… Ⅱ.①中…②杨… Ⅲ.①民用机场－商业服务－高等学校－教材 Ⅳ.①F560.9

　　中国国家版本馆CIP数据核字（2023）第087845号

Jichang Fuwu Gailun

策划编辑	张　卫	责任编辑	张　卫	封面设计	王　洋	版式设计　李彩丽
责任绘图	李沛蓉	责任校对	吕红颖	责任印制	赵　振	

出版发行	高等教育出版社	网　　　址	http://www.hep.edu.cn
社　　址	北京市西城区德外大街4号		http://www.hep.com.cn
邮政编码	100120	网上订购	http://www.hepmall.com.cn
印　　刷	唐山嘉德印刷有限公司		http://www.hepmall.com
开　　本	787mm×1092mm　1/16		http://www.hepmall.cn
印　　张	15.25		
字　　数	340千字	版　　次	2023年7月第1版
购书热线	010-58581118	印　　次	2023年7月第1次印刷
咨询电话	400-810-0598	定　　价	46.00元

本书如有缺页、倒页、脱页等质量问题,请到所购图书销售部门联系调换
版权所有　侵权必究
物　料　号　60525-00

航空运输类专业新形态一体化教材
《机场服务概论》编审委员会

机场又称空港、航站，是国家交通运输系统中的重要结合点，是所在地经济发展的重要基础设施，是该地区通向国内、国际的重要门户，尤其是从高新技术产业发展的角度来看，机场建设和高质量运营对现代社会经济发展有着重要的意义。

民航机场是兼具"公益和收益"双重属性的公共设施联合体及"社会效益和经济效益"双效的承载体。机场建设和机场服务的高质量发展，是新时代民航强国战略的重要组成部分。到 2035 年，我国民航综合实力将大幅提升，形成全球领先的航空公司，辐射力强的国际航空枢纽，一流的航空服务体系、发达的通用航空体系、现代化的空中交通管理体系、完备的安全保障体系和高效的民航治理体系，有力支撑中国式现代化的实现。

2022 年 10 月，党的二十大的胜利召开，对于确保中国特色社会主义始终沿着正确的方向前进，具有重大而深远的意义，我们要以奋发有为的精神状态贯彻落实好党的二十大各项决策部署，努力在新征程上开创民航事业发展新局面。本教材立足民用机场运行与服务，共 11 章内容，系统、全面地介绍民航机场服务的相关知识和理论，包括民用机场概述、飞行区运行管理、旅客航站楼运行服务管理、航空客运服务、航空货运服务、民用机场安全检查、一体化交通系统、民用机场应急救援管理、机场评价指标、临空经济及典型案例、智慧机场概述等内容。在编写过程中结合新时代民航发展新理念、新趋势，引用民航相关规章及行业专家的观点，在此表示衷心的感谢。

本教材由上海民航职业技术学院编写团队负责编写。杨晓青担任主编，负责撰写第五章、第十章和第十一章内容及全书的统稿工作。狄娟负责撰写第一章、第三章、第四章和第八章。周捷负责撰写第六章。董冰艳负责撰写第七章和第九章。张恒负责撰写第二章。本教材在编写和出版过程中，得到了中国航空运输协会和高等教育出版社的大力支持，在此深表谢意。

由于编者能力所限，不足之处难免，敬请专家及读者批评指正，以便不断完善。

编者

2023 年 6 月

目录 <<<<<<<

第一章 民用机场概述

本章内容主要包括民用机场发展历史、民用机场基础知识、民用机场的定位和在经济活动中的作用。通过本章学习，能够了解民用机场发展的 3 个阶段；明确机场的定义、功能、分类及机场系统的构成；了解民用机场开放与使用的相关规定；同时能够认识到机场的两种不同定位以及机场对社会经济产生的积极影响和作用。

🛫 学习目标

- **知识目标**

  1. 掌握民用机场的定义和功能。

  2. 掌握民用机场的分类。

  3. 掌握机场系统的构成。

  4. 了解民用机场开放与使用的相关规定。

  5. 掌握机场的两种定位。

  6. 了解机场在经济活动中的作用。

- **能力目标**

  1. 能够识读机场相关指标参数。

  2. 能够识别机场各功能区域。

- **素养目标**

  1. 培养学生树立民航强国的远大志向。

  2. 培养学生牢固树立民航安全生产意识。

第一节　民用机场发展历史

民用机场的沿革是一个伴随着航空科学技术的进步和航空运输业的发展,从简单到复杂,从单一功能到多种功能的发展历程。

动力技术不断创新:热气球→飞艇→活塞螺旋桨发动机→涡轮螺旋桨发动机(低亚音速)→涡轮风扇发动机(高亚音速)→加力式涡轮发动机(超音速)。

飞机机型不断推陈出新:飞行者一号→容克 F13→麦道 DC3→子爵号→窄体机 B707、A320→宽体机 B767、A300→巨型机 B747、A380。

相应的机场标准不断提高:1A→2B→3C→4C→4D→4E→4F。

相应的跑道结构发生变化:土质、草地→碎石→沥青混凝土→水泥混凝土。

航站楼规模不断扩大:机库→简陋候机室→现代化的候机楼。

机场功能发生质的改变:飞行员的机场→航空公司的机场→社会的机场。

1783 年 9 月 19 日,法国的蒙哥尔费兄弟奉命为国王路易十六表演,上午 9 时许,热气球在三万民众的欢呼声中,载着绵羊、公鸡和鸭子升到 450 m 高,在 8 min 里飞出 3 200 m 远并降落在小树林中,这是人类飞行前用动物所做的搭乘实验飞行。

1852 年,法国人吉法尔发明了飞艇,飞艇相当于装上动力、拥有操纵性的气球,人类终于实现了自主飞行。第一次世界大战时期曾经有几百艘飞艇投入战场。

一直到 20 世纪 30 年代,飞艇担任着航空运输的主要任务。特别是要跨越海洋,来往于欧洲、美洲和亚洲之间,行程几千千米,只有飞艇才能既迅速又舒适地运送旅客。然而,最沉重的打击来自飞艇本身——氢气着火爆炸和设计事故。

世界上著名的大型飞艇接二连三地出事,而新兴的飞机越来越完善,尤其凭借在安全可靠方面的优势,飞机逐渐把飞艇从各条航线上全部排挤出去。至此,完成了"热气球→飞艇→飞机"全部过渡历程,进入了飞机独占天空的年代。

自 20 世纪 70 年代以来,人们又怀念起飞艇来了,各国又纷纷争着制造飞艇。这是因为飞艇有许多飞机所没有的优点,即耗油少,对空气污染小,而且没有噪声;载质量(又称为"载重量")大,飞行平衡,可以用它吊运大型货物或作电视转播等,并且用不可燃的氦气代替易燃的氢气。因此,它将是一种大有希望的飞行器,古老的飞艇将焕发青春。

热气球和气艇的起飞与降落只需要广场或平坦的地面,不需要跑道,故没有机场。

1903 年 12 月 17 日,伴随着莱特兄弟试飞"飞行者"号的成功,美国北卡罗来纳州基蒂霍克附近的海滩便成为世界上的第一个"机场"。从此,机场作为飞机起降的栖息地开始了其从小到大、从简单到复杂、从单一功能到多种功能的发展历程。

一、飞行员的机场

在飞机诞生后的前几年,航空业的焦点是致力于飞机的发展和研究。当时只要找到一块平坦的地面,经过整平、压实或者再种上一些草皮,能承受不大的飞机重量,飞机就可以在上面起降了(图 1-1)。到了 1910 年前后,此时的飞机只是用于航空爱好者的试验飞行或军事目的飞行,机场只为飞机和飞行人员服务,基本上不为当地社会服务。此时的机场十分简陋,有限的几个人管理飞机的起降,用简易的帐篷来存放飞机。这是机场发展的第一阶段,可以称为"飞行员的机场"。

图 1-1　莱特兄弟首次飞行的机场

伦敦盖特威克机场蜂巢型航站楼(1933 年设计)如图 1-2 所示。

图 1-2　伦敦盖特威克机场蜂巢型航站楼(1933 年设计)

二、航空公司的机场

第一次世界大战以后,欧洲开始建立起最初的民用航线。1919 年 8 月 25 日世界上第一条由英国伦敦到法国巴黎的民用航线通航,由此揭开了航空运输的序幕。最初的航空运输几乎都是利用第一次世界大战结束后剩余的飞机来进行的。这些飞机都得到不同程度的改进,以适用于商业运输。所谓改进,往往只是拆除枪炮和炸弹挂架,有些飞机也开始安装简单的密闭座舱。飞行人员和地勤人员几乎全部是从军事飞行部队招收来的,实际上不需要经过业务训练。战时的旧飞机库和木棚充当候机室。世界范围的机场建设也随之逐步发展起来,机场大量出现于世界各地。开始有条形跑道和简陋的候机室,候机室仅仅是一座供旅客和亲友在出发前告别和到达时迎候的遮蔽所。检票和交运行李手续仍然十分简单,旅客步行登机,飞机靠近候机室停放。当时,货运量也很少,多为旅客班机带货,因此客、货运站不分。

20世纪30年代,麦道公司DC-3型飞机试飞成功,可载客14人,并带卧铺,用于航空运输。随着航空技术的不断进步,飞机质量和轮胎压力不断增大,原来的机场已不能满足飞机的使用要求,特别是在雨、雪等不良天气条件下,通常不能使用。随着航空运输业的发展,飞机的机型由小变大,客、货运量都有较大幅度的增加,航空客、货运业务逐步分开。为适应定期航班不断增加和两架、三架或更多架飞机同时停放的需要,不得不扩建候机楼以代替为一架飞机使用需要的候机室。为了满足航管、通信要求,以及跑道强度要求和一定数量旅客进出机场的要求,塔台、混凝土跑道和候机楼应运而生,现代机场的雏形已经开始形成。此时,机场主要是为飞机服务。这段时间是机场发展的第二阶段,可以称为"飞机的机场"或"航空公司的机场"。

三、社会的机场

第二次世界大战后,国际交流开始增加,飞机的航程、载量和速度都在大幅增长,客、货运输量也不断增长,客观上对机场有了更高的要求。1944年11月,52个国家的代表出席了在芝加哥的会议,讨论有关国际民用航空问题,会议产生了国际民用航空公约。1947年国际民航组织(ICAO)正式成立,在20世纪50年代中,国际民航组织为全世界的机场制定了统一标准和推荐要求,主要有国际民用航空公约的附件14-机场、附件16-环境保护等文件,使世界的机场建设和管理大体上有了统一的标准。

到了20世纪50年代末,随着喷气式民航客机的问世和投入使用,飞机开始真正成为大众的交通运输工具。这也标志着航空运输进入了一个崭新的历史阶段,同时使得机场发生了质的变化——随着飞机起降速度的增加,雷达技术和仪表着陆系统为了配合空中交通管制的需要开始出现在机场里;机场的跑道、滑行道和停机坪也开始进行加固或延长,从而满足了飞机的起降要求;客、货数量的不断增加,客观上需要对原有的候机楼、停机坪、进出机场的道路进行改建和扩建,以满足航空运输的需要;航班数量的增加使噪声对居民区的干扰成了突出问题,于是对飞机的噪声限制和机场的规划建设有了更高的要求;为了机场的可持续发展,机场的规划建设与发展需要和城市的规划建设与发展有协调的、统一的、长期的考虑;机场逐步开始成为可供各类飞机起降、服务设施完善的航空运输中转站。航空运输也开始成为地方经济的一个重要的、不可缺少的组成部分。此时,机场已成为整个城市社会的一部分,因此从这个时期起机场成了"社会的机场"。

20世纪50年代的北京首都机场如图1-3所示。

四、从"城市机场"到"机场城市"

纵观机场百年的发展历史,其逐渐由远离城市发展为城市中的枢纽,伴随着城市的快速扩张,机场的规模也逐渐由建筑尺度演变为地理尺度,无论是从规模还是功能上而言,都最终更新迭代为以航空功能为核心、多种建筑类型融合的机场城市。现代化国际机场的职能正在逐渐由单一的交通设施演进为综合性的航空港，并在外围地区形成以航空运输为中心，集高新技术产业、仓储及出口加工、商贸金融、办公会展、观光旅游、生活居住等功能及相应配套设施于一体的综合经济区。

图 1-3　20 世纪 50 年代的北京首都机场

从空间布局关系来看，机场及周边一般分为 4 种区位类型。第一种是空港区。空港区是机场所在地区，并包括一些与空港运营相关的行业，如航空、飞机后勤服务、旅客服务、航空货运服务等公司和政府机构。第二种是紧邻机场地区。其主要是机场商业的活动地区，为机场运营、旅客以及在机场工作的员工、航空货运相关流程提供服务。这些活动通常在机场开通一年内就开始存在。而枢纽机场高比例的转机客产生了在空港区和紧邻机场地区的高就业水平。第三种是机场相邻地区与机场交通走廊沿线地区。其一般在机场周围 6 km 范围内，或者在机场交通走廊沿线 15 分钟车程范围内，主要是发展"附属产业"和"吸引产业"。附属产业包括加油站、机场工作人员公寓和住宅、零售业等。这些活动的增长与机场的运营水平直接相关，一般在机场运营 5~10 年才能得到充分发展。吸引产业与机场运营无直接关系，主要是借助于国际性航空港的服务功能使商业活动得到扩展。其包括货运代理、仓储、高科技导向型产业、跨国公司总部、贸易展销中心、酒店及会展服务设施等。第四种是都会区内其他地区。机场会以不同方式对都会区内其他地区的商业活动产生相对间接的影响。

从形成过程来看，从机场到机场城市是有条件的：一是只有当机场本身就是航空运输的枢纽，客流量和货流量达到一定的程度，这个地区才有形成机场城市的基础；二是只有机场所在的城市经济发展到一定程度，基础设施水平较高，城市化水平和人口素质条件相对较高，机场城市才能形成。

第二节　民用机场基础知识

一、民用机场的定义

《中华人民共和国民用航空法》（以下简称《航空法》）中的"民用机场"是指专供民用航空器起飞、降落、滑行、停放及其他保障民用航空活动的特定区域,包括附属的建(构)筑物和设施。

(1) 航空器是指依靠空气的反作用力被支承在大气中的机器。它包括民用飞机、直升机、飞艇、热气球等。

(2) 民用航空是指使用各类航空器从事除军事性质(包括国防、警察和海关)之外的所有航空活动。

民用航空一般分为两大部分:商业航空(又称为航空运输)和通用航空。

(3)《航空法》中"民用机场"不包括临时机场和军民合用机场,军民合用机场由国务院、中央军委另行制定管理办法。

(4) 特定区域是指飞行区,是由净空障碍物限制面所要求的尺寸和坡度等所形成的面积与空间,还包括机场的各种设施,以及建、构筑物等,如旅客航站楼、目视助航系统、通信导航、气象、空中管制等设施以及其他建筑物,这些设施和建(构)筑物是机场正常营运及保证飞行安全的基础设施。

各国对机场的解释不完全一致。俄罗斯、罗马尼亚有"机场"和"航空港(站)"两个概念,把只为航空器起降和停放并具备相应设施的指定区域称为"机场",把为旅客、托运人提供客货运服务的机场称为"航空港(站)",美国航空法中"着陆区"的概念与俄罗斯、罗马尼亚的"机场"有点类似,把供客、货运输服务的着陆区也称为"航空港"。我国《航空法》中没有使用"航空港"一词,但在"民用机场"定义中已经包括国外立法中"航空港(站)"的含义。按国际通例把商业航空运输的机场一律称为空港。

二、民用机场的功能

简单地说,民用机场的基本功能包括 3 个方面:一是供飞机起飞、降落;二是供旅客到达(进港)、出发(出港、离港);三是供货物运入、运出。机场承担旅客和货物地面运送的全部任务,既是地面运输和航空运输的交接面,又是旅客、货物运输的集散点。机场是航空运输生产场所,也是航空运输生产的一个重要环节。

随着机场的发展,机场的功能也在不断完善和外延。

(1) 供飞机安全、有序、高效地进行起降运行。

(2) 在飞机起飞前、降落后,提供各种设施和设备,供飞机停靠指定机位。

(3) 提供各种设施和方便,组织旅客及行李、货物和邮件改变交通方式(地转空或空转地)。

（4）提供各种设备和设施，安排旅客、行李、货物、邮件等方便、安全、及时、快捷地上下飞机。

（5）提供空中交通管制、通信导航监视、航空气象、航行情报、飞机维修等各种技术服务。

（6）一旦飞机在机场范围内发生事故时，能提供消防和紧急救援服务。

（7）提供各种设备和设施，供飞机补充油料、食品、水及航材等，并清除、运走废物。

（8）为旅客、货邮提供方便的地面交通组织和设施（如停车场和停车楼）。

（9）机场基本功能的扩大，即提供各种商业服务，如餐饮、购物、会展、休闲服务等。依托机场还可建立物流园区、临空产业区、临空经济区及航空城等。

三、民用机场的分类

根据机场的性质、规模大小、业务范围以及在民航运输系统的地位和作用，对其按不同标准和要求进行分类，以便于科学管理、合理建设与设置响应配套设施和机构。机场的分类如图1-4所示。

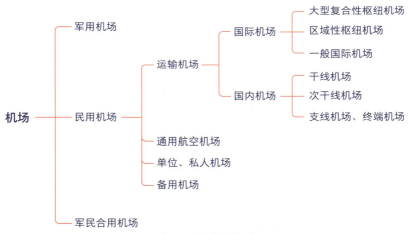

图 1-4　机场的分类

1. 按机场的使用性质划分

机场根据其使用性质，可以划分为军用机场、民用机场、军民合用机场。

军民合用机场主要用于保证作战飞机、航线飞机的停放和正常飞行，现在军民合用机场已经不多了，过去许多民用机场都是从军民合用机场改建而成的。例如，原来的兰州中川机场、福州义序机场、济南张庄机场、杭州笕桥机场、目前的大连周水子机场、青岛流亭机场等。

2. 按照飞行航线的性质划分

民用机场根据是否对外开放，可以划分为国际机场和国内机场。

国际机场是指已在国际民航组织登记并对外开放、可以接受外国航空器起降或备降的机场。它包括国际定期航班机场、国际定期航班备降机场、国际不定期飞行机场、国际不定期飞行备降机场等。截至 2023 年 5 月,我国现有航空口岸 81 个(包含 85 个机场),港澳台地区 5 个(包含 6 个机场),总计 86 个(包含 91 个机场)。

3. 根据飞行活动的性质划分

民用机场根据飞行活动的性质,可划分为运输机场和通用航空机场。

运输机场是指供公共航空运输的民用航空器使用的民用机场,从事航空运输活动也可以用于通用航空活动的机场。通用航空机场是指除运输机场之外,供民用航空器使用的民用机场。它主要为工业、林业、农业、牧业、渔业生产和国家建设服务的作业飞行,如地矿测绘、城市建设、石油开发服务飞行,以及医疗卫生、抢险救灾、海洋及环境监测、科学实验、教育训练、文化体育、行政公务、旅游观光、航拍影视、宣传广告等各项工作活动之用的机场。

4. 根据运输的功能划分

民用机场根据运输功能,可划分为支线机场和枢纽机场。

机场是航空运输的重要基础设施,机场的发展是伴随着航空运输业的发展以及企业经营方式(特别是航空公司的航线网络)的转变而得到不断发展的。在航空运输业的早期,航空运输企业普遍采用"城市对"的航线结构,机场功能仅仅满足终端旅客需求,这类机场称为终端机场。随着航空运输业的发展,各航空公司出于航空市场竞争的需要以及提高经济效益等因素的考虑,对其所采用的航线结构进行调整,采用所谓的"轴心辐射式"航线结构来代替传统的"城市对"航线结构,从而形成枢纽机场的概念,机场功能不仅要满足终端旅客的需求,还要满足中转旅客的需求,这类机场称枢纽机场。那些连接枢纽机场的终端机场称为支线机场。根据国务院 2021 年发布的《国家综合立体交通网规划纲要》,国家综合机场体系是国家综合立体交通网的重要组成部分,由国际航空(货运)枢纽、区域航空枢纽、非枢纽机场和通用机场有机构成。要着力优化布局结构,巩固北京、上海、广州、成都、昆明、深圳、重庆、西安、乌鲁木齐、哈尔滨等国际航空枢纽地位,推进郑州、天津、合肥、鄂州等国际航空货运枢纽建设,加快建设一批区域航空枢纽,建成以世界级机场群、国际航空(货运)枢纽为核心,区域航空枢纽为骨干,非枢纽机场和通用机场为重要补充的国家综合机场体系。

5. 按照机场所在城市的性质、地位并考虑机场在全国航空运输网络中的作用划分按照机场所在城市的性质、地位并考虑机场在全国航空运输网络中的作用,可以将机场划分为Ⅰ类、Ⅱ类、Ⅲ类、Ⅳ类。

(1) Ⅰ类机场:全国政治、经济、文化中心城市的机场,是全国航空运输网络和国际航线的枢纽,运输业务量特别大,年旅客吞吐量在 4 000 万人次以上,除承担直达客货运输功能之外,还具有中转功能。

(2) Ⅱ类机场:省会,自治区首府,直辖市和重要经济特区,开放城市和旅游城市或经济发达、人口密集城市的机场,可以全方位建立跨省、跨地区的国内航线,是区域或省区内航空运输的枢纽,有的可开辟少量国际航线,年旅客吞吐量为 1 000 万 ~ 4 000 万人次。

(3) Ⅲ类机场:国内经济比较发达的中小城市,或者一般的对外开放和旅游城市的机场,能与有关省区中心城市建立航线,年旅客吞吐量为 200 万 ~ 1 000 万人次。Ⅲ类机场也可以称为次干线机场。

（4）Ⅳ类机场：支线机场，指年旅客吞吐量在 200 万人次以下的机场及直升机场。

根据国际航空运输的发展趋势，结合我国实际情况，从充分发挥机场功能以及有利于今后合理布局和建设的目的出发，根据机场目标年旅客吞吐量，2018 年中国民用航空局机场司发布的《绿色机场规划导则》将民用运输机场分为超大型机场、大型机场、中型机场和小型机场。

① 超大型机场为目标年旅客吞吐量在 8 000 万人次以上（含 8 000 万人次）的机场。
② 大型机场为目标年旅客吞吐量为 2 000 万～8 000 万人次（含 2 000 万人次）的机场。
③ 中型机场为目标年旅客吞吐量为 200 万～2 000 万人次（含 200 万人次）的机场。
④ 小型机场为目标年旅客吞吐量在 200 万人次以下的机场。

四、民用机场的系统构成

围绕机场的各项功能，机场形成了一个非常复杂的系统。机场系统如图 1-5 所示。从图 1-5 中可以看出，机场可以分为飞行区、航站区、地面运输区三大块，就是机场 3 项主要功能的体现。为了实现这些功能，单靠这三大块是不够的。此外，还要有一系列的配套设施。在机场区域里，就有许多不隶属于机场，但同飞机和飞行密切相关的设施，包括空中交通管理系统的塔台和相关的设施、航空公司的客货运输服务及维修设施、油料供应设施，以及海关、边防检查、检疫等部门的设施。

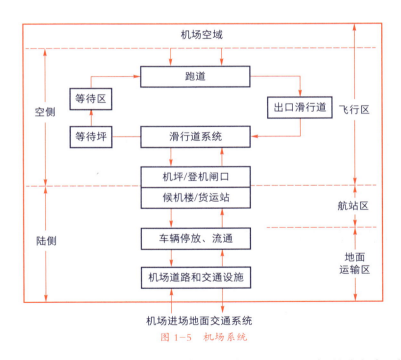

图 1-5　机场系统

从图 1-7 中可以看出，民用机场作为商业运输的基地可以把整个机场系统分为两大块：一块是机场空域，供进出机场的飞机起飞和降落，由于它与航路系统相通，因此由民航局空中交通管理局管理；另一块是机场地面系统，由飞行区、航站区（候机楼、货运站）和地面运输区三部分组成,地面系统由机场管理部门管理。

机场地面系统又可以细分为空侧和陆侧两大块。空侧是供飞机在地面上活动的部分,主要包括供飞机起飞、着陆的跑道,飞机停放的机坪,以及连跑道和机坪之间的滑行道。陆侧是为旅客和货物进出机场地面作业的部分,主要包括为旅客和货物办理手续与上下飞机的航站楼、各种附属设施以及机场地面交通设施(机场地面道路、停车场等)。旅客、货物则通过城市地面交通系统(高速公路、轨道交通、高速铁路)进出机场。

空侧和陆侧的分界点从旅客活动意义上讲是安检口;从机场规划的意义上讲空侧和陆侧是由航站楼和机坪作为分界线的,也就是说,飞机停机位成为两个区域的分界线。

1. 飞行区

我国《民用机场飞行区技术标准》定义的飞行区(Airfield Area)是机场供起飞、着陆、滑行和停放的地区,包括跑道、升降带、跑道安全区、停止道、净空道、滑行道、机坪以及机场净空,含空中部分和地面部分。

(1)空中部分:机场的空域,包括飞机进场和离场航路。

(2)地面部分:包括跑道、滑行道、停机坪和登机门,以及一些为飞机维修和空中交通管制服务的设施与场地(机库、塔台、救援中心等)。

《国际民用航空公约》中并没有飞行区的定义,只有以下定义。

(1)活动区(Movement Area):机场用于飞机起飞、着陆和滑行的部分,由运转区和机坪组成。

(2)运转区(Maneuvering Area):机场内用于飞机起飞、着陆和滑行的部分,但不包括机坪。

(3)着陆区(Landing Area):活动区中供航空器起飞和着陆用的那一部分区域。

2. 航站区

旅客登机的区域和装卸空运货物的区域,是飞行区和地面运输区的结合部位,包括候机楼、候机楼外的登机机坪、旅客出入车道和专门的货运站。

3. 地面运输区

车辆和旅客活动的区域,包括机场进入通道、机场停车场和内部道路。

机场平面示意图如图1-6所示。

五、民用机场的开放与使用

民用机场必须经验收合格,取得机场使用许可证(图1-7),方能开放使用。民用机场是否按国务院民用航空主管部门制定的标准进行建设的,是对民用机场申请机场使用许可证审查工作的最基本、最重要的内容。只有坚持按照标准验收,才能保证机场投入使用后,在技术条件保障下使其正常营运。

《民航法》规定,《民用机场使用许可证》由机场管理机构向国务院民用航空主管部门或民航地区管理局申请,经国务院民用航空主管部门或民航地区管理体制局审查批准后颁发。民航地区管理局审批颁发本辖区内飞行区指标为4D(含)以下运输机场和通用机场的民用机场使用许可证。民用机场使用许可证,有效期为5年。

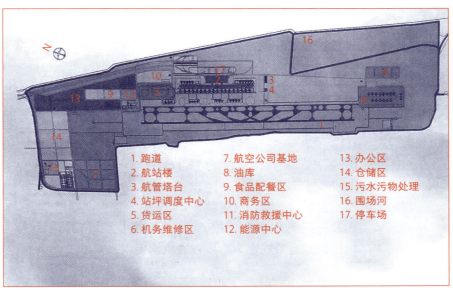

1. 跑道　　　　　7. 航空公司基地　　13. 办公区
2. 航站楼　　　　8. 油库　　　　　　14. 仓储区
3. 航管塔台　　　9. 食品配餐区　　　15. 污水污物处理
4. 站坪调度中心　10. 商务区　　　　　16. 围场河
5. 货运区　　　　11. 消防救援中心　　17. 停车场
6. 机务维修区　　12. 能源中心

图 1-6　机场平面示意图

民用机场使用许可证

机场名称：_____　　　使用许可证编号：_____

机场所有者法定代表人：_____　机场管理机构法定代表人：_____

机场管理机构名称：_____　机场使用性质：_____

飞行区指标：_____　　　道面等级号：_____

可使用机型：_____　　　消防救援等级：_____

跑道运行类别：_____

目视助航条件：_____

本机场使用许可证根据《中华人民共和国民用航空法》第六十二条、六十三条以及《民用机场使用许可规定》(民航总局第156号令)颁发。

机场管理机构应当遵守相关法律、法规中关于机场开放使用条款及经认可的《民用机场使用手册》，否则，国务院民用航空行政主管部门有权责令该机场停止使用，没收违法所得，可以并处一倍以下的罚款。

本机场使用许可证不可转让，除被吊销、注销外，有效期五年。

发证机关

年　　月　　日

图 1-7　民用机场使用许可证

民用机场具备下列条件，并按照国家规定经验收合格后，机场管理机构方可申请《民用机场使用许可证》。

（1）具备中华人民共和国法人资格。

（2）机场高级管理人员具备相应的条件。

（3）机场资产的资本构成比例符合国家有关规定。

（4）具备运营管理运输机场的组织机构和管理制度。

（5）具备与其运营业务相适应的飞行区、航站区、工作区以及服务设施和人员。

（6）具备能够保障飞行安全的空中交通管制、通信导航、气象等设施和人员。

（7）飞行程序和运行标准已经批准并正式公布。

（8）具备符合国家规定的安全保卫条件。

（9）具备处理特殊情况的应急预案以及相应的设施和人员。

（10）具备满足机场运行要求的安全管理体系。

（11）国务院民用航空主管部门规定的其他条件。

国际机场的设立，由机场所在地省、自治区、直辖市人民政府向国务院民用航空主管部门提出申请，由国务院民用航空主管部门会同国家有关行政主管部门审核后，报国务院批准。

国际机场除具备运输机场开放使用的条件之外，还应当具备国际通航条件，设立口岸查验机构，并经验收合格后，方可对国际和地区航班开放。

国际机场的开放使用和国际机场资料，由国务院民用航空主管部门统一对外公告。

机场管理机构应当根据国家有关规定为口岸查验机构提供必要的工作条件。

六、机场代码

1. 三字和四字机场地名代码

机场代码是用来标识机场的一组字母代号，有两种不同的机场代码系统。

（1）三字机场地名代码，也称为 IATA 机场代码，由国际航空运输协会（International Air Transport Association）对机场进行编号，通常由 3 位字母组成，刊登在 IATA 机场代码目录中。三字地名代码是 SITA 电报中经常用到的地名代码，用来发动态电报，SITA 电报是空管部门与航空公司运控中心相互联系的主要手段，用来传递航班计划、航班动态。它是最常用的机场代码，多用于公众场合。

（2）四字机场地名代码，也称为 ICAO 机场代码。由国际民用航空（International Civil Aviation Organization，ICAO）所制定，公布在 ICAO 的行情通告的地名代码 DOC7910 上。四字地名代码是 AFTN 固定电报中常用到的地名代码，是 AFTN 固定电报的重要组成部分，主要用于空中交通管理部门之间传输航班动态，航班信息处理系统中就是以四字代码代表目的地机场和起降机场，较少在公众场合使用。

2. 机场英文代码的缩写规则

（1）机场的是三字代码是向 IATA 申请的，因为是全世界的机场统一编码，很多代码已经被别的机场使用了，后面申请的就不可再使用，所以三字代码不可能完全与机场的名称相联系，申请得越晚越不容易与名称相关。

（2）ICAO 机场代码是国际民航组织为世界上所有机场所制定的识别代码，由 4 个英文字母组成。ICAO 机场代码被空中交通管理及飞行策划等使用。ICAO 机场代码一般与公众及旅行社所使用的 IATA 机场代码并不相同。

ICAO 机场代码有区域性的结构，并不会重复。通常首字母代表所属大洲。EG 开头的都是英国机场，美国大陆使用 K 开头，大多数 Z 开头的是中国机场（不包括 ZK—朝鲜和 ZM—蒙古），V 为东南亚地区，E 为欧洲地区。第二个字母代表国家，剩余的两个字母用于分辨城市。

第三节　民用机场的定位和在经济活动中的作用

一、民用机场的定位

机场作为民航运输市场体系中的一个重要组成部分,是衔接民航运输市场供给和需求间的纽带。但长期以来,机场与航空公司相比在市场经济活动中处于相对被动的地位。同时,机场的市场地位界定不甚清晰,使得机场的建设投资、经营管理、政府监管等往往出现偏差。随着航空运输市场的不断成熟和发展,对机场的运营也提出了更高的要求。明确机场的市场定位是机场经营运作的前提和基础,同时对提高机场的经营效益,加强民航业政府监管具有十分重要的现实意义。

正确的定位是由机场的特殊性所决定的。我国机场行业的特殊性主要体现在以下 4 个方面。

(1) 公益性。我国机场业是关系国民经济发展的重要交通基建行业,很大程度上国家不会放弃对它的管制。在国务院颁布的《民用机场管理条例》(国务院令第 553 号)中,机场被定义为具有公益性质的基础设施。

(2) 区域性。机场是一定区域内共同使用的机场,对区域经济具有依赖性,地区经济对机场发展有巨大的带动作用,机场业的发展离不开地方政府的支持;相反,机场业的发展对区域经济又有强大的拉动作用,正因为如此,被视为区域经济的"发动机"。

(3) 自然垄断性。由于机场投资大且有一定的有效辐射范围,在一个相对独立的区域内,只能有一个民用机场,这在一定程度上决定了机场业有一定的自然垄断特性。只有在某些特定的城市才有两个或 3 个机场,而这些机场又由一个管理机构进行管理,例如,我国的上海市就有两个机场,但两个机场间不存在竞争。

(4) 准军事性。根据国家安全需要,民航机场将随时服从国家征用,变为军事用途,因而具有准军事性特征。

民用机场在社会、政治、经济活动中的定位可分为两类:公益性定位与经营性(收益性)定位。

(一) 机场的公益性定位

民用机场公益性定位是国家与行业为了经济发展的需要,从改善交通与经济发展环境的角度出发,突出机场作为一项国家基础设施的社会功能,并将机场作为公益设施进行管理。

民用机场的特点是:由政府负责投资,产权归政府所有,由政府直接管理或组织机场当局对机场进行管理。机场不以赢利为目的,仅仅为航空公司和公众提供公正良好的竞争环境和服务,机场亏损由政府进行补贴。

例如,除少数几个机场由州政府拥有之外,美国的机场基本上全部是由县政府拥有,县政府设立准政府机构"管理局"负责运营的。机场建设资金主要由地方财政负责,另外也可向美国联邦航空局(FAA)申请航空信托基金的 AIP 项目获得一定比例的赠款。由于机场建设投资量大,资金使用时间比较集中,因此一般靠地方政府发行债券来筹集资金,以后再由财政统一安排偿还。机场运营的资金来源主要靠起降费、机场内的商业招租费,另外也可以向旅客和承运人收取一些地方规定的税费,运营亏空由政府补助。

我国的机场以公益性定位为主。随着社会的发展和经济水平的提高,我国的机场管理制度经历了多次变革,自 1949 年设立民航局,一开始由人民革命军军事委员会管辖,1980 年由空军代管变革为国务院领导,1985 年又有了管理体制改革,1987—1994 年,又分设了地区管理局、航空公司和机场。1994—1998 年,改革进一步形成 3 种模式,民航、地方还有民航与地方联合建设、管理机场。到了 2004 年,除了首都国际机场(及天津滨海)和西藏自治区内的机场,其他机场都属于地方政府管理。政企改革后,政府也从以往的行政命令和直接干预转变成法律手段与经济手段,辅助一定的而宏观调控和行政手段。

(二) 机场的经营性(收益性)定位

2002 年中国民用机场开启属地化管理改革以后,近年来,政府在机场建设运营中也不断引入民间资本,一方面是为了缓解机场建设巨额投资的压力;另一方面是为了引入市场的活血,提高经营效率。机场在企业化定位的大环境下,开始学习国外同行,利用机场的资源,进行多元化经营,注重非航空业务的开发,取得了一定的成绩,机场逐步从公益性转变为经营性机场。

机场运营管理的发生变革,引进多元资产结构,对机场进行大规模的投资,按商业企业的形式组织和经营,加大机场自身的经营自主权和财务自主权。改变了机场许多运营政策,目标是让机场更有效运营,并且建立以消费者为导向的服务。

我国不同机场也在探索新的经营管理模式,提高机场的运行效率和经济效益。厦门国际航空港股份有限公司、上海国际机场股份有限公司、北京首都国际机场股份有限公司、广州白云国际机场股份有限公司、深圳市机场股份有限公司,海南美兰机场股份有限公司陆续上市。珠海机场让香港机场进行特许专营合作;西安机场接受法兰克福机场的投资;杭州萧山机场和香港机场成立合资公司,负责机场业务;上海机场集团和香港机场成立合资公司,为虹桥机场提供管理服务;同时机场开始引入多种经营模式,如特许经营、BOT。机场逐步放开管制,由社会福利最大化机场偏向市场化运作。2018 年 2 月 23 日,中央同意建立湖北鄂州民用机场"顺丰机场",顺丰公司也成为国内第一家拥有自己机场的快递公司。

(三) 我国机场的定位

《民航总局关于深化民航改革的指导意见》中明确指出机场是公益性基础设施,要推行机场的分类管理,引导地方政府对具有赢利能力的大型机场实行企业化管理,对中小型机场则按照公益性企业的要求管理。

对于收益性机场,明确其企业型定位,赋予其更大的经营自主权和财权。在建设投资方面,主要通过引导民间资本投入或机场自我融资进行建设,机场的一般维护建设财政不再投入资金,但机场飞行区等公益性建设可申请政府投入。在运营方面,鼓励和帮助收益性机场从传统运营模式向现代运营模式转变。例如，通过规章或其他法律形式，明确机场专营权概念。但是对航空器地面服务和航空食品，由于其涉及航空公司的生产运营环节，不应包含在机场专营权范围内；对航油加注领域，由于我国机场现有航油储存、供应系统都由航油集团公司建设，在当前体制下也不宜纳入机场专营权范围。

对于公益性机场，主要由政府进行公益性投资并承担经营责任，这类机场不以盈利为目标，机场管理机构的职责是维护机场的正常运转。为实现普遍服务的目标，政府应对这类机场的运营亏损进行补贴。

二、民用机场在经济活动中的作用

航空运输业的兴起，在经济价值上建立了一种全新的投入——产出关系，将社会空间纳入了社会资源体系，向社会经济提供了新的富源，人类物化和活化的劳动，因流通的加速而实现增值，它扩大了劳动力和资本的使用范围，促进了国际分工和国际贸易，极大地提高了社会生产力水平和经济效率；使用航空货运作为运输渠道的现象正在增加，特别是对那些高价值低质量或需要紧急运输的物品。经合组织（经济合作暨发展组织）已经预测全球贸易中就价值而言，大约1/3要通过航空运输。

全球化经济的目标是在世界范围内追求最合理的资源配置和以最低成本取得最大的效益和利润。它不仅需要信息的快速传播，而且需要人员和物资的迅速流动，其中后面两项的快速流动主要依靠航空运输来完成。例如，某家著名服装生产厂，面料是由韩国或我国台湾生产，因为那里的生产工艺精良；缝制则在中国大陆，因为人工成本低且做工精细；成品运到巴西去包装，因为当地包装材料物美价廉；商品由墨西哥发货，因为该国属于北美贸易自由区，向美国出口关税较低；最后在美国销售，那是因为美国的市场大。商品在很多国家游动穿梭，肯定会因为运费的花费而使成本提高，但由于此商品在全世界使用了最廉价的资源，总的成本不但没有提高，反而因此赚到最大的利润。这是一个全球运转的链条，其中每一环节都要靠快速的运输去连接。如果不借助空运去衔接的话，就至少要耗时两个月以上。时装是有很强的时限性的，众所周知，市场上该商品晚上市两个月会给企业带来巨大损失。

（一）国家对外的窗口

民用航空改变了人们的时空观念和生活方式。从人类发明飞机至今，上百年过去了，由于飞机变大变快，使地球越变越小，变成了真正意义上的"地球村"，航空运输彻底改变了人们的时空观念和传统的经济地理概念，使得人们的视野拓宽了，工作的机会增加了，消费的选择范围扩大了。机场作为航空运输的节点，成为国家的门户、地区的窗口、走向世界的重要桥梁。

在国家软实力的全球传播中，民用航空建立起了一种新的高效率的文化交流通道。各国各地区的民航运输本身代表着一种文化，通过航空运输，增进人们对各国各地区的文化了解，促进对不同文化的认同，实现更高的国际融合。同时，航空运输的发展水平也关系到一个国家在国际上的政治声望和软实力。2008年我国成功举办第29届夏季奥运会和残奥会，2010年成功举办了第41届中国上海世界博览会，其中中国民航在火炬传递和航空运输保障上的作用受到各方高度评价和充分肯定。2018年进博会让更多的中国人通过机场这个地区窗口走出国界看世界，让世界各国人民走进国家的门户了解中国，大大拓宽了人们的视野，建立了一种新的、高效率的文明传播通道，使得相距遥远的人群和不同的民族能够更容易地交流思想、文化、情感、艺术、宗教、风俗等，加深彼此的了解与沟通，共同推进社会文明，共享人类文明进步的成果。

（二）民用机场是旅客货物的现代化综合交通集散地

目前世界上一些现代化大机场周围既有铁路也有港口，是一个完整海陆空交通枢纽中心。一般机场的地面交通系统可以包括公共汽车、私人汽车、出租汽车、地下铁路、轻轨快速运输系统等；停车设施可以包括停车场、停车楼、远距离停车场、长期停车场等；候机楼可以有多幢，建筑面积为几万平方米、十几万平方米甚至几十万平方米；客机坪可以同时停放几十架飞机；这样的候机楼设施，可以在1小时内为几十架甚至上百架的各类飞机的几千旅客乃至上万旅客办理进出港手续，提供各种服务，年旅客吞吐量达到三四千万人次或一亿人次。据《国际机场理事会ACI》统计，2019年美国亚特兰大机场客流量为11 053.1万人次、北京首都机场10 001.1万人次、洛杉矶机场为8 806.8万人次、迪拜国际机场为8 639.7万人次、上海浦东机场为7 614.8万人次，就连人口不到600万的新加坡，其樟宜机场也有6 830万人次的客流量。

随着海、陆、空多维立体综合交通体系的建立，将给旅客带来极大的便利。不久的将来，人们不再把出行看作是从一个城市到另一个城市简单的地理位置上的迁移，而是一种全过程的休闲享受。建立多维立体交通体系，机场再不是一个孤立的小岛。机场将是一个大型的客货源的集散地，机场与当地包括公交车、地铁、火车、轮船在内，组成综合交通体系，以确保所有的旅客、货物能够在最短的时间之内到达或离开机场，成为现代化综合交通的集散地或枢纽中心。在欧洲，所有的机场，不管它有多么小，都和其他地面运输组成一个综合交通体系，现代化综合交通系统的建立，为航空运输增加了数以万计的旅客。集飞机、地铁、公交车、火车于一体的一票多用在欧洲取得了空前的成功，这种多式联运的运输方式对于我国机场建设和发展来说具有十分重要的借鉴意义。

号称世界上最复杂的交通枢纽工程——上海虹桥综合交通枢纽，一举囊括空港、高速铁路、磁悬浮、城际铁路、轨道交通、公共汽车等各种交通系统。上海虹桥枢纽有点像欧洲交运流量最大的法兰克福机场，又像芝加哥的奥黑尔国际机场，那是全美国面积最大、客运吞吐最繁忙的机场，但并没有磁悬浮、高铁等复杂的功能；它又像东京的新宿、池袋、涉谷的总和，那里聚集着通向日本各地的路网系统，但没有虹桥枢纽的空港功能。

虹桥综合交通枢纽规划用地面积约26.26平方千米，在2010年上海世博会之前已经建成上海虹桥高铁站，连接京沪、沪杭、沪宁等高速铁路；建成浦东国际机场—虹桥国际机场城市高速；建成虹桥国际机场第二航站楼和第二条跑道，开通日本东京、韩国首尔直飞航线，并逐步扩容国际航班；轨道交通——上海轨道交通2号线（虹桥枢纽—浦东机场）、上海轨道交通10号线（虹桥枢纽—外高桥）和上海轨道交通17号线（虹桥枢纽—东方绿洲）；高速巴士中心——枢纽衔接沪宁、沪杭、沪嘉、A9高速公路等通往长三角地区的交通要道，30余条公交巴士专线汇聚于此。

（三）民用机场的运营对经济的直接影响

机场支撑了机场本身和附近地区的就业，而且间接支撑了提供产品和服务供应链中的就业。除此之外，这些间接和直接雇员中的收入还创造了对经济中产品和服务的需求，从而又进一步支撑了社会就业。

2020 年 9 月北京大兴机场正式投入运营。廊坊临空经济区作为新机场的直属腹地，正在迎接新机场通航后必将带来的巨大机遇。根据分析，新机场及临空经济区将新增超过 10 万个就业岗位对廊坊带动巨大。据了解，一个客流量 10 万人次的普通临空经济区能够直接带来就业岗位 1 000 个，间接就业岗位是 2 000 个，区域性就业岗位 1 425 个。根据有关部门预测，如果北京新机场临空经济区，客流量按照 7 200 万人次来计算，大概能够带动 14.4 万个区域性就业，10.26 万个区域岗位，对周边的就业和产业发展必将会带来这样一个巨大的带动效应，毫无疑问新机场形成的临空经济区，会为北京南部和廊坊带来很多就业机会。

有研究显示，1% 的年均旅客数量增长会带来 0.75% 的直接就业人数增长和 0.49% 的直接收入增长。这种机场建设与经济发展双向性联系的案例在世界范围内并不鲜见。例如，2013 年时，欧洲机场直接、间接或催化带动了 123 万人的就业与收入，创造了 6 750 亿欧元的 GDP，是欧盟 GDP 的 4.1%。苏黎世机场是瑞士最大的机场，也是瑞士航空的主基地。其吸引了 280 家公司入驻，带来的直接经济收益高达每年 40 亿瑞士法郎，如果算上直接和间接收益，那么苏黎世机场将为瑞士的 GDP 贡献逾 130 亿瑞士法郎。机场直接雇佣的人数超过 25 500 人，约等于整个瑞士铁路的雇佣人数，如果算上非直接的关系，苏黎世机场就能创造 75 000 个就业机会。虽然只有 3.7% 的瑞士出口商品从苏黎世机场离境，但是这些商品的价值却是瑞士所有出口商品的 35%。

（四）民用机场是国家和地区经济发动机

我国的机场，特别是大型国际枢纽机场，早已突破单一运输功能，也不再仅仅是城市的重要基础设施，而是通过与多种产业有机集合，形成带动力和辐射力极强的临空经济区，对区域经济发展产生强大的辐射效应，这也是习近平总书记将北京大兴国际机场定位为首都的重大标志性工程、国家发展新动力源的原因。

国务院于 2012 年出台的关于促进民航业发展的若干意见中直言，民航业是我国经济社会发展重要的战略产业。也正因如此，机场数量与规模的扩张所折射的远非民航业的发展，其可以称为经济发展的晴雨表，甚至直接推动经济发展，国际机场协会就曾将机场比作"国家和地区经济增长的引擎"。

机场，特别是枢纽机场的建成，将使机场所在的区域越来越有吸引力。随着机场周边土地的进一步开发和利用，机场所在城市的经济产业空间布局、人口的地理分布也会发生改变。正因如此，地方政府也越来越重视机场周边的土地开发和利用。

在国外，一个机场带动一座城市发展的案例比比皆是。孟菲斯从美国南部小城变成大都市，阿联酋迪拜在一片沙漠中建成世界繁华之都，荷兰阿姆斯特丹从不起眼的海港成为航空枢纽，皆是因大力发展航空经济带来了飞跃发展。世界上许多机场，特别是大型国际枢纽机场聚集了大量高科技产业、现代制造业和现代服务业，并且拥有了社会经济发展中的人流、物流、资金流、技术流、信息流等优势资源,使现代航空大都市不断涌现。德国之所以能成为世界出口强国,高度发达的航空运输业功不可没。法兰克福国际机场拥有飞往世界及德国各主要城市的空中客货运航线,以及密如蛛网的地面交通网。在法兰克福国际机场周边有数百家物流运输公司,既将世界各地的产品运进德国,也将德国的产品运往世界各地。以机械设备为例,正是因为德国有一张以法兰克福国际机场为中心的触角遍及全球的空中运输网,加上高效的配送系统,所以使德国制造的机械设备在世界各地都能得到及时的配件供应,从而极大地提高了德国产品在国际市场上的声誉和竞争力。

 【案例】

郑州新郑机场航空港经济综合实验区助力地方经济发展

《郑州航空港经济综合实验区发展规划(2013—2025年)》于2013年3月7日获得国务院批准实施,郑州航空港经济综合实验区建设上升为国家战略。郑州航空港经济综合实验区的建设与发展不仅可以有力地推动河南省的快速发展,还更加有利于以河南省为中心的区域经济的发展,郑州航空港经济综合实验区的横空出世,如同为郑州这座古老的商都安装了一台崭新的发动机,激发了它积蓄已久的活力。与此同时,由于航空业在区域经济发展中的"新动力"和"增长极"作用日渐凸显,航空港已经成为河南全省发展的战略突破口和对外开放平台,"小区带动大省"的效应已逐步显现。

最近几年,航空港区的生产总值都在飞速增长,在基础设施和航线网络建设的不断完善下,航空港区的经济规模也在不断扩大。2016年航空港区的GDP总量达到了622亿元,同比2015年增速13%左右;2017年其GDP总量突破700亿元大关,增速超过13%;2018年其GDP总量又继续突破800亿元大关;到2019年,航空港区的GDP已接近千亿元水平,同比增长22.5%。这说明航空港区自从建设以来,为经济发展做出了重要贡献,已经成为中原经济区的核心增长极。

随着航空港区的建设发展,其主导产业涉及航空物流、现代服务业和各种高端制造业,随着这些相关生产要素的聚集,加快了整个省物流、资金流和信息流的传播,会逐步地协调周边城市群对生产要素的吸纳,对周边地区的产业发展起到强有力的腹地支持。而依托着航空港区的建设,与之配套的科技、金融和仓储运输体系都会辐射周边区域,这会对整个中原城市圈的产业升级都起到积极的推动作用。

本 章 总 结

民用机场的发展经历了"飞行员的机场—航空公司的机场—社会的机场"3个发展阶

段,现代化的民用机场系统复杂,功能设施完备,是民用航空运输生产的重要节点;同时,机场的发展带动了区域经济的发展,从单一的民航客货运输地面节点到综合交通集散地,机场不仅承担了基本的运输功能,还逐渐成为带动区域经济发展的引擎。

思 考 题

1. 民用机场的公益性定位和经营性定位各有什么特点?
2. 民用机场具备什么条件才能开放使用?
3. 民用机场的基本功能是什么?
4. 结合当地实际,谈谈民用机场与地区经济的关系。

第二章 飞行区运行管理

本章内容以《民用机场飞行区技术标准》中的飞行区技术参数为基础,明确了飞行区的范畴,根据规划阶段、运行管理阶段、改造扩建阶段的飞行区技术指标管理要求,介绍飞行区中跑道系统、滑行道系统、机坪的布局及技术参数。机场单位及相应的工作人员了解飞行区的结构和功能,才能在飞行区中安全的开展航空运输生产活动,合理利用飞行区各项设施。

✈ 学习目标

- **知识目标**

  1. 了解飞行区的定义及范围。
  2. 掌握跑道的选址、构型、尺寸及跑道命名等相关技术参数要求。
  3. 掌握滑行道的种类、数量、布局及相关技术参数要求。
  4. 了解机坪分类、布局及飞机停靠方式。
  5. 了解机坪航班地面保障内容及服务保障的重点作业。
  6. 了解机场运行指挥中心的职责。

- **能力目标**

  1. 能辨析出机场所服务的最大机型,在机场运行过程中能判断飞机是否存在超等级运行现象。
  2. 能在飞行区中根据环境特征准确判别所在位置,准确、及时报告所在位置或到达指定位置进行保障工作。
  3. 能在机场运行管理过程中,对飞行区中的跑道、滑行道、机坪进行适航性维护。
  4. 能熟知机坪航班地面保障内容,识别并应对机坪服务保障过程中的异常情况。

- **素养目标**

  1. 培养学生的安全意识,积极践行"敬畏生命、敬畏规章、敬畏职责"的民航精神。
  2. 培养学生爱岗敬业的职业素养,激发学生对飞行区保障工作研究钻研的兴趣,以兴趣为导向扎根于岗位学习研究。
  3. 培养学生树立机坪服务意识,为旅客、航班提供高质量的服务。

第一节 飞 行 区

一、飞行区的定义

飞行区是飞机运行的区域,主要是指用于飞机起飞、着陆和滑行的场地以及保障飞机起降安全的空域,因此分为地面部分和空中部分。地面部分包括跑道、滑行道、停机坪和登机门,以及一些为了维修和空中交通管制服务的设施和场地,如机库、塔台、救援中心等;空中部分为机场空域,包括飞机进场和离场的航路。

从运行的角度划分,机场上供航空器起飞、着陆和滑行的部分,但不包括机坪,称为机动区。机场内供航空器起飞、着陆和滑行的部分,由机动区和机坪组成,称为活动区。

根据《民用机场飞行区技术标准》中的定义,飞行区是供飞机起飞、着陆、滑行和停放使用的场地,一般包括跑道、滑行道、机坪、升降带、跑道端安全区,以及仪表着陆系统、进近灯光系统等所在的区域,通常由隔离设施和建筑物所围合。

机场对飞行区内的跑道、滑行道、机坪等基础设施及目视助航设施、导航设施等设施设备进行管理,保证这些设施设备处于适航状态并提供相应的航班保障服务。

二、飞行区等级

为了运行管理便利,较为便捷地判断飞机与飞行区的匹配程度,较快地判别飞行区中跑道、滑行道、机坪相应的物理尺寸及间距能否满足飞机安全运行要求,机场飞行区进行等级划分。根据飞行区等级,能判断出飞行区所能保障的最大机型。

机场飞行区应根据拟使用该飞行区的飞机的特性按指标 I 和指标 II 进行分级。指标 I 称为代码,根据在标准条件下(海平面,气温为 15 ℃,无风,跑道纵向坡度为 0°),拟使用该飞行区跑道的各类飞机中最长的基准飞行场地长度,采用数字 1、2、3、4 进行划分,如表 2-1 所示。

表 2-1 飞行区指标 I

飞行区指标 I	飞机基准飞行场地长度 /m
1	<800
2	800~1 200(不含)
3	1 200~1 800(不含)
4	≥1 800

指标 II 称为代字,按拟使用该飞行区跑道的各类飞机中的最大翼展宽度,采用字母 A、B、C、D、E、F 进行划分,如表 2-2 所示。

表 2-2　飞行区指标 Ⅱ

飞行区指标 Ⅱ	翼展 /m
A	<15
B	15~24（不含）
C	24~36（不含）
D	36~52（不含）
E	52~65（不含）
F	65~80（不含）

第二节　跑 道 系 统

飞行区是机场运行的中心，飞行区运行工作以维护保障跑道上的航空器安全起降为目的来开展。跑道系统作为所有起降航班必经的区域，有着不言而喻的重要性。

根据《民用机场飞行区标准》定义，跑道是陆地机场上经修整供航空器着陆和起飞而划定的一块长方形场地。

一、跑道命名

（一）跑道方位和数量

风对飞机的起飞，尤其是着陆的安全性影响较大，因此选择机场位置及跑道方位时必须要详细分析风的影响。在通常情况下，飞机不宜在强侧风、顺风两种情况下起飞、着陆，宜逆风起飞、着陆。

在侧风起飞或着陆时，飞机容易受侧风分量的影响而不容易对准跑道，甚至在起飞或着陆过程中的地面滑行阶段容易发生偏出跑道的事故，因此飞机有最大容许 90° 侧风风速限制，超过限制则需要关闭跑道。

在顺风起飞或着陆时，由于顺风风速的影响，飞机的相对空速减小，飞机的着陆减速距离、起飞滑跑距离增大，因此飞机容易因道面可用着陆距离或跑道起飞滑跑距离不足而冲出跑道。所以，在顺风的情况下，机场可选择改变飞机起飞或着陆方向实现逆风，或者选择关闭跑道停飞。

在逆风起飞或着陆时，由于逆风风速的影响，飞机的相对空速增大，有利于飞机的升力的提高以及着陆减速距离、起飞滑跑距离的减小。但在逆风风速过大时，飞机难以保持迎角，迎角过大的情况容易造成飞机失速，因此飞机有最大许可逆风风速，超过限制时飞机的起飞及着陆的安全性难以得到保障。

因此，在机场跑道规划时，跑道方向选择尽量使飞机起飞或着陆受风的影响最小，使跑道可利用率最大化，即跑道不受侧风风量限制的时间最大化。方位规划需经过风力负荷计算,规划部门根据当地风在全年各个方向的分布情况,将跑道方向选择在对飞机起飞或着陆保证率最大的方向上,即根据机场允许运行的航空器的最大许可逆风风速和最大许可侧风风速,选择风力负荷最大的方向上。

对于运输机场跑道方位和条数应使拟使用飞机的跑道可利用率不小于95%,当一条跑道可利用率不能满足要求时,宜提供另一条跑道,以使整个跑道系统可利用率不小于95%。对于通用机场而言,跑道方位宜使拟使用飞机的跑道可利用率不小于90%。

跑道方位和条数规划除风力负荷的因素之外,同时应根据机场净空条件、飞机运行的类别和架次、与城市和相邻机场之间的关系、场区地形和地貌、工程地质和水文地质情况、噪声影响、空域条件、管制运行方式等因素综合分析确定。同时,跑道的方位和条数的布置宜应尽量降低飞机进离场航迹对机场邻近的居民区和其他敏感区的噪声影响。

(二)跑道号码

在机场运行过程中,为区分多条跑道及单条跑道的运行方向,使飞机在指定的跑道上,按预定的运行方向安全起飞、降落,机场用不同的跑道编号区分不同的跑道及同一条跑道两端。跑道号码标在跑道的运行方向近端,字体朝向跑道外侧布置。

跑道号码应由两位数字组成,此两位数应是从进近方向看去最接近于跑道磁方位角度数(从磁北方向顺时针方向计算,与向该跑道端进近方向的夹角)的 1/10 的整数。当按上述规则得出的是一位数字时,则在它前面加一个零,如图 2-1 所示。

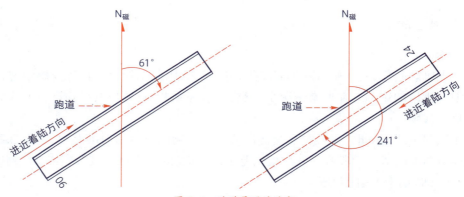

图 2-1　跑道号码的确定

跑道中心线延长线的收敛或散开角不大于 15° 的不交叉跑道为近似平行跑道,对于此类跑道其方向接近,依照上述跑道的命名方式,跑道号码的两位数字较为接近或一致,同一个编号对应多个跑道端,飞行员无法准确找到指定的起降端。对于两位数字一致的平行跑道的号码应由两位数字后加一个字母组成,以"L""C""R"字母对运行方向上"左""中""右"位置的跑道加以区分。

当机场因运行需要,出现 4 条或更多的平行跑道时,仅用"L""C""R"时无法区分。因此,一组相邻跑道宜按最接近于磁方位角度数的 1/10 编号,而另一组相邻跑道则按次一个最接近的磁方位角度数的 1/10 编号。

二、跑道分类

根据航空器飞行的方式划分可分为非仪表跑道和仪表跑道。

（一）非仪表跑道

供飞机用目视进近程序飞行的跑道，或者用仪表进近程序飞行至某一点之后飞机可继续在目视气象条件下进近的跑道，飞机使用目视进近程序起飞、进近。

（二）仪表跑道

配备有目视助航设施和非目视助航设施，供飞机使用仪表进近程序飞行的跑道。仪表跑道按运行条件分为非精密进近跑道、Ⅰ类精密进近跑道、Ⅱ类精密进近跑道和Ⅲ类精密进近跑道。

（1）非精密进近跑道：最低下降高或决断高不低于 75 m，能见度不小于 1 000 m 的仪表进近运行的跑道。

（2）Ⅰ类精密进近跑道：决断高低于 75 m 但不低于 60 m，能见度不小于 800 m 或跑道视程不小于 550 m 的仪表进近运行的跑道。

（3）Ⅱ类精密进近跑道：决断高低于 60 m 但不低于 30 m，跑道视程不小于 300 m 的仪表进近运行的跑道。

（4）Ⅲ类精密进近跑道：决断高低于 30 m 或无决断高，跑道视程小于 300 m 或无跑道视程限制的仪表进近运行的跑道。具体如下。

A：用于决断高小于 30 m 或无决断高，且跑道视程不小于 175 m 时运行。

B：用于决断高小于 15 m 或无决断高，且跑道视程小于 75 m 但不小于 50 m 时运行。

C：用于无决断高和无跑道视程限制时运行。

三、跑道构型

根据跑道数量、方向、使用方法及跑道之间的空间位置，跑道基本可分为单条跑道，以及平行、交叉或开口 V 形等多跑道构型。机场根据其运行架次、机场气象条件、场区地形和地貌、工程地质、净空、管制运行方式等条件，从运行需求、机场定位及经济成本等多个角度选择适合机场的跑道组合构型。

（一）单条跑道

单条跑道由于其跑道道面规模小，因此建设初期投资少、占地面积小，后期维护成本相对较低，易于管理，但容量小，所以多见于国内小型机场。此类机场航班架次少，旅客吞吐量少。

（二）平行跑道

当机场单条跑道的小时容量不足或年服务量不满足交通需求量时，就应增加一条平行跑道。平行跑道容量大，可靠性强，但占地面积大，其跑道容量容易受跑道中线间距的影响，平行跑道之间间距大，则相互之间影响小，跑道系统容量大；反之，则容量小。平行跑道入口错开，也会影响到跑道之间的最小间距要求，跑道入口错开距离越大，相邻跑道上的飞机活动之间的距离较远，可适当缩小跑道之间的最小间距要求。

（三）非平行跑道

当机场规划一条跑道，其跑道方向上风力负荷不能满足至少 95% 的机场利用率要求时，应提供另一条（或多条）其他方向的跑道，其长度应满足使用该跑道的飞机的运行要求，以保证两条（或多条）跑道的综合风力负荷能确保机场利用率不少于 95%。此时，第一条跑道应为主跑道，其余的跑道应为次要跑道。次要跑道主要用于主跑道出现侧强风时，可以通过使用次要跑道使飞机避开侧强风起飞或着陆的情况，使飞机能通过跑道的选择始终处于有利的风向起飞或着陆的情况。

有的机场单条跑道容量无法满足其交通需求量，需要设置两条跑道，由于地形条件或其他原因无法设置平行跑道时，也可设置方向不一的两条非平行跑道。

根据方向不一的跑道之间是否有交点分为交叉跑道和开口 V 形跑道。交叉跑道容量受限于交点的位置，开口 V 形跑道在无风或微风情况下可同时使用。

四、跑道尺寸及坡度

（一）跑道长度

跑道长度应满足使用该跑道的主要设计机型的运行要求，并按预测航程计算的起飞重量、标高、天气状况（包括风的状况和机场基准温度等）、跑道特性（如跑道坡度、湿度和表面摩阻特性等）、地形限制条件等因素经计算确定。

1. 航空器特性

与航空器特性相关的因素很多，如飞机起降重量，飞机起飞重量越大，飞机要获得更大的升力才能爬升拉起，同时因其重量大其惯性越大，飞机的加速起飞距离、着陆减速距离增长。飞机起飞或着陆性能、中断起飞、发动机故障等情况下的安全裕度，也需要在规划跑道长度时有所考虑。

2. 机场标高

机场标高的影响主要是气压的影响，海拔越高，飞机燃油燃烧不充分导致推力减小，空气密度降低同时会导致获得的升力减小，加速距离及减速着陆距离均需要延长。对于高原机场因气压低，标高每增加 300 m，跑道长度都需要增加 7%。

3. 机场温度

机场温度的影响主要是空气密度，温度越高，空气密度降低，飞机获得的升力及推力减小，加速距离及减速着陆距离均需要延长。在修正跑道长度时，机场温度每升高 1℃跑道长度都需要增加 1%。

4. 风向

飞机逆风起降，飞机的相对空速增大，起飞距离和着陆距离最短，因此获得有效的逆风是增加飞机起降安全性的措施之一，机场气象部门会在飞机起降前提供当天跑道气象参数，运行部门根据气象参数决定当天运行方向。通常主跑道都可以保证飞机向两端起飞或着陆，只要不出现大侧风，机场都可以实现逆风起降，以缩短距离。为增大安全裕度，保障无风情况下，相对空速没有风的贡献下，飞机仍能在跑道上实现安全起降，机场跑道长度规划过程时，按无风的情况进行跑道计算。

5. 道面条件

在跑道道面条件中,对飞机起降长度影响最大的是跑道的摩擦性能。跑道的摩擦性能对飞机着陆减速过程尤为重要,飞机在着陆减速过程中,减速阻力多来源于道面给予的摩擦阻力。机场定期检查道面摩擦性能,在道面摩擦性能不佳的情况下,可通过除胶或重新铺设面层从而使道面保持一个较高的摩擦水平。

6. 跑道纵坡

机场在起飞、着陆过程中,当其运行方向与纵坡方向不同时,纵坡对跑道长度的影响有正面也有负面的,主要看重力在运行方向的分量于飞机是安全还是危险。由于纵坡分量的影响有正面也有负面的,为增大安全裕度,机场跑道纵向有效坡度(简称纵坡)上升 0.14%,跑道长度都需要增加 1%。

当跑道设有停止道或净空道时,因净空道和停止道可弥补特定阶段跑道长度的不足,跑道实际长度可小于上述影响因素计算所得的结果,但所提供的跑道、停止道或净空道的任何组合应符合使用该跑道的各类型飞机起飞和着陆的运行要求。

(二)跑道宽度

在确定跑道宽度时,除了需要考虑使用该跑道机型的主起落架外边轮距,还需要考虑跑道表面污染物(雪、雨水等)、侧风、飞机在接地带附近偏离中线的程度、橡胶积累、飞机进近方式和速度、能见度及人为因素等影响。

跑道宽度应能保证飞机驾驶员在夜间及不良的气象条件下,借助无线电导航和助航灯光设施在跑道范围内安全起降。根据使用该跑道的机型的主起落架外边轮距及各种因素影响下的安全裕度,跑道宽度应不小于表 2-3 中的规定值。

表 2-3　跑道宽度　　　　　　　　　单位:m

飞行区指标 I	主起落架外边轮距			
	<4.5	4.5~6.0(不含)	6.0~9.0(不含)	9.0~15.0(不含)
1	18	18	23	—
2	23	23	30	—
3	30	30	30	45
4	—	—	45	45

注:① 飞行区指标 I 为 1 或 2 的精密进近跑道的宽度应不小于 30 m。② 针对特殊机型、特殊情况可以根据拟使用机型的特性确定跑道宽度。

(三)跑道坡度

跑道与运行方向平行(长轴方向)的坡度为跑道的纵坡,与运行方向垂直(横截面)上的坡度为跑道横坡。在运行管理过程中,因其影响飞机起降的安全性及舒适性,跑道纵坡应加以控制;而对于横坡来说,为保证道面的排水能力,横坡是必须保持的。

1. 纵向坡度

机场在使用过程中,由于跑道两端频繁承受飞机着陆时的动荷载、地基不均匀沉降等原因,跑道纵向道面会有起伏,形成跑道纵坡。

因为纵坡的存在会造成飞机颠簸,影响旅客乘坐飞机的舒适性和机体结构的稳定性,施工过程中应考虑尽可能控制纵坡的产生。在纵坡没有办法避免的情况下,其跑道纵坡应平缓,同时因纵坡的存在可能影响到飞机驾驶员的视线,为保证飞机滑行安全,宜具有下列无障碍视线。

(1)飞行区指标Ⅱ为A的跑道,在高于跑道1.5 m的任何一点,能够通视至少半条跑道长度内的高于跑道1.5 m的任何其他点。

(2)飞行区指标Ⅱ为B的跑道,在高于跑道2 m的任何一点,能够通视至少半条跑道长度内的高于跑道2 m的任何其他点。

(3)飞行区指标Ⅱ为C、D、E、F的跑道,在高于跑道3 m的任何一点,能够通视至少半条跑道长度内的高于跑道3 m的任何其他点。

2. 横向坡度

跑道横坡利于道面排水,宜采用双面坡,跑道中线两侧的横坡宜对称,跑道各部分的横坡宜一致。当跑道横向坡度过大时,飞机起降的平稳性无法得到保障;当横向坡度过小时,道面的排水性能达不到要求,因此跑道横坡应保持在1.0%~1.5%范围内,条件许可时宜采用最大横坡,在与跑道或滑行道相交处可根据需要采用较平缓的坡度。

五、跑道系统组成

跑道系统除结构道面之外,围绕着结构道面设置有附属区域,附属区域的设置可保障飞机在起飞或着陆的安全、提高跑道的运行效率。跑道的附属区域包含道肩、停止道、升降带、净空道、跑道端安全区,以及防吹坪等,机场根据道面长度、飞机起飞或着陆距离及运行级别设置。

(一)道肩

跑道道肩紧接跑道两侧边缘,作为跑道和周边土质地面之间的过渡地带,以确保飞机偶然偏出跑道时不致造成飞机结构损坏。跑道道肩表面宜能承受飞机气流吹蚀,并能防止地面物质因发动机前侧负压被吸入,造成飞机发动机损坏。同时,具备加快跑道道面排水、防止发动机高温尾流破坏、保护地基的作用。

飞行区指标Ⅱ为C、D、E、F的跑道,应在跑道两侧对称设置道肩,跑道道肩与跑道相接处的表面宜齐平,道肩横坡宜不大于2.5%,道肩的铺筑面能承受可能通行的车辆荷载,并且跑道道面加道肩的总宽度应不小于60 m,每侧道肩铺筑面的宽度宜不小于1.5 m。

(二)停止道

根据跑道端以外地区的物理特性和飞机的运行性能要求等因素确定是否设置停止道。停止道设在跑道端部,供飞机中断起飞时能在其上面安全停住的一块特定的场地。

当跑道长度较短,不能确保飞机中断起飞安全时,机场应设停止道,以弥补跑道长度的不足,停止道应修建道面,宽度和与其相接的跑道宽度一致。

由于停止道在飞机正常起飞或着陆时不适用,只在发生意外或飞机故障等情况下飞机中断起飞时才使用,因此可选用比跑道低级一些的道面。停止道的坡度、变坡与跑道要求相同,强度应确保当飞机中断起飞时不致引起飞机结构损坏。同时,为了保障飞机中断起飞时的制动性,表面摩阻特性应不低于相邻跑道的表面摩阻特性。

(三)升降带

飞行区内必须设置升降带,升降带为包含跑道及停止道的一个矩形区域,用来减少飞机偏出、冲出跑道时的损坏,并保障飞机在起飞或着陆时安全飞行,应包含跑道及停止道(当设置时)和土质地区。

升降带的长度:升降带应在跑道入口前,自跑道端或停止道端向外延伸至少 60 m。

升降带的宽度:也与飞行区指标 I 代码密切相关,同时与跑道的导航设施等级相关。升降带的宽度宜不小于表 2-4 中的规定值。

表 2-4　升降带的宽度(自跑道中线及其延长线向每侧延伸)　　　　单位:m

跑道运行类型	飞行区指标 I			
	1	2	3	4
精密进近跑道	70	70	140	140
非精密进近跑道	70	70	140	140
非仪表跑道	30	40	75	75

升降带内的物体要求:因升降带离跑道较近,同时其设置是为了保证飞机偏出、冲出跑道时的损坏,升降带内的物体应符合下列要求。

(1)位于升降带上可能对飞机构成危险的物体,应被视为障碍物并尽可能移除。

(2)为保证飞行安全所必需的目视助航设备或出于航空器安全目的需要安放在此的设施设备应符合易折性要求。

升降带区域每年至少两次平整,和密实度测试,确保升降带平整范围内的土面区应有适当的强度以确保当飞机偶然滑出跑道时对飞机的危害最小。飞行区指标 I 为 3 或 4 的精密进近跑道的升降带宜进行较大范围的平整,建议的平整范围如图 2-2 所示。

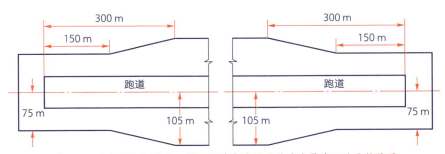

图 2-2　飞行区指标 I 为 3 或 4 的精密进近跑道升降带建议的平整范围

(四)净空道

经选定或整备的可供飞机在其上空进行部分起始爬升至规定高度的陆地或水上划定的一块长方形区域。当跑道较短,只能保证飞机起飞滑跑的安全,而不能确保飞机完成初始爬升(爬升至 10.7 m 高)的安全时,机场应设净空道,以弥补跑道长度的不足。位于净空道上可能对空中的飞机造成危险的物体应被视为障碍物,并尽可能移除。

净空道的起点应位于可用起飞滑跑距离的末端。为保证飞机起飞的安全裕度,确保飞机在发动机推力不足或故障的情况下,跑道可用的起飞滑跑距离能够保障飞机完成加速起飞滑跑,净空道的长度应不大于可用起飞滑跑距离的一半。

净空道的宽度应自跑道中线延长线向两侧延伸:仪表跑道不少于 75 m,非仪表跑道升降带全宽的 1/2 处。

(五)跑道端安全区

当跑道端安全区:对称于跑道中线延长线、与升降带端相接的一块特定地区,用来减少飞机在跑道外过早接地或冲出跑道时损坏。

飞行区代码为 3 或 4,或者飞行区指标 I 为 1 或 2 的仪表跑道,在升降带两端必须设置跑道端安全区,其长度为自升降带端向外至少延伸 90 m;飞行区代码为 3 或 4 的跑道端安全区在场地条件允许的情况下,宜自升降带端向外延伸 240 m,飞行区指标 I 为 1 或 2 的非仪表跑道,建议在升降带两端设置跑道端安全区。跑道端安全区宜自升降带端向外延伸至少 30 m。

跑道端安全区的宽度应不小于与其相邻的跑道宽度的两倍,条件允许时宜不小于与其相邻的升降带平整范围的宽度。

当安装了拦阻系统且其性能至少等同于跑道端安全区所能提供的保护水平时,可适当缩小跑道端安全区的长度。拦阻系统在设计时,考虑的飞机参数应包括允许的起落架载荷、起落架构型、轮胎接触压力、飞机重心和飞机速度等。拦阻系统应按对其要求最严格的飞机机型进行设计,并确保不会对过早接地的飞机造成危险,拦阻系统的设计应允许事故一旦发生时救援和消防车辆安全进出并在其上通行。

(六)防吹坪

紧邻跑道端部、用以降低飞机喷气尾流或螺旋桨洗流对地面侵蚀的场地。其材料应能承受发动机喷出的高温、高速气流而不至于破坏。

跑道起飞端或进近端应设置防吹坪,当其他铺筑面可以起到防吹坪作用时可不单独设置。防吹坪的宽度应等于跑道道面加道肩的总宽度。跑道起飞端防吹坪自跑道端向外延伸的距离宜不小于表 2-5 中的规定值。

表 2-5　防吹坪的最小长度

飞行区指标 II	防吹坪的最小长度 / m
A	30
B	45
C、D	60
E、F	60,宜为 120

防吹坪与跑道相接处的表面应齐平,防吹坪的坡度应满足升降带及跑道端安全区相应部位的坡度要求。防吹坪应能承受飞机气流的吹蚀,其设计强度应能确保飞机过早接地或

冲出跑道时对飞机的危害最小。

六、跑道技术参数

为保障航班的安全运行,机场需提供给航空公司、管制部门及相关情报部门,本场跑道的相关技术参数,用以指导飞机的安全起降。

(一)机场基准点和标高

机场必须设置一个机场基准点。机场基准点必须位于接近机场原始的或规划的几何中心,在首次设定后一般必须保持不变。机场基准点的位置必须以度、分、秒的精度测定并向航空情报服务部门通报。

机场标高和机场标高位置的大地水准面高差必须以 1/2 米或英尺的精度进行测定,并向航空情报服务机构通报。

对为国际民用航空使用的非精密进近机场,每个跑道入口标高和大地水准面高差、跑道端和沿跑道上显著的高、低中间点标高必须以 1/2 米或英尺的精度进行测定,并向航空情报服务机构通报。

精密进近跑道的入口标高和大地水准面高差、跑道端的标高、接地带的最高标高必须以 1/4 米或英尺的精度进行测定,并向航空情报服务部门通报。

(二)机场基准温度

机场应确定机场基准温度,机场机场基准温度应为一年内最热月(指月平均温度最高月)的日最高温度的月平均值,单位为摄氏度,宜取 5 年以上平均值。

(三)道面强度

道面强度是道面材料、道面结构及道面下土基强度的综合表现,道面强度决定了起降机型的最大使用重量。机场需要提供道面承载强度的相关资料,给各部门对航空器的安全运行提供指导。根据使用机坪飞机质量的限制,道面强度方面提供资料各有不同。

1. 机坪供质量 ≤ 5 700 kg 飞机使用

机坪供质量小于或等于 5 700 kg 的飞机使用时,道面承载强度应提供下列资料。

(1)最大允许的飞机质量。

(2)最大允许的胎压。

2. 机坪供质量 >5 700 kg 飞机使用

机坪供质量大于 5 700 kg 飞机使用的道面,其承载强度应采用 ACN-PCN 法进行评价。关于道面承载强度方面需要提供以下资料。

(1)PCN 值。

(2)确定 ACN-PCN 的道面类型。

(3)基层顶面反应模量或道基顶面强度。

(4)最大允许胎压类型。

(5)评价方法。

道面等级号(Pavement Classification Number,PCN):表示道面可供不受次数限制使用的承载强度的数字。

航空器等级号（Aircraft Classification Number,ACN）：表示航空器对规定标准基础等级道面的相对影响的数字。

机场 PCN 与起降飞机的 ACN 相比较,二者之间的关系决定飞机在机场道面上起降是否存在超载运行现象。当 ACN 值小于或等于 PCN 值时,飞机可在规定胎压和最大起飞质量的条件下安全使用该道面,不会对道面造成损伤。当 ACN 值大于 PCN 值时,道面承载力不足,超载严重时容易损伤道面,因此对超载运行加以限制。在满足下列条件下可有限制地超载运行。

① 道面没有明显破坏,土基强度未显著减弱。

② 对柔性道面,ACN 值不超过 PCN 值的 110%,对刚性道面或以刚性道面为主的复合道面,ACN 值不超过 PCN 值的 105%。

③ 年超载运行次数不应超过年总运行次数的 5%;

（1）PCN。机场 PCN 的通报格式:PCN × × / 道面类别 / 土基强度类型 / 胎压类型 / 评定方法。

如果道面强度受季节性影响有明显变化,应相应确定不同的 PCN,并根据季节提供给各部门相对应的 PCN。

常见的民用航空机场道面根据其材料特性可大致分为水泥混凝土道面、沥青混凝土道面以及原水泥混凝土道面加铺之后形成的复合道面。根据其受力特性中抵抗变形能力又分为刚性道面和柔性道面。刚性道面通常指水泥混凝土道面,配筋混凝土道面等刚度较大的道面;柔性道面则是沥青、砂石、土道面等抵抗变形能力较弱,刚度较小的道面。

PCN 的道面类型、道面基层顶面强度类型、最大允许胎压类型和评定方法,并采用表 2-6 中规定的代号。

表 2-6　ACN 和 PCN 方法报告道面强度的分类及代号

分类			代号	备注
1	道面类型	刚性道面	R	若道面结构是复合的或非标准类型,应加以注解
		柔性道面	F	
2	基础强度类型	高强度	A	刚性道面基层顶面 k=150 MN/m³,代表大于 120 MN/m³ 的 k 值;柔性道面道基顶面 CBR=15,代表大于 13 的 CBR 值
		中强度	B	刚性道面基层顶面 k=80 MN/m³,代表 60~120 MN/m³ 的 k 值;柔性道面道基顶面 CBR=10,代表 8~13 的 CBR 值
		低强度	C	刚性道面基层顶面 k=40 MN/m³,代表 25~60 MN/m³ 的 k 值;柔性道面道基顶面 CBR=6,代表 4~8 的 CBR 值
		特低强度	D	刚性道面基层顶面 k=20 MN/m³,代表小于 25 MN/m³ 的 k 值;柔性道面道基顶面 CBR=3,代表小于 4 的 CBR 值

续表

	分类		代号	备注
3	最大允许胎压类型	胎压无限制	W	胎压无限制
		高	X	胎压上限至 1.75 MPa
		中	Y	胎压上限至 1.25 MPa
		低	Z	胎压上限至 0.50 MPa
4	评定方法	技术评定	T	表示对道面特性进行检测评定或理论评定
		经验评定	U	表示对道面特性依据使用经验评定

例如,设置在中强度基础上的刚性道面的承载强度,用技术评定法评定道面等级序号为 50,无胎压限制,则其报告资料为 PCN50/R/B/W/T。

(2) ACN。航空器等级号(ACN)应按照规定的标准程序来确定,不同机型、不同起飞质量的飞机的 ACN 不同。根据飞机的质量、起降机场的道面类型、道面基层顶面强度类型、飞机起落架的胎压确定飞机的 ACN。ACN 随着质量线性增长,表 2-7 列举了几类飞机在刚性道面和柔性道面上最大质量及最小质量下的 ACN。

表 2-7 几类飞机在刚性道面和柔性道面上最大质量及最小质量下的 ACN

机型	轮胎压力/MPa	质量 /kg	刚性道面				柔性道面			
			A	B	C	D	A	B	C	D
A320-200	1.44	78 400	41	43	47	53	47	49	52	54
		42 000	20	20	22	25	22	24	25	26
A330-900	1.56	251 900	64	69	80	108	61	70	83	96
		135 000	31	33	36	45	32	33	38	43
A380-800	1.50	577 000	60	65	77	105	58	68	80	93
		300 000	27	28	31	40	27	29	33	38
B737-200	1.25	58 332	30	31	35	39	34	36	38	39
		29 620	14	14	15	17	15	16	17	18
B757-300	1.24	122 448	36	41	51	64	35	42	49	56
		65 306	16	17	20	27	15	17	21	24
B787-9	1.56	254 692	66	73	88	118	65	76	90	104
		113 398	25	26	28	35	25	27	30	35

例如,国内某机场跑道的 PCN 为 35/F/B/W/T,跑道为 2 700 m×45 m。航空公司 B737-200 飞机起飞全质量为 48 192 kg,A330-900 飞机起飞全质量为 153 200 kg,试判断两架飞机是否超载运行?

① B737-200:起飞全质量为 48 192 kg,通过表 2-7 可以计算 ACN 为

$$[(48\ 192-29\ 620)/(58\ 332-29\ 620)] \times (36-16)+16 \approx 28.9$$

所以,B737-200 在 48 192 kg 的起飞质量的情况下可以正常使用该跑道。

② A330-900:起飞全质量为 153 200 kg,通过表 2-7 可以计算 ACN 为

$$[(153\ 200-135\ 000)/(251\ 900-135\ 000)] \times (70-33)+33 \approx 38.8$$

所以,A330-900 在 153 200 kg 的起飞质量的情况下,属于超载运行,需要限制其载重。

(四) 跑道公布距离

机场需在航前提供跑道在各个方向上适用于起飞、着陆、中断起飞的距离,航空公司、管制部门及相关情报部门,用以指导飞机的安全起降。

1. 起飞

(1) 正常起飞。飞机全部发动机正常工作情况的起飞即为飞机正常起飞。当飞机进入跑道端部对准起飞方向后,就刹住车并加大油门。发动机达到起飞转速时松开刹车进行起飞滑跑。当滑跑速度达到规定的抬前轮速度时,抬起前轮,增大迎角,使机翼升力增加。当达到离地速度时,飞机就离开地面。当爬升至 10.7 m(35 英尺)高时,就完成起飞初始阶段。

从滑跑起点至离地点的距离称为起飞滑跑距离 S_R;从离地点至爬升到 10.7 m 高的水平距离称为起飞初始爬升距离 S_h;从滑跑起点至爬升到 10.7 m 高的水平距离称为起飞距离 S_T,如图 2-3 所示。

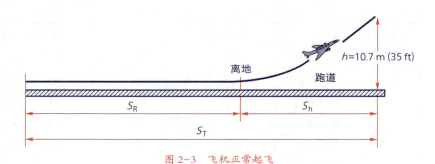

图 2-3 飞机正常起飞

(2) 起飞过程飞机故障。飞机在起飞滑跑过程中有一台临界发动机(也称为关键发动机,指离机身侧向最远的发动机)停车,若继续起飞,则跑道长度或跑道及净空道长度(如果设有净空道)应足以保证继续起飞安全;若中断起飞,则跑道长度或跑道及停止道长度足以保证中断起飞安全。

飞机在起飞滑跑过程中有一台临界发动机停车,是继续起飞还是中断起飞,主要取决于决断速度和故障速度(发动机出现故障时的飞机滑跑速度)。而决断速度与跑道、净空道及停止道的长度有关。

2. 着陆

飞机通常以 3° 下滑角进行降落。在接近跑道时把油门收至慢车状态。通过跑道入口上空的高度为 15 m(50 英尺)。进入跑道入口上空后就逐渐拉平,两组主轮先接地,然后前轮接地。飞机接地后就刹车,打开减速板和反推力装置,以便减速滑跑和停住。

着陆距离 S_d 是指飞机在跑道入口上空至停住的水平距离。满足飞机着陆所需的跑道长度 L_d 为飞机在干跑道上不使用反推力装置的着陆距离的 1.67 倍,如图 2-4 所示。

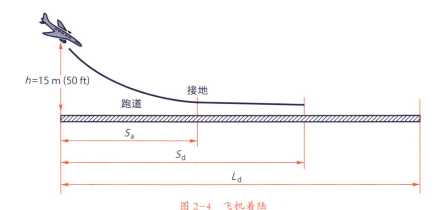

图 2-4 飞机着陆

3. 公布距离

跑道的每个方向公布适用于航空器起降的各种距离,即跑道的"公布距离",以便使用该机场的飞机驾驶员据此正确进行起飞和着陆。机场公布距离包括以下 4 个距离。

(1) 可用起飞滑跑距离(Take-Off Run Available,TORA):可用并适用于飞机起飞时进行地面滑跑的跑道长度。

(2) 可用起飞距离(Take-off Distance Available,TODA):可用起飞滑跑距离的长度加上净空道(如果设有)的长度。

(3) 可用加速停止距离(Accelerate-Stop Distance Available,ASDA):可用起飞滑跑距离的长度加上停止道(如果设有)的长度。

(4) 可用着陆距离(Landing Distance Available,LDA):可用并适用于飞机着陆时进行地面滑跑的跑道长度。

以运行方向朝右为例,根据跑道入口、停止道、净空道设置的情况,其公布距离如图 2-5 所示。

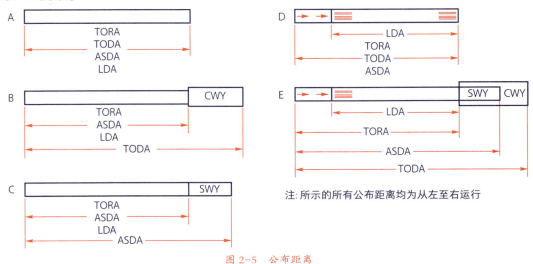

注:所示的所有公布距离均为从左至右运行

图 2-5 公布距离

某机场跑道、净空道、停止道及入口情况如图 2-6 所示,其公布距离如表 2-8 所示。

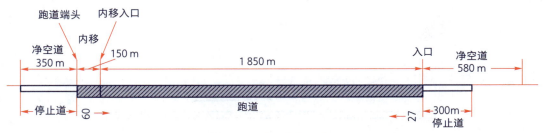

图 2-6　公布距离案例图示

表 2-8　某跑道公布距离　　　　　　　　　　　　　单位:m

跑道	TORA	ASDA	TODA	LDA
09	2 000	2 300	2 580	1 850
27	2 000	2 350	2 350	2 000

（五）跑道表面特性

1. 摩阻性能

有铺筑面的跑道表面应具有良好的摩阻特性。跑道表面的摩阻特性宜使用有自湿装置的连续摩阻测试仪器进行测定。根据不同摩阻测试仪器的评定标准,对跑道表面摩阻特性进行评定。当跑道全部或部分表面存在积水、雪、冰或霜的污染时,不采用跑道摩擦系数评估跑道道面状况,应根据跑道污染物的种类、厚度、范围和温度等因素报告跑道表面状况。

2. 道面纹理

道面纹理的存在使道面具有良好的摩擦性能,随着道面的使用,轮胎的摩擦、道面积胶、表面骨料脱落等情况,其纹理深度减小,摩擦性能也相应减弱,因此保持道面纹理是维持道面摩擦性能的有力措施。

对于新道面,其平均纹理深度宜不小于 1.0 mm,平均纹理深度宜采用填砂法进行测定。

在多雨地区,跑道水泥混凝土道面还可在表面进行刻槽,加快道面排水,提高降雨天气下道面的摩擦性能。跑道刻槽范围,纵向应为跑道的全长,横向应为跑道的全宽。槽应垂直于跑道中线,槽的尺寸、形状应符合相关规定。

3. 平整度

跑道的表面应具有良好的平整度,提高飞机起降的稳定性,降雨天气下,道面也不会形成局部积水。新建跑道无设计坡度变化处,在用 3 m 直尺测量时,直尺底面与道面表面间的最大间隙应不大于 3.0 mm。

第三节　滑行道系统

滑行道是机场设置的供飞机滑行并将机场的一部分与其他部分连接的规定通道,供飞机地面滑行使用,包括平行滑行道、联络滑行道、机位滑行道、机坪滑行道、进出口滑行道、快速出口滑行道、旁通滑行道和绕行滑行道等,如图2-7所示。滑行道作为飞行区中供飞机地面滑行的通道,能使飞机安全而迅速到达指定位置,机场应根据其运行需求设置相应的滑行道类型及数量。

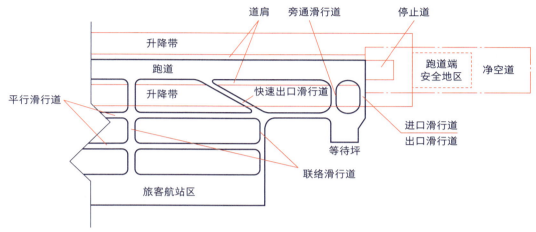

图2-7　飞行区跑滑系统

一、滑行道种类

(一)平行滑行道

平行滑行道与跑道方向平行,供飞机通往跑道两端用。在交通量很大的机场,为了减少航班对跑道的占用时间,通常设立两条平行滑行道,分别供飞机来往单向滑行使用,这两条平行滑行道合称双平行滑行道。

(二)联络滑行道

交通量小的机场,通常只设一条从站坪通向跑道的短滑行道,供飞机进出跑道,这条滑行道称为联络滑行道;交通量大的机场,双平行滑行道之间设置垂直连接的短滑行道也称为联络滑行道。

(三)机位滑行道

机位滑行道属于机坪的一部分,提供滑行轨迹指导,仅供飞机进出机位滑行用的通道。飞机通过机位滑行道能准确停入机位指定位置,从而保障廊桥能顺利且准确地对准舱门位置。

(四)机坪滑行道

机坪滑行道是滑行道系统的一部分,但位于机坪上,供飞机穿越或通过机坪使用。站坪及货机坪上的机坪滑行道,供飞机穿越机坪,指引飞机的滑行位置,防止机坪上滑行的飞机相撞。

(五)进出口滑行道

进出口滑行道是指提供给飞机进入、滑出跑道端的通道,使起飞飞机快速到达起飞的跑道端,着陆的飞机快速脱离跑道。

为使航空器运行安全、高效,应根据需要设置各种滑行道。为加快飞机进、出跑道,应设置足够的入口和出口滑行道,交通密度高的着陆跑道应设置快速出口滑行道。

(六) 快速出口滑行道

快速出口滑行道位于跑道中部,以锐角与跑道连接,供着陆飞机以相对较高的速度脱离跑道,而不危及其运行安全。

快速出口滑行道转出点的位置,宜根据飞机的接地速度、转出点速度以及跑道入口至接地点的距离等因素综合分析后计算确定。在降雨或其他原因导致道面湿滑的情况下,为保证飞机运行安全,飞机的转出点速度宜不大于表 2-9 中的规定值,其转出曲线半径宜不小于表 2-9 中的规定值。

表 2-9　快速出口滑行道设计参数表

飞行区指标 I	转出点的速度 /(km·h⁻¹)	转出曲线的半径 /m
1 或 2	65	275
3 或 4	93	550

为保证飞机在快速出口滑行道高速滑行时,起落架所承受的摩擦力足够提供飞机转向的向心力,飞机不至于偏出跑道,与跑道的交角应不大于 45° 且不小于 25°,宜为 30°;一条跑道上有多条快速出口滑行道时,交角宜相同。新建快速出口滑行道表面的平均纹理深度宜不小于 1.0 mm。

(七) 旁通滑行道

旁通滑行道设在跑道端附近,供起飞飞机临时决定不起飞时,从进口滑行道迅速滑回使用,也供跑道端进口滑行道堵塞时飞机进入跑道起飞使用。

(八) 绕行滑行道

当有多条跑道时,在跑道端以外设置的供飞机绕行的滑行道称为绕行滑行道。绕行滑行道的设置可以有效避免或减少飞机穿越跑道。

绕行滑行道应符合下列要求。

(1) 当运行确有需要时,可设置绕行滑行道,以减少航空器穿越跑道次数。

(2) 绕行滑行道不应影响仪表着陆系统和其他导航、目视助航设施的使用,绕行滑行道上运行的航空器不宜突出此时运行所需的障碍物限制面及障碍物评价面。

(3) 绕行滑行道上运行的航空器不应干扰起飞和降落飞行员的判断,可根据运行需要,设置目视遮蔽物。

(4) 在确定绕行滑行道位置时,应考虑跑道上起飞航空器产生的发动机吹袭对绕行滑行道上运行航空器的影响。

二、滑行道布局要求

(一) 安全便捷

滑行道的布设应使塔台能看到所有滑行道,其视线不会受到阻碍,同时尽量避开公众易于接触到的区域。

平行滑行道与跑道、平行滑行道之间及滑行道距物体等情况下,其间距符合安全规定要求。滑行道应避免穿越跑道,宜采用绕行滑行道。

快速出口滑行道在转出曲线后,快速出口滑行道应设置一段直线,其长度能使航空器在转入其他滑行道前完全停住。快速出口滑行道不宜使飞行员在脱离跑道后面临 3 个以上的转向选择,以避免误滑及标记牌设置过于复杂。

(二)成本控制

在满足使用需求的前提下,滑行道尽量沿直线布置,少转弯,少交叉。

按照分期发展的交通量相应分阶段建设滑行道系统,每阶段的滑行道系统规模及布局应便于下一阶段滑行道系统的改扩建。

(三)与其他设施相适应

滑行道上的飞机地面活动时不会影响到其他飞机的安全,同时不会干扰到飞行区中导航、目视助航等设施设备的正常使用。

滑行道上的飞机的发动机气流不会对附近建筑物、构筑物及道面等造成吹袭破坏,在无法避免时,可做适当的防护措施。

三、滑行道数量和位置

(一)滑行道的分阶段设置

(1)航空交通量较小,只设置一条从站坪直通跑道的联络滑行道及两端的掉头坪,如图 2-8(a)所示。

跑道掉头坪机场内紧邻跑道的划定区域,供飞机在跑道上完成 180° 的转弯。跑道端未设有联络滑行道或掉头滑行道时,飞行区指标 Ⅱ 为 D、E、F 的跑道应设置跑道掉头坪,飞行区指标 Ⅱ 为 A、B 或 C 的跑道宜设置跑道掉头坪,以便飞机进行 180° 的转弯。掉头坪位置宜设置在跑道的两端,对于较长的跑道可在中间适当位置增设掉头坪,以减少飞机的滑行距离。

(2)航空交通量增加至高峰小时为 8~9 架次时,设置部分平行滑行道,如图 2-8(b)所示。

(3)航空交通量增加到高峰小时为 15~18 架次时,应增设与跑道同长的平行滑行道、跑道两端的进口滑行道,以及跑道中部两条快速出口滑行道,如图 2-8(c)所示。

(4)航空交通量增加到高峰小时为 25~30 架次时,应在跑道中部每个方向设置 2~3 条快速出口滑行道,在跑道端部宜增设旁通滑行道或等待坪,如图 2-8(d)所示。

等待坪设置在跑道端部附近,供航空器等待或避让的特定场地,用以提高航空器地面活动效率。

(5)航空交通量进一步增加时,宜设置第二条平行滑行道,如图 2-8(e)所示。

(二)滑行道的间距要求

机场在正常运行的情况下,飞机在滑行道上滑行不会对飞行区中其他飞机的地面活动及空中活动造成影响,为达到这个要求,滑行道与其他物体之间需要保持安全间距。

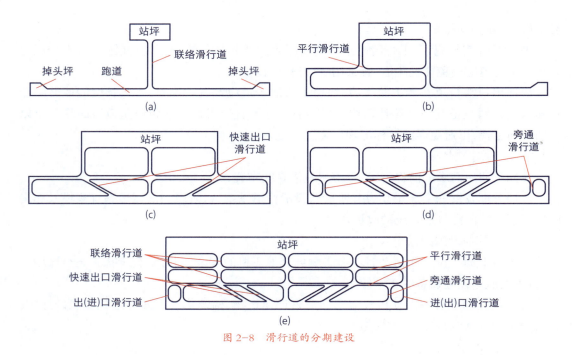

图 2-8 滑行道的分期建设

1. 滑行道中线与跑道中线的最小间距

根据飞机沿滑行道中线滑行时翼尖不侵入升降带来确定,即

$$最小间距 = 1/2\ 翼展 + 1/2\ 升降带宽度$$

2. 滑行道中线与滑行道中线的最小间距

两条平行滑行道上滑行的两架飞机,同时偏至道面内侧边缘,两架飞机翼尖之间尚有一定的净距,即

$$最小间距 = 翼展 + 2\ 横向偏移 + 翼尖净距$$

3. 滑行道中线至物体的最小距离

滑行道上滑行的飞机,向物体方向偏至道面边缘,翼尖与物体之间尚有一定的净距,即

$$最小间距 = 1/2\ 翼展 + 横向偏移 + 净距$$

4. 机位滑行道中线至物体的最小距离

在机位滑行道上滑行的飞机,向物体方向偏至道面边缘,翼尖与物体之间尚有一定的净距,即

$$最小间距 = 1/2\ 翼展 + 横向偏移 + 净距$$

（三）滑行道坡度及视距要求

滑行道为了保障道面排水防止表面积水,必须要设置横坡,横坡不大于 1.5%,滑行道纵坡的存在容易影响飞机地面滑行的平稳性及视距,因此滑行道也需要控制纵坡,纵坡不大于 1.5%,纵向变坡尽量平缓。

为保障飞机滑行道上滑行的视距,能关注到滑行道上附近飞机和保障车辆的情况,需要满足以下条件。

（1）飞行区指标 Ⅱ 为 C、D、E、F 时,在高于滑行道 3.0 m 的任何一点,能看到距该点至少

300 m 范围内的全部滑行道。

(2) 飞行区指标Ⅱ为 B 时,在高于滑行道 2.0 m 的任何一点,能看到距该点至少 200 m 范围内的全部滑行道。

(3) 飞行区指标Ⅱ为 A 时,在高于滑行道 1.5 m 的任何一点,能看到距该点至少 150 m 范围内的全部滑行道。

四、滑行道强度及宽度要求

(一)道面强度

滑行道的道面强度至少应等于它所服务的跑道的道面强度,并适当考虑滑行道与其所服务的跑道相比,要承受更大的交通密度和因飞机滑行缓慢及停留而产生更高应力的因素。

滑行道道面应具有适当的摩阻特性,除快速出口滑行道之外,其他滑行道道面平均纹理深度应不小于 0.4 mm,滑行道表面应平整。

(二)滑行道宽度

滑行道道面宽度应考虑该机场保障的机型中最大的主起落架外轮外侧边间距,以及容许人为误差范围内的安全裕度。滑行道的宽度应使滑行飞机的驾驶舱位于滑行道中线标志上时,飞机的主起落架外侧主轮与滑行道道面边缘之间的留有足够的安全净距。

滑行道弯道转弯半径应满足飞机转弯性能的要求,飞机在滑行道弯道上滑行时,主起落架往转弯内侧偏移。因此滑行道与跑道、机坪、其他滑行道的连接、交叉处以及滑行道转弯处,宜设增补面。弯道的设计宜使当飞机的驾驶舱位于滑行道中线标志上时,飞机的主起落架外侧主轮与滑行道道面边缘之间,特别是弯道内侧留有足够的安全净距。

五、滑行道道肩、滑行带

(一)滑行道道肩

如同跑道道肩的作用,飞机在滑行道上滑行时,也需要考虑发动机气流的影响,需要在滑行道两侧设置滑行道道肩,滑行道道肩强度可略低于滑行道道面强度。滑行道道肩作为道面和周边土质地面之间的过渡地带,确保飞机偶然偏出滑行道时不致造成飞机结构损坏,道肩表面宜能承受飞机气流吹蚀,由保护地基的作用、防止发动机吸入异物的作用。

飞行区指标Ⅱ为 C、D、E、F 的滑行道应设置道肩,滑行道直线段道面加两侧道肩的总宽度应不小于表 2-10 中的规定值。在滑行道弯道或交叉处等设有增补面的位置,其道肩宽度应不小于与其相连接的滑行道直线段的道肩宽度。

表 2-10 滑行道直线段道面加两侧道肩的最小总宽度

飞行区指标Ⅱ	滑行道直线段道面加两侧道肩的最小总宽度 /m
C	25
D	34
E	38
F	44

（二）滑行带

滑行道中线两侧特定的场地是经过处理且具备一定支撑力的土质地带,用以保护滑行道上运行的航空器,并在航空器偶然滑出滑行道时降低损坏的危险。

除机位滑行通道之外,滑行道应设置滑行带,滑行带内不应有危害飞机滑行的障碍物。滑行带中心部分应进行平整,除滑行道桥之外,平整范围应进行碾压确保其密实度达到一定值,平整区域的支撑力足够保证飞机偏出滑行道时的安全。

第四节　机坪设计与布局

机坪是机场内供航空器上下旅客、装卸邮件或货物、加油、停放或维修等使用的一块划定区域。机坪除了飞行区的等待坪和掉头坪,还有站坪、货机坪、停机坪、隔离坪和维修机坪、试机坪等。

一、机坪的种类

站坪、货机坪、停机坪和维修机坪等功能显而易见,因此对等待坪、掉头坪和隔离坪的功能及要求进行介绍。

（一）等待坪

当交通密度为中或高时,宜设置等待坪。跑道端部附近,供航空器等待或避让的特定场地,用以提高航空器地面活动效率。

等待坪、滑行道(不含单向运行的出口滑行道)与跑道相交处的跑道等待位置或道路等待位置和跑道中线之间的距离应符合表2-11中的规定值。对于精密进近跑道,应确保等待的航空器或车辆不干扰导航设备的运行或侵入内过渡面。

表2-11　等待坪距跑道中线的最小距离　　　　单位:m

跑道的类型	飞行区指标 I			
	1	2	3	4
非仪表	30	40	75	75
非精密进近	40	40	75	75
I 类精密进近	60[①]	60[①]	90[①]	90[①②]
II 类、III 类精密进近	—	—	90[①]	90[①②]
起飞跑道	30	40	75	75

注:① 为了避免干扰导航设备,特别是下滑信标和航向信标信号,该距离可能需要增加,以确保其与仪表着陆系统和微波着陆系统临界区与敏感区的范围相匹配。

② 飞行区指标 II 为 F 时,该距离采用 100 m,但能接纳装有数字化航空电子设备以便在复飞操作时提供操纵指令使飞机保持已建立航迹的飞行区指标 II 为 F 的机场除外。

（二）跑道掉头坪

机场内紧邻跑道的划定区域，供飞机在跑道上完成 180° 的转弯。

跑道端未设有联络滑行道或掉头滑行道时，飞行区指标Ⅱ为 D、E、F 的跑道应设置跑道掉头坪，飞行区指标Ⅱ为 A、B 或 C 的跑道宜设置跑道掉头坪，以便飞机进行 180° 转弯。如图 2-9 所示，掉头坪位置宜设置在跑道的两端，对于较长的跑道可在中间适当位置增设掉头坪，以减少飞机滑行距离。

图 2-9　典型的掉头坪布置图

跑道掉头坪标志与跑道的交接角宜不大于 30°。当滑行飞机的驾驶舱位于跑道掉头坪标志上时，飞机鼻轮转向角宜不大于 45°，飞机机轮与掉头坪道面边缘之间的净距应不小于表 2-12 中的规定值。

表 2-12　飞机主起落架外侧主轮与掉头坪道面边缘之间的最小净距　单位：m

飞行区指标Ⅱ	净距
A	1.5
B	2.25
C	3（飞机纵向轮距小于 18 m 时） 4.5（飞机纵向轮距大于或等于 18 m 时）
D	4.5
E	4.5
F	4.5

跑道掉头坪也需要保持坡度，掉头坪坡度宜能防止表面积水并且便于地表水的迅速排放，跑道掉头坪的纵坡和横坡坡度宜与相邻的跑道道面的坡度一致。跑道掉头坪表面应平整，摩阻特性宜与相邻跑道一致。

跑道掉头坪的强度宜与相邻跑道道面强度相同，并能承受飞机缓行和转弯时起落架与道面之间的相互作用，在道面造成的较高应力。柔性道面还应考虑表面承受飞机主起落架轮胎转弯过程中所施加的水平剪切力。

（三）隔离坪

隔离坪主要用于停放已经或可能受到非法干扰的飞机，或者由于其他原因需要与正常的机场活动相隔离的飞机。机场需要指定一个隔离的停放位置，或者将适用于停放该航空器的位置通知机场的管制塔台。

隔离的航空器距其他飞机停放位置、建筑物或公共地段等应尽可能远，宜不小于 100 m。同时出于消防安全考虑，隔离机位位置不宜位于燃气管道、航空燃油管道等地下公用设施之上,并宜避免位于地下电力或通信线路之上。防止因突发事件造成燃气燃油安全事故,机场电力系统、通信系统受到干扰,影响到机场运行指挥。

二、机坪的基本布局

机坪布局应根据机坪的种类、飞机的类型和数量、飞机停放方式、飞机间的净距、飞机进出机位方式等各项因素确定。在必要时,机坪上应设置服务车道。其中,站坪是最典型的,接下来将站坪和航站楼综合分析,按照飞机在航站楼前集结形式(图2-10)对其布局进行分析。

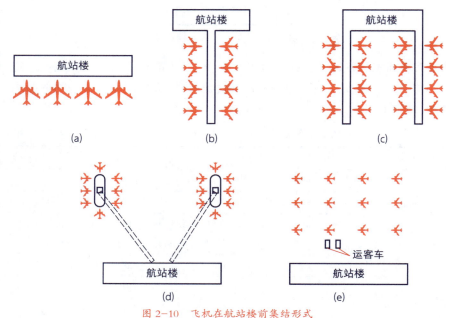

图 2-10　飞机在航站楼前集结形式

(一)前列式

飞机在站坪上紧贴航站楼停放。在客运量较小的机场常采用,有些客运量稍大的机场,为了方便旅客进出,把航站楼布置成条形并采用这种飞机集结形式,如图2-10(a)所示。

(二)指廊式

指廊式用于客运量较大的机场,通过指廊增加近机位数量,如图2-10(b)、(c)所示。

(三)卫星厅式

卫星厅式用于客运量很大的机场,航站楼附近增加近机位的条件不具备,且航站楼里候机室压力较大的机场,通过增加卫星厅来增加候机区,如图2-10(d)所示。

(四)远机位式

飞机停放在离开航站楼一些距离的站坪上,旅客上下飞机用车辆接送。远机位式常用于航站楼前机位不够用的机场,如图2-10(e)所示。

三、机位数量和尺寸

航空器机位是一块用于停放航空器的指定机坪区域。

(一) 数量

机坪所需要的机位数量取决于预计的高峰小时飞机运行次数及机位容量,后者取决于飞机占用机位的时间和机位利用情况。大部分机场的机位数量配置基本能做到每百万旅客量 3~5 个。对于航线类型(国内、国际航线)和飞机(大、中、小型),机场规划过程中会按类别分别计算其机位数量。

可用下列公式计算:

$$N = \sum \frac{n_i t_i}{U}$$

式中　N——站坪需要的停机位数量;

　　　U——机位利用系数,0.5~0.7;

　　　n_i——高峰小时 i 类飞机出发或到达的架次(取大值),也可取高峰小时 i 类飞机起降总架次的 60%~70% 数值;

　　　t_i——i 类飞机占用机位的时间。

(二) 尺寸

机位的尺寸取决于飞机的大小和停放方式。飞机的尺寸可由其服务机型的机身长度及机翼确定,同时它决定于为飞机提供服务的各项设备所占的范围。飞机停放方式影响到操纵飞机进出机位时所需要的面积。此外,确定机位所需尺寸时还需要考虑停放飞机需要与相邻停放飞机、滑行飞机或建筑物之间的净距要求,如表 2-13 所示。

表 2-13　机坪上飞机的最小距离　　　　单位:m

飞行区指标 II	A	B	C	D	E	F
进入或离开机位的飞机与相邻机位上停放的飞机以及邻近的建筑物和其他物体之间的净距	3.0	3.0	4.5	7.5	7.5	7.5
机坪服务车道边线距停放飞机的净距	3	3	3	3	3	3
在滑行道(除机位滑行通道之外)上滑行的飞机与机坪上停放的飞机、建筑物和其他物体之间的净距	8.75	9.5	10.5	14.5	15	17.5
在机位滑行通道上滑行的飞机与停放的飞机、建筑物和其他物体之间的净距	4.5	4.5	6.5	10	10	10.5
停放的飞机主起落架外轮与机坪道面边缘的净距	1.5	2.25	4.5	4.5	4.5	4.5

机坪上应考虑为地面设备提供服务车道、操作区和停放区。

当机位运行需要时,应设置航空器、廊桥和地面设备的系留装置。同时,对于机坪上突出的固定物体,宜视运行需要在四周加装防撞设施。

四、飞机的停靠方位及进出机位方式

飞机相对于航站楼的停靠方位有与机身平行、机头垂直向内、机头斜角停放等方式。飞机进出机位既可依靠自身动力,也可靠牵引车拖(推)动。飞机停放的基本方式如图2-11所示。

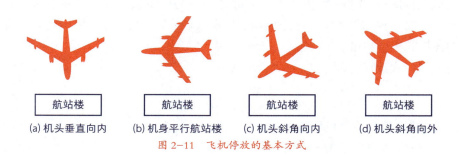

| (a) 机头垂直向内 | (b) 机身平行航站楼 | (c) 机头斜角向内 | (d) 机头斜角向外 |

图 2-11 飞机停放的基本方式

(一) 机头垂直向内

由于机头垂直向内停放方式,占用站坪面积最小,飞机发动机朝向航站楼外侧,航站楼没有受到发动机喷气吹袭,航站楼内飞机噪声较低,因此这种方式采用较多[图2-10(a)]。

飞机自行操纵沿机位滑行道及地面导入线进入,机头朝内。飞机出机位需要由牵引车推动飞机后退到机坪滑行道,同时转弯90°后驶离。这种方式的单个机位尺寸最小,机头到航站楼的净距较小。发动机朝向导致航站楼外侧,航站楼没有喷气吹袭,楼内噪声较低,便于廊桥与舱门相接,其缺点是需要牵引车设备和驾驶员。

(二) 机头斜角停放

机头斜角停放分为向内停放和向外停放,飞机能依靠自身动力自行操纵进入和退出,不需要牵引车。当机头斜角停放时[图2-10(c)、(d)],由于飞机退出时需要转180°的弯,需要的机位尺寸较大,同时进出机位过程中有一段时间发动机尾流直接吹袭航站楼,因此航站楼内会产生较大的噪声。

(三) 机身平行航站楼

飞机能依靠自身动力自行操纵进入和退出,无须牵引车推动。机身平行航站楼停放时会占用很大的机位尺寸,站坪上多采用这种停放方式,近机位的数量会受限。

五、机坪道面性能

(1) 机坪的强度应能承受使用该机坪的各种机型的荷载。

(2) 机坪表面应平整。

(3) 机坪的坡度应尽可能平坦,机坪中机位区的坡度应不大于1.0%,宜为0.4%~0.8%,并且宜能防止其表面积水。

(4) 当地面物质可能损坏航空器发动机时,机坪宜设置道肩,道肩应与机坪相接处的表面齐平。

第五节　机坪航班地面保障

飞机上下旅客、装卸货物及邮件、加油、维修、除冰雪等地面保障作业均是在停机坪上完成,因此飞机停放在机位上需要地勤服务保障,地勤服务部门提供各种车辆和设备为旅客、货邮及飞机服务。同时,为保障所有地勤服务保障安全、有序进行,机场运行管理部门需要保证机坪机位处于适航状态。

一、机坪航班服务地面保障布局

不同机型飞机、不同旅客登机方式、不同客货装载情况的航班的地面保障所需要的设施设备及设备摆放位置略有差异。图2-12(a)所示为A320机型停放在远机位,旅客通过客梯车下机及登机,航班地面保障布局图,图2-12(b)所示为A320机型停放在近机位,旅客通过廊桥下机及登机,航班地面保障布局图。表2-14所示为航班地面保障中常见的设备名称。

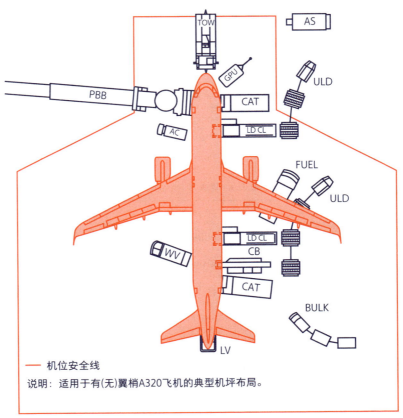

—— 机位安全线
说明:适用于有(无)翼梢A320飞机的典型机坪布局。

(a)

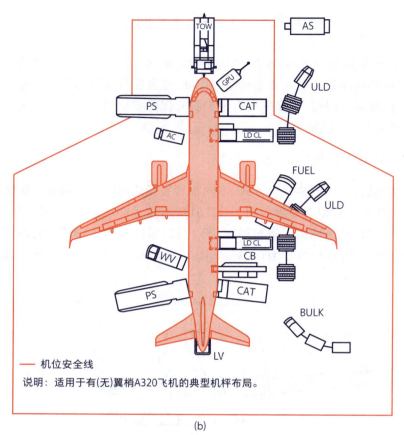

(b)

图 2-12 A320 机型地面保障布局示意图

表 2-14 航班地面保障中常见的设备名称

缩写	全称	中文名
AC	Air Condition Unit	空调车
AS	Air Starting Unit	气源车
BULK	Bulk Train	行李拖车
CAT	Catering Truck	食品车
CB	Conveyor Belt	传送带车
FUEL	Fuel Hydrant Dispenser or Tanker	加油车
GPU	Ground Power Unit	电源车
LDCL	Lower Deck Cargo Loader	平台车
LV	Lavatory Vehicle	清洁车
PS	Passenger Stairs	客梯车

续表

缩写	全称	中文名
TOW	Tow Tractor	牵引车
ULD	ULD Train	集装箱拖车
WV	Potable Water Vehicle	清水车
PB	Passenger Bridge	廊桥

二、机坪服务保障重点作业

（一）旅客下机和登机

1. 下机和登机方式

根据航班停放的机位位置，旅客下机和登机的地面服务保障流程及服务车辆设备均有不同。

停放在近机位的航班，廊桥在飞机停稳后，廊桥操作员根据飞机类型调整廊桥高度对准飞机客舱门，廊桥连接了航站楼内的登机口与飞机舱门，旅客通过廊桥下机和登机。针对某些特殊机型，廊桥可提通过特殊设置，提供双桥头，旅客可在飞机前后舱门同时登机，缩短旅客登机排队时长。

停在远机位的航班，由于飞机离航站楼较远，旅客需要通过摆渡车往返飞机和登机口之间。远机位机坪地面与客舱门之间存在较大的高差，所以需要借助客梯车来供乘客上下飞机。

2. 下机和登机操作

（1）旅客下机操作。旅客下机通常采取分舱下机，头等舱、公务舱旅客由前舱门下机，通过廊桥直接到达航站楼进港层；其后经济舱旅客同样通过廊桥到达航站楼进港层，或者通过客梯车下机后经摆渡车进入进港层。旅客下机速度与机型有关，如 A320 旅客下机速度约为 22 人／分钟，按照 A320 混合布局（头等舱 12 人，经济舱 138 人）满舱计算，全部旅客下机耗时约 6.8 分钟；B767-300 机型头等舱 24 个座位及经济舱 224 个座位，在满舱情况下，若使用双桥，旅客下机速度为 25 人／分钟，旅客下机需要 10 分钟。

（2）旅客登机操作。航空公司引导旅客分舱登机，即头等舱、公务舱及军人旅客等优先登机，通过廊桥或客梯车进入客舱内，经济舱旅客则按照排队顺序依次办理登机手续。对于 A320 机型旅客登机速度约为 18 人／分钟，A320 混合布局满舱计算，全部旅客登机耗时约 8.3 分钟。B767-300 机型旅客上机速度为 20 人／分钟，满舱旅客登机需要 12.5 分钟。

对于停靠远机位的飞机则需使用摆渡车运送旅客，摆渡车运送旅客数量约为 70 人／车，因此需根据航班旅客人数调整摆渡车数量。

（二）行李货邮装卸

1. 行李货邮装卸方式

行李及货邮通过拖车或拖斗从机场货站运到机位附近。

集装箱和集装板装载的货物通过平台升降车抬升到与货舱门平齐,平台及货舱地板上均有滚轴,方便工作人员将集装货物推入或推出货舱的操作。

机坪上的装卸人员将散货及行李从散货拖斗上搬出,放置在传送带车的传送带上,通过传送带运转将行李、散货、邮件等传递到散货舱门口,装卸人员再码放在散货舱内。行李、散货及邮件的卸载则是一个反向过程。平台升降车、散货拖斗、拖车、传送带车等装卸设备加快了货物装卸的速度。

2. 行李货邮装卸操作

行李货邮装卸作业操作介绍如下。

(1)准备阶段。平台升降车、传送带车、拖车、拖斗等设备的准备。

(2)卸载。采用人工卸载或传送带车卸载货物,速度为 15~20 件 / 分钟;若卸载集装箱货物,升降平台车每批次处理集装箱 2 个,速度约为 2 只 / 分钟;若卸载集装板,升降平台车处理的速度约为 1 只 /2.7 分钟。

(3)装载。采用人工装载或传送带车装载行李或货物,速度为 15~20 件 / 分钟;若装载集装箱货物,升降平台车每批次处理集装箱 2 个,速度约为 2 只 / 分钟;若装载集装板,升降平台车处理的速度约为 1 只 /2.7 分钟。

(4)撤离环节。装卸货物的平台升降车及传送带车等装卸设备撤离到安全位置,不影响到航空器进出机位。

(三)航食配餐

航空餐食公司的调度员每日需要根据航班的变化,将调整变化情况下达到生产部和保障部。

在执行每日航班计划时,外航在航班预计离港前 24 小时主动通过电报或传真形式预报航班订餐需求,航班起飞前 6~12 小时调整更新订餐需求,在航班起飞前允许的时间(航班起飞前 4 小时)内电话通知临时加餐。临时加餐,航空餐食公司通常会根据加餐的最高限额收取费用,减少航空公司的加减餐操作。

国内航空公司通常不需要主动预报订餐需求,航空餐食公司通过中航信订座系统和航空公司生产系统提取航班信息和订座人数。在航班起飞前 3 小时,调度员从订座系统中提取航班出港人数,若发现与实际配餐份数不符合的时候,及时进行配餐数量的调整。

(四)加油

飞机的加油方式包括罐式加油车和管线式加油车,没有燃油管道的机位,则需要通过罐式加油车,罐式加油车装有燃油,通过加油臂给飞机加油。当机位上有燃油管道和供油栓时,飞机可通过管线式加油车连接机坪上的供油栓和飞机的加油孔进行加油。目前机场使用最多的是管线式加油车。

三、机位适航性检查

接机人员需要在飞机入位前进行机位检查,确保飞机入位过程中不会发生剐蹭,无影响到飞机滑行安全的物体,如螺丝、防尘帽等一些高危的 FOD。

接机人员应当至少在航空器入位前 5 分钟,对机位适用性进行检查。主要检查项目包括：机位是否清洁；人员、车辆及设备是否处于机位安全线区域外或机位作业等待区内；廊桥是否处于廊桥回位点；是否有其他影响航空器停靠的障碍物。

四、航空器机坪运行

（1）除紧急情况之外，不得在跑道、滑行道上维修。

（2）在机坪内进行航空器维护、除冰雪及其他保障工作时，并应当采取有效措施防止造成污染和腐蚀。

（3）维修结束后，维修部门应当及时清理现场。

第六节　机场运行指挥中心

机场运行指挥中心（AOC）是各个机场航班正常运行保障的重要部门，负责整个机场运行的组织、指挥和协调工作，其业务涵盖机场运行的各个方面，是机场运行保障和应急救援指挥的核心部门，通过统一的组织、指挥、协调和监督，实现对机场航班的调控和管理。

一、机场运行指挥中心的职责

机场运行指挥中心的主要工作职责是对航班保障的全过程实施组织、指挥、协调、控制，准确及时地向各保障单位发布生产指令，确保航班运行安全、正常、有序地进行。具体业务内容主要为以下几点。

（1）负责飞行计划与收集，制作、校核与航班动态信息的传递发布工作。

（2）根据航班动态合理地进行机位调配，确保航空器停放安全有序。

（3）对航班运行保障全过程实施组织、指挥、协调、控制，并按结果控制法进行监督管理，协调飞行保障中出现的各类问题。

（4）负责飞行区运行管理，指挥、协调有关部门清除相关区域的道面冰雪、杂物或障碍物及道面抢修工作。

（5）负责应急救援日常事务工作和紧急时间的初期组织指挥工作。

（6）负责与空管、航空公司、驻场单位等的信息沟通。

（7）及时传递相关信息，协调处理保障中出现的矛盾与问题。

（8）负责有关飞行保障各项数据资料的统计填报工作。

（9）负责每天飞行保障情况的收集汇总与分析讲评工作。

（10）负责信息集成系统的运行管理工作。

（11）对重要航班保障工作的进度、质量进行监督管理。

（12）负责航空器地面服务项目单据签单管理工作。

二、机场运行指挥中心的工作流程

机场根据其自身的规模和组织构架设置部门与岗位，各个机场的部门组织构架、名称略有不同。机场运行指挥中心为确保航班运行安全、正常、有序地进行,需与多个科室部门之间共同协作完成航班保障业务。下面以北京首都国际机场为例,介绍机场运行指挥中心与其他部门之间的关系。

北京首都国际机场由机场运行控制中心进行机场统一集中的运行、指挥、协调,另设有飞行区运行控制中心和航站楼运行管理中心两个分区管理中心,3个中心在级别上属于同级,但在指挥协调上机场运行控制中心处于集中统一指挥协调地位。3个分区管理中心的关系如图2-13所示。

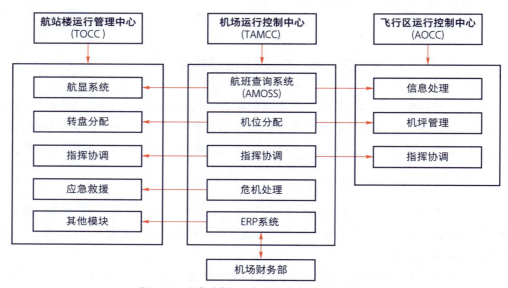

图2-13 北京首都国际机场的机场运行控制中心

TOCC(Terminal Operation Control Center),航站楼运行管理中心。

TAMCC(Terminal Area Monitor & Control Center),机场运行控制中心。

AOCC(Airplane Operating Control Center),飞行区运行控制中心。

AMOSS(Airline Management & Operation Support System),航班查询系统:航班信息核对,航班信息发布,航班信息变更。

ERP(Enterprise Resource Planning),企业资源计划系统:对航班运营数据收集和统计,并将本场航班起降信息上报公司财务部门。

机场运行指挥中心负责机场运行过程中关键环节管理,负责对突发情况进行危机指挥管理,机场航站楼及飞行区多个部门的关键性业务进行监管协调,同时负责地服公司、航空公司等驻场单位工作的协调统一。

本 章 总 结

　　飞行区是飞机运行的区域,用于飞机起飞、着陆和滑行的场地以及保障飞机起降安全的地面部分与空中部分。地面部分包括跑道、滑行道、停机坪和登机门,以及一些为了维修和空中交通管制服务的设施与场地,如机库、塔台、救援中心等。根据使用该机场的飞机基准飞行场地长度及飞机的最大翼展确定飞行区的两个指标——代码和代字。

　　在机场跑道规划时,跑道方向选择风力负荷值最大的方向,使飞机起飞或着陆受风的影响最小,跑道保证飞机安全起飞或着陆概率最大,根据跑道方向与磁北方向的关系确定跑道的号码。当机场单条跑道无法保证机场准点率或95%机场利用率时,则出现平行跑道、非平行跑道两种多跑道构型。跑道系统除结构道面之外,围绕着结构道面设置有附属区域,附属区域的设置可保障飞机在起飞或着陆的安全、提高跑道的运行效率。

　　滑行道作为机场设置供飞机滑行并将机场的一部分与其他部分之间连接的规定通道,由于其使用频次高,其道面强度与跑道相当。根据机场飞机地面滑行需求设计滑行道布局及数量时,要考虑滑行道上滑行的飞机与跑道、其他滑行道之间的安全间距。

　　机坪是机场内供航空器上下旅客、装卸邮件或货物、加油、停放或维修的区域。机坪布局需要考虑站坪上飞机的类型和数量、飞机停放方式等因素,同时需要根据飞机停靠的方位确定机位尺寸。

　　飞机上下旅客、装卸货物及邮件、加油、维修、除冰雪等地面保障作业均是在停机坪上完成,因此飞机停放在机位上需要地勤服务保障,地勤服务部门提供各种车辆和设备为旅客、货邮及飞机服务。同时为保障所有地勤服务保障安全、有序进行,机场运行管理部门需要保证机坪机位处于适航状态。

　　机场运行指挥中心负责机场运行过程中关键环节管理,负责对突发情况进行危机指挥管理,机场航站楼及飞行区多个部门的关键性业务进行监管协调,同时负责地服公司、航空公司等驻场单位工作的协调统一。

思 考 题

1. 飞行区的等级与什么因素有关?
2. 跑道的方位与哪些因素有关?跑道号码怎么确定?
3. 跑道构型有哪些?分别有什么特征?
4. 跑道长度受哪些因素影响?
5. 跑道附属区域有什么?分别有什么特征?
6. PCN 和 ACN 分别代表什么含义?如何使用 ACN-PCN 方法评价飞机是否超载?
7. 跑道的公布距离参数都有什么?

8. 滑行道的种类都有哪些？分别有什么特征？

9. 机坪的种类有哪些？分别有什么作用？

10. 按照飞机在航站楼前集结形式，站坪布局分为哪几种？

11. 飞机相对于航站楼的停靠方位有哪些种类？分别有什么特征？

12. 机坪服务保障重点作业有哪些？分别有什么特点？

第三章 旅客航站楼运行服务管理

本章内容主要包括航站楼内旅客和行李的流程、航站楼内由机场和航空公司以及政府相关部门直接向旅客提供的服务、机场在航站楼内的其他运行保障职能。本章还介绍新技术和新设备在旅客航站楼内的应用以及对旅客航站楼未来发展趋势的影响。

✈ 学习目标

- **知识目标**

  1. 掌握航站楼内旅客和行李的流程。
  2. 掌握机场直接对旅客提供的非商业性服务。
  3. 了解机场对旅客提供的非商业性服务。
  4. 掌握航空公司与旅客相关的服务。
  5. 了解政府管理部门与旅客相关的服务。
  6. 了解航站楼运控部门的基本职责。
  7. 掌握新技术在旅客航站楼功能区的应用类型。

- **能力目标**

  1. 能够识别旅客航站楼各功能区域。
  2. 能够熟练掌握旅客航站楼内不同旅客流程。
  3. 能够掌握旅客航站楼内自助服务设备和其他服务设施的使用方法。

- **素养目标**

  1. 培养学生树立服务意识，充分理解旅客在航站楼内的首要需求是高效办理各种乘机相关手续。
  2. 培养学生树立团队合作意识。

第一节　航空旅客和托运行李流程

机场承担了航班起飞前和落地后的旅客(行李)、货物和航空器的地面服务保障职能(图 3-1)。旅客航站楼的主要服务对象是航空旅客及行李,保障旅客安全、便捷地完成乘机流程,以及航班落地后能够快速离开机场或换乘中转航班,这是旅客航站楼的基本保障职责。旅客航站楼的运行决定航班能否安全、准点地运行,同时影响旅客的航空旅行整体体验。飞行区航空器的流动按照飞行计划和航班时刻表,是离散的;而旅客航站楼内旅客的到达和离开是连续的、流动的。

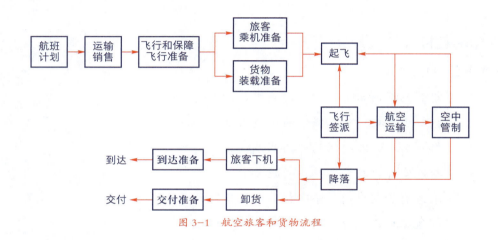

图 3-1　航空旅客和货物流程

一、旅客流程

航站楼的旅客都是按照到达和离港有目的地流动的,在设计航站楼时必须合理地安排旅客流通的方向和空间,这样才能充分利用空间,使旅客顺利地到达目的地,避免造成拥挤和混乱。

目前通用的安排方式是把出发(离港)和到达(进港)分别安置在上、下两层,上层为出发,下层为到达(图 3-2),这样互不干扰又可以互相联系。由于国内旅客和国际旅客所要办理的手续不同,通常把这两部分旅客分别安排在同一航站楼的两个区域,或者分别安排在两个航站楼内。

(一)旅客出发流程

国内出发流程和国际出发流程如图 3-3 所示。

1. 国内出发流程

(1) 行李托运、换登记牌。旅客到达机场后,到出发大厅指定的服务柜台凭本人有效身份证件按时办理乘机和行李交运手续,领取登机牌。对于新技术的发展和应用,旅客也可以利用互联网终端或航站楼内的自助设备进行值机和托运行李。一般机场要求飞机离站前 30 分钟停止办理乘机手续,部分大型机场要求提前 40 分钟或 45 分钟停止办理乘机手续。

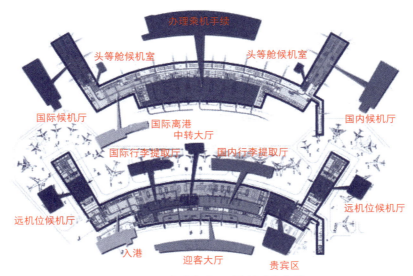

图 3-2　候机楼出发和到达楼层分布图

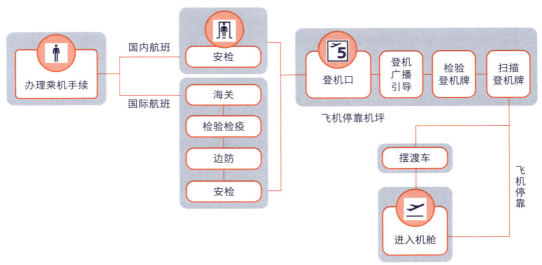

图 3-3　国内出发流程和国际出发流程

　　(2) 安全检查。在通过安全检查时,旅客应首先向工作人员出示登机牌、有效证件。为了飞行安全,旅客及随身携带行李物品必须接受安全检查。行李物品要做 X 光机检查,旅客要走金属探测器安检门。

　　(3) 候机及登机。旅客可以根据登机牌所显示的登机口号在相应的候机厅候机休息,听广播提示进行登机。

　　2. 国际出发流程

　　旅客地面交通→出发大厅→卫生检疫和海关检查→办理登机手续→托运行李(含托运

行李安全检查)→边防出境护照检查→安全检查(个人及手提行李)→出发候机厅→检查登机牌→登机(远机位旅客转驳车登机)。

（二）旅客到达流程

国内到达流程和国际到达流程如图 3-4 所示。

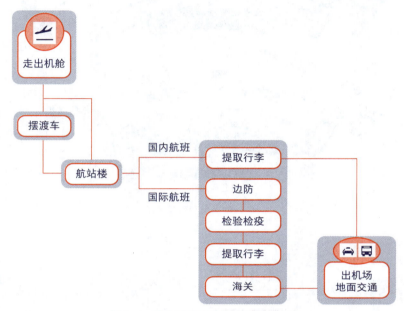

图 3-4　国内到达流程和国际到达流程

1. 国内到达流程

旅客下机进入到达通道(远机位旅客下机转驳车进入到达通道)→行李提取大厅提取行李→行李票标签查验→迎客大厅出口→按照指示牌乘坐相应的交通工具。

2. 国际到达流程

旅客下机进入到达通道(远机位旅客下机转驳车进入到达通道)→国际联检区办理相关联检手续→检验检疫→边防入境护照签证检查→行李提取大厅提取行李→海关行李检查→行李票标签查验→迎客大厅出口→按照指示牌乘相应的交通工具。

（三）旅客中转流程

旅客中转流程非常复杂,一般流程如图 3-5 所示。

中转旅客航班涉及多种情形,如国际转国内、国内转国际、国际转国际、国内转国内,旅客航程又可分为联程和非联程。旅客有无托运行李中转流程也有所区分。

（四）经停航班流程

（1）国际—本站—国际。

经停旅客下机→封闭的候机室候机→按登机时间登机离港。

（2）国内—本站—国内。

经停旅客下机→国内候机→与本站国内出发旅客汇合→按登机时间登机离港。

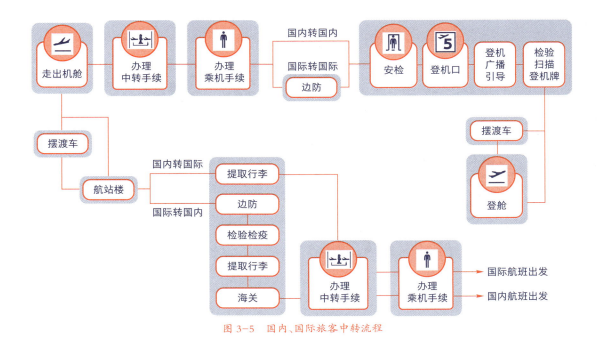

图 3-5　国内、国际旅客中转流程

二、行李流程

每个机场都必须完成一定量的行李作业任务。无论机场大小,这些作业任务基本相似,差异主要表现在作业的手段和程序上。行李作业通常分为两大类:出发(离港)和到达(进港)。

出发流程如下:携带行李到办票柜台处。准备托运→办票,对托运行李贴标签和称重→对托运行李安检→运送行李到达空侧行李厅→行李分类和装载入航空专用集装箱→运送行李到客机所在区域→行李装载入飞机。

到达流程如下:从飞机上卸货→运送行李到空侧行李厅→行李分类→安放到行李提取传送带上→输送到行李提取区→通知旅客提取行李→从行李提取区提取行李。

行李中转主要分为普通行李中转和直挂行李中转(联程行李中转)。普通行李中转需要旅客在中转站自己提取;联程行李中转则无须旅客自己提取,而是由航空公司负责中转。行李中转流程具体如下:装卸部门卸载行李并装车→运送到达行李(含中转行李)分拣区域→中转分拣员分拣行李(按照后续始发航班)→将分拣出的中转行李合并至后续航班转盘→和后续航班转盘分拣员做好交接→装卸部门分拣区域装载行李并运送到后续航班机位→行李运送到后续航班→后续航班起飞。

行李作为"不会说话的旅客",需要经过包装、装卸、运输、分拣等"旅程",才能再次回到主人身边。这位"不会说话的旅客"也有它的需求,即"别让我受伤","别耽误我上飞机"。行李处理系统由机场管理部门建设,机场管理部门也承担起运行管理的重任。为了满足它的这两个需求,机场管理部门应从整合资源、优化程序、落实细节、加强盯防、用好"大数据"等来提高行李保障效率。旅客行李流程立体图如图 3-6 所示。

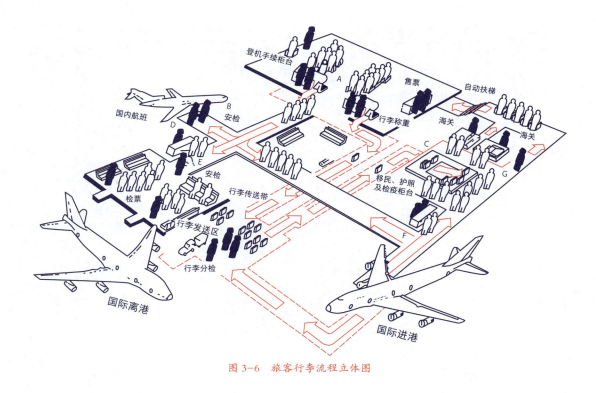

图 3-6 旅客行李流程立体图

第二节 旅客航站楼旅客运行服务

一、机场直接为旅客提供的服务

航站楼的某些服务是专门为方便航空旅行者提供的,并且与航空公司的业务没有直接关系,习惯上把这些服务称为机场直接为旅客提供的服务,或者称为机场的通用服务。这些服务可以分为商业性服务和非商业性服务。这两项服务并没有严格的区分,通常将非商业性服务看作是完全必备的服务,一般免费或收取很少的服务费用。而商业性活动是可能赚取利润的服务,这些服务是隶属于机场运输功能之外或可以不选用的服务,一般属于机场的非航空业务。

(一)非商业性服务

大多数机场直接向旅客提供的非商业性服务包括:问讯和广播服务;航班和常规机场信息、指示标志;行李手推车、行李搬运;行李处理与传送;行李寄存和失物招领;卫生间、育婴室、更衣室;提供座位、饮用水。

以下将重点介绍旅客航站楼的问询服务、信息服务和卫生间设施与航站楼内其他的人性化服务和设施。

1. 问讯服务

机场通常会在航站楼大厅内的醒目地带设置多个问讯柜台,柜台中央竖立一块高达

3 m 多的立体牌子,在上面明显标有一个巨大的问号,无论从什么方位,都可以清晰地看到这个标识,便于旅客寻找询问专业人员。问询服务为旅客提供候机楼内方位、功能设施引导服务;现场航班动态信息查询服务;机场相关交通信息查询服务;航空公司业务查询指南以及餐饮介绍等问讯服务。

问询服务的提供方除了机场,还有可能是航空公司。机场和航空公司还会共同派出问询服务人员组成联合问询柜台,向旅客提供最为全面的问询服务。问询服务根据服务提供方式的不同可以分为现场问询和电话问询。现场问询是指在问询柜台当面向旅客提供问询服务;电话问询是通过电话方式向打来电话的客人提供咨询类服务。电话问询还可以分为人工电话问询和自动语音应答问询。人工电话问询主要用来解决旅客提出的一些比较复杂或非常见的问题;自动语音应答问询则由旅客根据自动语音提示进行操作,通常能较好地解决旅客所关心的常见问题,能大大节省人力,提高服务效率。

为了提高服务质量,很多机场推出了"首问责任制",旅客求助的第一位工作人员有责任在能确保准确答复或有效解决问题的前提下提供优质服务,否则必须将旅客指引或引导到能提供有关服务的单位或岗位。

例如,新加坡樟宜机场通过机场服务大使给旅客提供全方位的帮助和服务。机场把服务大使定位为一个更积极主动的角色,要求机场服务大使成为第一个接近并协助需要帮助的乘客的人。这些服务大使可以从乘客的肢体语言或面部表情中识别出真正需要帮助的人。

随着人工智能的快速发展,一些机场引入了职能问询机器人提供问询和引导服务。图 3-7 是三亚凤凰机场引入的智能问询机器人。智能问询机器人集人机交互、人工智能、大数据、互联网技术等多项新技术,可为广大旅客提供如航班动态查询、问路指引、呼叫客服、娱乐互动等多项服务,打破了常态化的咨询方式,将多样化、智能化、人性化的服务融入候机体验,让机器人真正实现了"能听、会说、能思考、能判断、看得见、认得出"。

图 3-7 机场智能问询机器人

2. 旅客信息系统

旅客可以在机场航站楼内自由流动与穿梭,有必要确保每位旅客能够充分了解相关的信息,使旅客能够及时了解旅行的当前状态。例如,乘坐自己的交通工具到达机场前的旅客,能准确地找到国内、国际出发大厅的进口,在航站楼内旅客同样需要了解航站楼内各种设施的信息,比较轻易找到电话亭、卫生间、餐厅、安检通道、免税商店和登机口位置。通常机场信息按其功能分为两类:一类是方位引导信息;另一类是航班信息。

方向引导信息通常在距离机场较远的路段就已经开始出现,通常机场可以与当地政府协调合作,以便在公路标识系统中能够增加相应的引导标识,并在通往机场的所有道路上设置路标,旅客可以通过路标找到机场(图 3-8)。通常这类路标均带有一个飞机符号,这样可以便于司机快速准确地辨别方向。当旅客接近机场时,相应的航站楼道路标识能够准确地引导旅客到达航站楼的适当位置。最关键的一点是,航站楼道路系统中的标识应该足够大且醒目,便于获取重要信息,如国内/国际出发大厅和国内/国际到达大厅,以及各大航空公司办理乘机手续的指定区域等(图 3-9)。

图 3-8　航站楼道路标识

对于有多个航站楼的机场,每个航站楼都必须有相应的道路标识,这些标识可以由机场部门统一设置。

在航站楼内部,众多的出发旅客主要依赖于引导标识的帮助,在其引导之下,旅客们可以顺利地办理登机手续、进行安全检查、办理行李托运等;同样,航站楼的一些其他设施也必须明显标识出来,如旅客禁止通行的特殊区域,以及如失物招领、卫生间、餐厅之类的公共服务设施。

图 3-9　航站楼标识

民航局早在 20 世纪 90 年代已经制定了 MH0005-1997《民用航空公共信息标志用图形符号》标准,但不少机场仍采用了当地的习惯性标识。机场也不需要画蛇添足,设立过多的引导标识,以免引起混乱。同样值得注意的是,在航站楼内配置的标识应当与建筑物内部高度相匹配,做到标志醒目。到达旅客同样需要相应的引导信息,这部分旅客在引导信息的帮助下到达行李提取区和机场出口,对于国际航班到达旅客还需要正确引导他们进入边检通道和海关检查区域。

航班信息显示系统,是指航站楼内显示离港、到港飞机的航班号、时间、登机口、行李提取转盘等信息的系统装置。不只旅客关心航班信息,候机楼内各部门的工作人员也需要了解航班信息,以便进行运输服务和生产调度。航班信息显示是机场保障旅客正常流程的重要环节,是机场直接面向旅客提供公众服务的重要手段,同时是机场与旅客进行沟通的一扇窗口。航班信息显示系统(Flight Information Display System,FIDS)的主要功能是以多种主流显示设备为载体,显示面向公众发布的航班信息、公告信息、服务信息等,为旅客、楼内工作人员和航空公司地面代理提供及时、准确、友好的信息服务(图3-10)。

近年来,随着国内民航业的快速发展,航站楼规模也随之扩大,需标识的信息也更加复杂与多样,传统标识标牌的设计也越来越复杂,无形中增加旅客的寻路难度。尤其是在关键节点的寻路,旅客往往需要对多个方向进行识别。通过专门开发的旅客智能指引App可更好地解决此问题,旅客可在航站楼内导航,对于寻找登机口、卫生间、商店等设施十分便捷。部分机场的App还具有协助停车、提示航班信息、提示安检排队时间、

图3-10　航班信息显示系统

餐饮购物、电子登机、AR导航等多项功能,如在美国奥兰多国际机场、日本东京成田机场、英国航空、荷兰航空等多个机场和航空公司已有成功的应用案例。

除了传统标识标牌与手机App,东京成田机场T3航站楼内的标识系统设计更进一步(图3-11),将标识系统设计扩大化,与航站楼地面、墙面、吊顶等装饰融合设计,使其成为室内设计的重要组成部分。例如,其使用带颜色的人行步道标识前进方向,既给旅客以轻松的寻路环境,又带来良好的步行感受。

图3-11　东京成田机场T3航站楼寻路设计

航班信息显示系统是服务旅客全流程的重要信息系统之一,每年有大量的旅客的浏览量,其间隐藏的服务提升空间与商机不言而喻。航班信息显示服务可能会在以下几个方面有较大的发展潜力:① 借力"互联网+",深入推进商业发展,助力无限商机;② 提供定制

化服务,持续提升服务品质;③ 创新显示内容,增添人文关怀;④ 整合服务内容,实现航显屏多功能化应用。

3. 卫生间设施

目前,在一些新建的机场航站楼建筑设计中,卫生间越来越受到重视,如在传统的男、女卫生间基础上,融入具有无障碍、母婴室、家庭功能的第三卫生间。卫生间数量与布点、男女蹲位比例等也充分结合旅客流程、考虑旅客需求,提高服务品质的同时,体现了航站楼设计中人性化的一面。

例如,成田机场和 TOTO 共同创办的 Gallery TOTO 是一个充满智能化和艺术感的卫生间长廊,向所有旅客开放,包含 10 个独立分隔的卫生间。卫生间外的墙壁由液晶显示屏组成,在东京奥运会期间,屏幕上时刻播放着各种体育项目。每个独立的卫生间内采用不同的墙纸和设备,空间宽敞清洁,所有马桶都具有智能功能,在卫生间外的旅客可通过墙上的灯光判断卫生间是否正在使用以及使用时间。

在国内机场航站楼卫生间设计充分考虑人性化的当下,为提高旅客体验,也可将智能化融入设计中,如艺术与科技融合的智能显示屏、柔和节能的灯光等(图 3-12)。

图 3-12　深圳机场旗舰体验式母婴室

4. 机场其他人性化服务

大型机场的航站楼面积较大,机场利用各种新技术和新设备不断提升旅客在航站楼内的乘机效率,同时提供了很多人性化、个性化的便民服务。

(1)显示登机距离,升级信息服务。

北京大兴国际机场在候机区的方位指示牌上除了指示候机区内主要功能区域,还显示了距离最远登机口步行所需时间,让旅客可以更合理地安排候机时间(图 3-13)。

(2)更多儿童休闲娱乐区,方便带孩子

图 3-13　北京大兴国际机场信息指示牌

出行的家庭。

随着航空运输的普及,以旅游为出行目的的旅客所占比例日益增加,其中家庭亲子游是重要的细分市场。很多机场考虑到这一细分市场的需求,在航站楼内提供儿童游乐设施(图3-14),建立儿童游乐园,更好地满足亲子出游家庭的需求。在提升旅客体验的同时,使旅客航站楼的功能进一步延伸。

图 3-14　南宁机场儿童游乐区

【案例】

首个"机场版迪士尼乐园"开进虹桥 T2 航站楼

2021 年 4 月 23 日,全国首家由机场与上海迪士尼度假区合作打造的儿童游乐区——"奇乐妙妙家",儿童游乐区亮相上海虹桥国际机场 T2 航站楼。

这个游乐区由上海虹桥国际机场与上海迪士尼度假区联手打造,位于虹桥机场 T2 候机区南侧指廊 56 号登机口附近。游乐区共有三大功能区块,分别对应米奇标志性的圆脸和两只大耳朵。其中,"脸部"是电视观影区,设有巨大的电视屏幕,两只大"耳朵"则是拍照游乐区和阅读休憩区。观影区会播放各类适合阖家共同欣赏的趣味内容,阅读休憩区为小旅客们准备了关于米奇、米妮和唐老鸭的中英双语故事,拍照游乐区给小旅客及家人提供与迪士尼主题装置互动留影。

(3) 规划更多无障碍设施,更好地服务特殊旅客。

为了更好地服务特殊旅客,机场越来越重视无障碍设施设备的规划和使用,在服务柜台、航站楼内通道、卫生间等区域都提供了无障碍设施(图3-15 和图 3-16)。

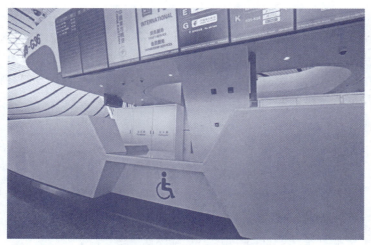

图 3-15　航站楼无障碍设施

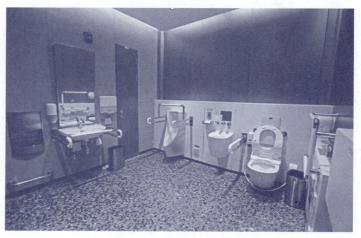

图 3-16　卫生间无障碍设施

（4）爱心服务项目。

机场提供的爱心服务项目通常包括：爱心陪伴；轮椅陪伴、借用服务；婴儿车借用；冬衣寄存；免费电瓶车服务等（图 3-17 和图 3-18）。一些机场还提供安检暂存物品，可通过电话、小程序、公众号等渠道由本人领取、他人代领及快递代领。

（5）5G 体验服务。

北京大兴国际机场是国内首家 5G 全覆盖的机场。旅客可在机场航站楼 5G 体验区内体验新科技。工作人员可通过"5G+AI"便携式人脸识别设备，及时找到旅客，提醒登机。

（二）商业性服务

机场的商业设施主要由机场管理机构直接运作，或者将特许经营权租赁给专业的服务公司。其中，旅客航站楼中的商业服务是机场商业规划中的重要组成部分。常见的商业服务包括：汽车停靠；广告；免税店；餐厅；其他商店；汽车租赁；银行；酒店、旅行社预订；收费贵宾室；休闲娱乐设施。

图 3-17　机场爱心轮椅服务

图 3-18　机场 5G 体验服务

　　机场的商业性服务既可以满足多元化的需求，提升旅客在机场的乘机体验，又可以增加机场的收入（包括特许经营费和场地租金的收益）。在商业化程度很高的机场，机场的商业收入可以高达机场总收入的 60%。

　　香港机场候机楼内购物廊设有各色各样的优质零售店及餐厅，经营总面积达到了 3.9 万 m²，零售密度为 1.05 m²/ 千人次，商店数目超过 200 家（其中餐厅为 40 家），主要分布于出发层、到达层以及中转区域。经营项目涵盖了免税烟酒、免税香水化妆品、书店、便利店、食品、百货、药店等，汇聚世界顶级品牌达 25 个。

　　新加坡樟宜机场零售业在世界机场中一直享有盛名。经过不断发展和完善，已经形成了完整的零售中心，商业总面积近 4 万 m²，零售密度约为 1.48 m²/ 千人次。经营项目覆盖免税商品、食品百货、休闲娱乐等。

乘机旅客到达机场候机楼的主要目标是办理乘机手续，准点地乘航班出行。如何能够让旅客愿意在机场内消费，是候机楼管理者进行商业资源规划和设计时要认真思考的问题。当候机中的旅客怀着较为轻松的心情时，会有较多空闲时间去尝试和体验机场提供的商业服务，如樟宜机场的屋顶游泳池，旅客可一边游泳一边观看飞机的起降，给人以身心上完全的放松。类似的候机服务还有旧金山机场瑜伽室、苏黎世机场的观景台等。因此，为提高旅客候机体验，传统的功能单一的候机服务可结合建筑方案、地域文化特点，添加适当的活跃元素（图3-19和图3-20），如游乐设施、图书角等，以满足不同旅客类型的候机需求。

图3-19 机场免税商店

图3-20 航站楼内绿化植被

在我国，随着人们收入水平的提升，乘坐飞机出行的频率明显提高。消费者开始对航空服务有了更多的要求，为了满足旅客的多元化需求，国内各机场积极加大非航空性业务的开发，致力打造集购物、休闲、娱乐、美食于一体的购物中心，让旅客随时随地感受到愉悦的购物体验，增加购物频率。在经营方式上，国内机场非航空性业务经营正趋向于专业化发展，部分机场在经营资源上采取了特许经营的方式，以外包的形式，将经营权出租给专业的公司经营，从中获取利润。例如，亚洲地区机场非航空性业务收入占比最大的香港国际机场，它在航空地面辅助服务、航空配餐、候机楼商业、机场广告 4 个方面均实行特许经营模式，其非航空性收入早已超越了航空主业的收入，占其总收入的 70%，成为机场收入的主要来源。除采取特许经营之外，部分机场还自己设立了专业公司或合资公司，让非航空性业务的发展变得更加专业化、商业化。

机场未来如何提高非航空业务收入，可以从以下几个方面来展开：一是增加机场流量规模；二是提高旅客办理乘机手续的效率，减少旅客非自由时间；三是合理规划机场，通过商业、服务和媒体的融合，打造主题机场，增加旅客自愿停留时间；四是充分利用互联网技术和思维，实现线上线下的融合。对于枢纽机场在运营过程中，主要的问题集中在提升现有的硬件设施的运行效率，以及尽可能在保证现有机场正常运行的情况下，进行机场的一些改建、扩建扩容的工作，来满足不断增长的流量的需求。同时要提高机场的连接性，实现和地面交通的无缝连接，以及确保旅客在航站楼内快速办理手续，减少排队的要求。对于客流量较少的支线机场，提升流量的关键在于紧密结合地方经济，吸引更多的航空公司法开设更多的航线、航班班次。着力发展航空主业，只有航空主业得到高质量的发展，才有可能进行非航空业务的拓展，带来更多的经济效益。

二、航空公司与旅客相关的服务

在机场旅客航站楼内，与旅客运输地面流程有关的服务通常是由航空公司或其代理机构来完成的。主要包括以下内容：机票的预定和销售、值机、行李交运与提取、航空公司信息服务、登机服务、贵宾室服务。

上面所列的是航空公司为旅客提供服务的一部分，所以航空公司希望在特定服务领域内保持强有力的控制地位。有些机场的航站楼甚至由航空公司自行建造或租赁，如位于纽约肯尼迪国际机场的由联合航空公司与环球航空公司自行建造的航站楼；上海浦东国际机场第一航站楼大部分场地租赁给东方航空公司、北京首都国际机场第二航站楼租赁给中国国际航空公司。由于航空公司的航线网络涉及目的地数量多、分布广，很多非基地航空公司不能在其运行的机场提供地面服务；承担这一航空运输地面服务主体的角色有可能是基地航空公司、机场相关部门所有的地面服务公司以及第三方地面代理公司。目前得到普遍认同的观念是，航空旅行的基本合同是在旅客和航空公司之间签订的，而机场只是该合同的第三方，这一点非常关键，除非必需的情况，机场不应该太多地涉入上述服务项目中，而应该扮演平台角色。

【案例】

首都机场引入第三家地面代理服务商

2017 年 12 月,首都机场股份公司、海航及北京空港航空地面服务有限公司(BGS)在海航北京基地联合召开第三家地面服务代理商引入阶段成果展示会。这标志着首都机场初步完成第三家地面代理服务商引入相关工作,海航成为首都机场第三家地面服务代理商。目前首都机场服务公司 BGS 的服务范围包括旅客地面运输服务、货物地面运输服务、飞机经停站坪服务、通过销售代理及其他与航空运输有关的业务。主要服务项目有旅客值机、飞机配载、特殊旅客服务、行李处理、货物控制及货运文件处理、货物装卸和仓储服务、特种车辆服务、机舱内部清洁飞机航线维护服务、客票销售站,服务的航空公司达到 60 余家。

旅客航站楼内与航空公司相关的旅客地面运输服务将在第四章详细介绍。

三、政府管理部门与旅客相关的服务

对于绝大多数机场来说,需要在旅客航站楼及附近区域为其他机构提供相应的办公室和工作场所,这些机构可能包括民用航空管理机构和空中交通管理部门,对于国际机场来说,还需要为政府部门提供办公场所为旅客提供联检服务。政府联检服务是机场旅客服务的重要一环,由口岸相关机构(包括海关、边防、检验检疫部门)对出入境行为实施联合检查,检查对象包括进出境人员运输工具、货物和物品以及动植物等。联检服务是窗口行业,是连接我国和其他国家的桥梁。

(一)海关

海关是根据国家法律对进出关、境的运输工具、货物和物品进行监督管理与征收关税的国家行政机关。海关的任务是依照《中华人民共和国海关法》和其他有关法律、法规,监管进出境的运输工具、货物、行李物品、邮递物品和其他物品,征收关税和其他税费;查缉走私;编制海关统计和办理其他海关业务。

(二)边防

边防检查站是国家设在口岸以及特许的进出境口岸的出入境检查管理机关,是代表国家行使出入境管理职权的职能部门,是国家的门户。它的任务是维护国家主权、安全和社会秩序,发展国际交往,对一切出入境人员的护照、证件和交通运输工具实施检查与管理,实施口岸查控,防止非法出入境。

(三)检验检疫

1. 卫生检疫

卫生检疫也称为"口岸卫生检疫",是国家政府为防止危害严重的传染病,通过出入国境的人员、行李和货物传入、传出、扩散所采取的防疫措施。外国旅游者、移民者入境是传

染病得以传播的重要媒介。为了保障人民健康,各国都在口岸设立卫生检疫及动植物检疫机构。

2. 动植物检疫

动植物检疫部门是代表国家依法在开放口岸进行进出境动植物检疫、检验、监管的检验机关。我国动植物检疫部门根据《中华人民共和国进出境动植物检疫法》的规定,负责检疫进出中华人民共和国国境的动植物及其产品和其他检疫物,装载动植物产品和其他检疫物的装载容器、包装物以及来自动植物疫区的运输工具。

对于绝大多数国家而言,对卫生检疫和动植物检疫所必需的设施并没有特殊的要求,而海关检查和边防检查程序相对比较烦琐,因此需要的场地比较大。由于先进行边防检查,同时考虑到海关检查的相对效率,因此实际上海关检查大厅一般不会占据很大的空间。

第三节　旅客航站楼运行保障服务与管理

在一些相对较小的机场,为了便于部门之间相互联系,通常将所有与旅客无关的机场管理职能部门都置于航站楼内部,这些部门包括:机场管理部,采购部,金融服务部,工程部,法律部,人事部,对外公共关系部,航空服务部,设备、房屋维修部(动力部)。

在大型机场,通常习惯上将这些管理功能分别设置在不同的建筑物中。对于运输业务比较繁忙的航站楼,为避免产生交通堵塞,有时这些部门会分布在离航站楼较远的位置上。对于多功能机场管理机构,如法国巴黎机场、美国纽约机场和新泽西机场,以及自己的多功能机场管理公司,其管理机构和工作人员均可以设置在远离机场的地方,只保留其与航线管理密切相关的部分机构和人员在机场办公。考虑到机场管理机构在工作时对场地的需求,航站楼在规划时,应充分考虑日后机场管理机构对机场设施将如何进行运营管理。

一、旅客航站楼的管理理念

旅客航站楼的管理理念有两种不同的类型:以机场为主和以航空公司为主。

在以机场为主进行航站楼服务的地方,由机场管理相关部门提供的服务人员来完成航站楼内的相关工作。停机坪服务、行李处理与旅客的服务工作全部或大部分都由机场的工作人员完成。航站楼内的商业服务和特许经营转让,同样主要由机场管理相关部门实施。在这种模式下,需要大量的机场管理人员和很高的设备费用,但同时节省了航空公司的相关人员和费用。

以航空公司为主进行服务的模式,机场管理相关部门的作用可以近似看作是一个代理机构,只提供航站楼中最基础的设施,大量的内部陈设、所需的全部服务设施以及工作人员都由航空公司或特许经营权所有人提供。在某些美国机场,航空公司还会全面参与它们自己的航站楼的建设和财务工作。以航空公司为主的机场设施运作,显著地减少了对机场人员的需求。

全世界大部分主要的机场是以上述两种方式混合的模式运行的。在这种模式下,机场管理当局相关部门负责完成某些航站楼服务,而航空公司和特许经营的代理公司负责其他设施的运作。在某些机场,为了保持高水平的服务标准,鼓励服务设施之间的竞争,因为高水平的服务标准通常是由竞争而产生的。

只要在航站楼区域内实施的活动,无论是属于航站楼管理者直接的或是间接管理的,都涉及航站楼管理者的某些责任。航站楼根据机场规模的大小和业务重点不同,各机场对航站楼的业务分配和管理组织结构设置也不同。从区域方面划分,航站楼有针对控制区和公共区的管理。图 3-21 是某机场航站楼控制区管理组织构架。机场部门职能及结构设置往往根据企业文化、管理水平、运行规模和实现目标等条件不断变化调整,不同机场各不相同。

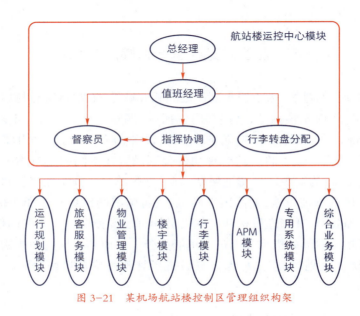

图 3-21　某机场航站楼控制区管理组织构架

二、航站楼运控中心基本职责

航站楼运控中心(TOC)是航站楼日常运行监控和管理的核心部门,由监察、指挥协调、业务支持等部分组成。它的主要职责包括航站楼生产运行监控、设施设备经营秩序、员工服务的监督检查、重大运输任务、重大活动现场保障、突发事件处理、组织预案编写和演练。它的主要岗位有指挥协调、资源分配和现场督察。另外,在 TOC 控制厅,还安排航站楼相关合约商席位,以便随时沟通联系。

(一)指挥协调

指挥协调席位是本部门的一个核心席位,它负责协调和处理航站楼的日常事务,并负责和其他部门的主要通信工作。其主要的工作职责如下。

(1)负责和其他部门的通信与沟通。

(2)负责航站区管理部各个模块正常运行的协调工作。

（3）负责对现场督察和机场大使以及旅客等报告的情况的协调处理。

（4）负责各个合约商之间的配合和协调工作。

（5）负责审批各种进入航站楼施工和工作的证明。

（6）突发事件的处理和预案的发布执行。

（二）资源分配

该席位的主要任务是对航站楼内的行李转盘和值机柜台进行分配，并负责调整相应的航显显示。其具体职责有如下几点。

（1）根据航班计划信息对值机柜台进行分配。

（2）根据航班信息操作系统发布的次日航班计划信息制订值机柜台分配计划。

（3）根据停机坪分配信息进行离岗行李转盘的分配。

（4）根据航班计划制订次日行李转盘分配计划。

（5）负责值机柜台及行李转盘分配和航显调整。

（三）现场督察

督察是航站楼运行的检查者，是合约商的监督者，是 TOC 重要的情报员，并可以处理航站楼的不正常事件，有着极其重要的作用。其职责主要有以下几点。

（1）维持航站楼内秩序，确保航站楼内的正常运行。

（2）对重要旅客的专机、包机等进行保障。

（3）对航站楼内的违规情况进行监察，并报告 TOC。

（4）抽查合约商的合约履行情况，发现问题进行记录并报告 TOC，并对发现的问题行落实。

（5）配合值班经理处理航站楼内的突发事件。

（6）提供问询服务，并受理旅客的投诉。

（7）对楼内设施如能源、设施、设备等的状况进行巡检。

三、航站楼运行管理模块职责划分

（一）旅客服务模块

旅客服务模块是航站楼楼向旅客提供服务的具体组织实施单位，如问询、引导、行李车管理等。有些旅客服务是通过第三方合约商提供的。

（二）运行规划模块

运行规划模块主要负责分配航站楼内服务资源、运行资源及商业资源，规划旅客、机组及行李流程。

对合约商提出的需求及时做出反馈，并上报领导部门，经设计院专家评审，协调相关部门，将业务外包给专业化公司具体实施，并管理监督其执行结果。

（三）楼宇模块

楼宇模块负责航站楼施工项目管理和航站楼运行设备的管理，如航站楼内房屋装修装饰管理，室内土建改造及维修管理，航站楼水、暖、电、空调改造管理和消防系统设备维修改造管理。

（四）物业管理模块

物业管理模块负责对航站楼进行物业管理，如物业维修、供水、供电、供气、空调、卫生保洁、环境绿化等。

（五）专用系统模块

（1）弱电：综合布线、内部通信、UPS、时钟系统、有线电视、有线/无线网络通信、门禁、广播、航显系统等。

（2）机械系统：电梯、扶梯、步道、旅客廊桥、行李系统。

第四节　旅客航站楼运行服务发展新趋势

继交通运输部提出加快推进综合交通、智慧交通、绿色交通、平安交通发展后，中国民航局提出发展绿色机场、智慧机场、人文机场建设，通过推动航空经济的发展，打造环保型航空行业，构建现代化的航空管理系统。目前互联网技术已经应用于我国的各行各业当中，已经成为国家战略的重要部分。未来的机场能够协调好飞行区、航站区、货运区、公共区等所有业务区域核心业务运行的高效率和低成本，并能够对当前运行态势进行前瞻性的分析，主动预测态势变化，及时调整运行，减少突发事件的影响，最终体现在为服务对象提供高效、无缝、全程的服务体验。航站楼作为机场的重要组成部分，是新技术应用的重要场所，也是影响旅客出行体验的重要环节之一。

一、新技术在旅客航站楼功能区的应用

（一）全流程实现智能化自助

在传统旅客流程中，旅客需多次出示身份证件和登机牌，无形中增加了旅客办理时间。而随着科学技术的进步，纸质的旅客身份信息和登机信息正逐步由电子登机、生物识别等技术代替。基于该类技术，可为旅客提供舒适高效的全流程无缝出行体验。国内外机场已将这些技术运用于旅客部分流程或全流程中（图3-22）。

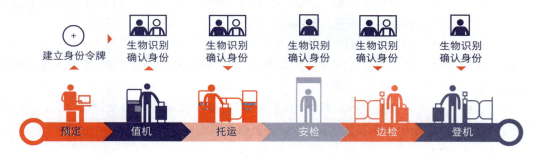

图 3-22　基于生物识别的旅客流程

对比传统的纸质登机信息，国内外机场正普遍推进"无纸化"电子登机信息。在国内越来越多的机场，旅客可凭借电子二维码和身份证登机。随着政策的放开，"一证通关"也

逐渐在国内机场得以实施,如广州白云机场 T2 航站楼、深圳宝安机场和郑州新郑机场等。更进一步,随着生物识别技术在民航业的应用,国际航空运输协会(IATA)提出 One ID(单一身份识别)的全流程自助理念。

基于该项技术,旅客无须多次出示身份证件,仅在第一个流程中验证身份信息,并通过生物识别技术将身份信息与生物信息(人脸、虹膜、指纹等)相关联,后续流程中便可只依靠生物识别技术快速通过,大幅减少流程处理时间和等候时间,为旅客营造舒适的出行体验。目前,达美航空在亚特兰大机场已经将生物识别技术应用到旅客全流程中。达美航空基于美国运输安全管理局(TSA)以及海关与边境保护局(CBP)整合的旅客信息数据库,使用人脸识别技术将采集的信息与数据库进行核对,信息一致的旅客便可进行后续流程。此技术的应用,使得旅客的全流程时间缩短了约 9 分钟,卓有成效地提高了流程效率与旅客体验。在国内机场案例中,越来越多的机场开始实现全流程自助。虹桥机场 T1 航站楼与大兴国际机场也已实现全流程自助,相比亚特兰大机场,旅客在进行安检和登机的人脸识别前仍需提供登机牌或身份证。

生物识别技术在提高旅客流程的舒适性、自主性以及满足旅客出行的多元化需求方面有着显著作用,同时可以提高运行效率,减少运营人员投入。相比传统设施布局和流程设计,生物识别技术的应用将为航站楼建筑设计带来新的变化,旅客使用自助设施比例的提高将在一定程度上减少航站楼功能设施的数量,改变传统航站楼的功能结构布局,减少流程空间上的建筑面积。

(二)自助值机设备、智能设备广泛应用

在自助值机比例日益提高、自助技术成熟应用的今天,国内外机场也在研究如何将自助值机与人工值机有效结合,以提高旅客值机效率;以及如何将益于旅客体验的新技术应用于值机中,以扩大自助值机的使用范围。

在有限的值机空间内如何提高旅客值机效率,是航站楼设施布局的重要环节。由于自助技术的成熟应用,值机区功能布局结构出现了新的变化,同样为提高值机效率提供了新的思路。在国内外机场实践中,值机区功能布局主要包含以下 4 种模式(图 3-23)。

(1)自助值机布置于值机岛岛头,旅客自助值机后需绕至自助值机后方的托运柜台。首都机场 T2 航站楼与广州白云机场 T2 航站楼便是采用此类模式。

(2)自助值机设施集中布置在值机岛之间,旅客自助值机后需要转身至托运柜台。

(3)自助设备成组分散布置在岛头靠近航站楼入口一侧,使用自助设施的旅客流线与旅客通道区形成交织。

(4)自助值机设施位于托运柜台正前方,旅客流线顺畅便捷,但对值机岛之间的间距要求较高。在 4 种布局模式中,自助值机与托运柜台结合紧密、旅客流程顺畅的布局方式为模式 4。新加坡樟宜机场 4 个航站楼值机布局与模式 4 类似(图 3-24)。T4 航站楼所有值机岛均为自助托运前方布置自助值机,旅客在自助打印登机牌和行李条、贴好行李条后直接托运。值得关注的是,其自助托运柜台可随时转换为人工柜台使用,以便服务不会操作自助设施的旅客。

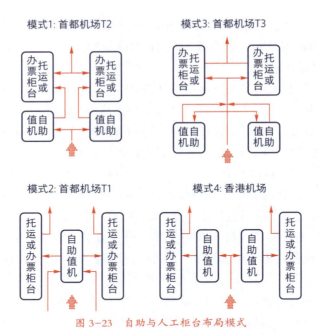

图 3-23　自助与人工柜台布局模式

图 3-24　新加坡樟宜机场 T4 航站楼值机柜台布局

　　日本东京成田机场在智能机器人的研发和运用方面有着较为丰富的经验。他们已经投入运行的信息提示机器人,由显示器、传感器、摄像机以及动力设施等组成,相较于传统的固定式显示屏幕,它能起到更好的信息提示作用,保障旅客更有效地得到正确指引,避免不必要的流程。其他智能机器人还包括问询机器人及引导机器人(图 3-25),以及可广泛运用于旅客安检前后区域检测异常旅客的巡逻机器人。对于喜爱智能设备的旅客,有助于提高其出行感受。

(三)行李追踪"全程化"

　　IATA753 号决议指出,成员航空公司需在行李交运、装机、中转、到达 4 个关键节点实现对托运行李的有效追踪。目前,基于 RFID 技术的行李全流程追踪系统在国内外机场得到了有效推广。2016 年 8 月,美国达美航空公司在全球 344 家机场范围内率先使用 RFID

系统,将行李有效识别率提升到99.9%。2017年,重庆江北国际机场T3A航站楼成为我国第一家使用RFID行李系统的航站楼。2019年4月,东航在上海浦东机场沪港快线也正式启用了RFID行李全程跟踪系统,实现了对行李的"全程化"追踪。

图3-25　机场问询机器人及引导机器人

　　电子行李牌的应用,一方面简化了行李托运流程,颠覆了以往拴挂行李条、在登机牌上贴行李旅客联等操作,旅客即使在家中或路上,也能通过东航App自助办理行李托运手续;另一方面借助电子行李牌(图3-26)内置RFID识别芯片的准确追踪功能,旅客可在东航App随时查询自己托运行李的状态。这一"黑科技"的助力,让行李服务变得更加安全、高效和便捷。

(四)安全检查"快速化"

　　从目前国内航站楼运行情况来看,安检是目前大型航站楼运行的主要瓶颈之一。在早些年的航站楼设计中,安检通道长度一般规划为13~19 m(包括查验柜台),旅客安检采用金属探测门加人工检查,行李安检由判读员在现场对X光机扫描结果进行判读。美国联邦运输安全管理局(Transportation Security Administration,TSA)推荐采用的自动安检通道(ASL)

图3-26　无源型永久电子行李牌

具有自动回框(托盘)、自动分离可疑行李的功能;行李判读员可在远端集中工作;布置毫米波安检门与金属探测门,主要使用毫米波进行安检,金属探测门作为备用。ASL长约31 m(从验证台到搜身室)、单通道宽约5 m,可同时供4~6位旅客放置行李,安检处理速率可提高10%~30%。正常旅客在毫米波安检后不需要手检,其人性化的设计提升了旅客体验。

　　基于机械技术、自控技术、信息技术、计算机视觉技术和人工智能技术等,智能旅客安检系统具备五大先进功能:一是智能人脸识别实现旅客自助验证,从而可取消传统的安检验证岗位;二是智能人脸识别实现旅客过检信息自动集成,将旅客身份信息、过检照片与行李进行绑定；三是智能识别实现自动分拣安全行李与可疑行李；四是智能识别实现自动节能，根据行李负载分段分时运行；五是智能识别实现自动回传行李托盘。

广州白云机场安检结合自身业务和技术优势，联合相关科技企业协同攻关，研发了自助智能安检通道，并于 2019 年春运首次启用，这是国内民航真正意义上的自助智能安检通道。整个通道由自动识别闸机、手机二维码过检系统、人脸识别系统、智能旅检系统、毫米波安全门组成，将人脸识别、人包对应、毫米波安全门及篮筐回传等新技术融合在一个系统内，将各个岗位的智能查验技术融合在一起，在不降低安全标准的基础上真正实现了旅客全流程自助过检。

白云机场安检还推出了"e 安检"服务，让旅客进入速检时代。旅客可自行注册申请"e 安检"服务，通过手机预约安检服务。办理值机手续后，登机牌将指引旅客到指定的自助智能安检区域过检。实施"e 安检"，让旅客体验到一张身份证、一部手机及人脸识别带来的现代感、科技感和自在感，真正提升旅客出行的舒适性、便捷性。

二、新技术应用对未来旅客航站楼功能区规划设计的影响

（一）旅客航站楼空间"小型化"

旅客航站楼核心功能是完成航空与铁路、公路等多种交通方式的顺利切换，实现旅客在机场空侧与陆侧的时空转换，因此可将航站楼看作机场旅客流、行李流、信息流的处理器，而航站楼功能区的空间需求则取决于必须在航站楼内处理的业务量以及旅客出行各环节的处理效率。以旅客出行流程为核心的新技术在航站楼的应用，减少了旅客必须在航站楼内处理的业务量，提升了航站楼各流程环节的处理效率，导致航站楼处理相同业务数量所需的功能区空间逐渐减少，因此未来航站楼功能区空间将会呈现"小型化"特点。

第一，新技术的应用减少了旅客在航站楼功能区的停留时间。新技术设备的识别准确率和处理效率要比传统人工操作方式更加精准、更加可靠，旅客停留时间和排队长度也更短，对人工服务的需求也更少，从而降低了旅客对功能区的空间需求。同时，新技术的应用将导致航站楼各功能区通道、设备、人员等保障资源配置的减少，从而进一步减少航站楼功能区的面积需求。

第二，新技术的应用降低了旅客对航站楼功能区的物理空间需求。航站楼的本质是旅客在时间和空间的聚集，新技术实现了出行业务办理在时间和空间的分散化，并将部分航站楼功能从线下转移至线上，实现了部分航站楼功能"虚拟化"，减少了旅客在航站楼物理空间的聚集，有效减缓了旅客出行的业务办理高峰，降低了旅客对航站楼实体空间的依赖和需求。

（二）航站楼流程"集中化"

为减少旅客在航站楼流程各个环节重复进行身份认证，为旅客提供更加舒适的出行体验，IATA 于 2018 年 1 月提出了 One ID（单一身份识别）计划。根据 One ID 计划，未来旅客出行无须携带任何纸质身份证件，只需提供单一的生物识别标识即可实现在航站楼各个环节顺利通关。目前，伦敦希斯罗机场、阿姆斯特丹史基辅机场、新加坡樟宜机场都在大力实施 One ID 计划，我国各大机场也在全面试点生物识别认证技术，未来旅客只需"一张脸"即

可通行。

　　未来可通过新技术实现旅客出行流程在航站楼登机口的高度集成。首先，通过生物识别技术对旅客身份进行有效确认，并将旅客身份信息上传到机场"航站楼云"，便可将信息实时共享到值机、行李托运、安检、一关两检、登机等各个业务环节。其次，旅客通过安检之后，可将行李直接通过登机口完成行李托运，航站楼将无须安装集中的大型行李处理系统。最后，旅客流程的集中化也为民航与公路、轨道交通等其他交通方式的立体换乘提供了有利条件，最大程度缩短了旅客在航站楼内的步行距离。

（三）航站楼布局"弹性化"

　　航站楼的弹性主要表现为机场保障资源可依据机场业务需求动态调节，实现机场保障资源需求和供给的最佳契合，满足保障需求的同时不造成资源闲置和浪费。航站楼的建筑设计寿命通常为 50 年，而航站楼各功能区设施设备的设计寿命通常为 5~15 年，航站楼需要不断根据航站楼业务需求的变化对自身布局进行动态调整。未来航站楼的空间设计将以"无柱空间"为主，并通过"模块化"的单元式构造提升内部功能布局的灵活性和适应性。以旅客出行流程为核心的新技术在航站楼的应用推广以及航站楼"模块化"的灵活设计理念为航站楼弹性化功能布局提供了有效支撑。

　　第一，新技术的应用方便了旅客出行数据的有效获取。航站楼功能区科学合理的规划布局依赖于设计单位对旅客出行规律的精准把握，而旅客出行规律的分析则基于旅客出行大数据的长期沉淀。新技术的广泛应用极大地方便了相关单位对旅客出行数据的有效采集。例如，北京大兴国际机场在航站楼旅客流程的关键节点安装了高清双目摄像头对旅客进行定点追踪，通过分析旅客流程热力图以及旅客停留时间，动态调整航站楼保障资源，提升了航站楼的自适应能力。

　　第二，新技术的应用提升了航站楼布局的弹性化水平。首先，机场结合航班波、旅客流数据分析结果，可提升国内/国际可转换机位的使用效率，并对机坪组合机位配置比例进行动态调节，不断优化航站楼机位资源利用水平。其次，机场通过旅客大数据分析结果，可提高国内/国际旅客对航站楼值机设施、安检设施以及行李提取转盘等旅客服务设施的共享水平，并适时调配旅客服务设施投运数量及配套工作人员数量，提升航站楼旅客服务资源的动态适应能力。例如，新加坡樟宜机场依据航班旅客的消费能力对航班登机口进行动态调配，将近机位留给消费能力强的航班旅客，并灵活配置机场保障资源，延长旅客在航站楼的停留时间，提升了机场非航收入。

本 章 总 结

　　旅客航站楼是乘机旅客和行李转换运输方式的场所，航站楼内要办理各种转换手续，汇集登机的旅客和行李，疏散下飞机的旅客和行李。因此，旅客航站楼的运行和服务要能够是旅客及其行李舒适、方便和快速地实现地面和航空运输方式的转换，保证航班生产的高效率，也提供给旅客安全、舒适的旅行服务。

思 考 题

1. 旅客航站楼的作用和功能是什么？
2. 简述国内航班旅客进出港流程。
3. 简述国际航班旅客进出港流程。
4. 简述机场托运行李的流程。
5. 列举机场为旅客提供的商业性服务有哪些？
6. 政府联检服务包括哪些？
7. 谈一谈你知道的新技术和设备在旅客航站楼的应用。

第四章　航空客运服务

航空公司作为承运人，处于民航运输市场的最前沿，直接和旅客达成运输合同要约关系。机场为航空公司提供了飞机起飞、降落和滑行、停靠的场地，同时机场的旅客航站楼是航空公司为旅客提供地面运输服务的场所。在机场旅客航站楼内，与旅客运输地面流程有关的服务通常是由航空公司或其代理机构来完成的。本章内容主要包括航站楼内与航空公司相关的航空旅客运输地面服务，包括售票服务、值机服务、引导和登机服务、行李运送服务、特殊旅客服务和特殊情况处理。

✈ 学习目标

- 知识目标

  1. 掌握售票服务的工作内容。
  2. 掌握值机服务的工作程序。
  3. 掌握引导和登机服务的工作程序。
  4. 掌握特殊旅客的类型和服务流程。
  5. 掌握贵宾室服务的工作要点。
  6. 了解行李交付与保管的相关规定。
  7. 了解智慧出行的内涵。
  8. 了解未来旅客地面服务的发展趋势。

- 能力目标

  1. 能够熟练掌握旅客基本乘机服务要求。
  2. 能够熟练掌握特殊旅客和特殊情况处理要点。
  3. 能够掌握智慧出行的发展目标。

- 素养目标

  1. 提高学生服务意识，竖立"真情服务"理念。
  2. 培养学生树立数字中国发展的理念。

第一节 售票服务

一、售票服务内容

售票服务是旅客航空旅行的第一步,它包括订座、出票以及客票变更等服务。订座是对旅客预定的座位、舱位等级或对行李的重量、体积的预留。旅客订座购票后才能乘机。旅客订座的途径有多种,传统的线下渠道可以到航空公司售票处、代理点、旅行社办理订座,随着电子商务的发展,这些不同的渠道都可以通过电话、网络、移动互联网终端等方式办理。接受订座的班期时刻如有变更,应及时通知旅客或订座部门,并要求旅客或订座部门对变更后的座位予以证实。订座一般按先后顺序办理,对重要旅客和紧急公务人员应适当优先安排座位,对中国民航和外国航空运输企业共同经营的航线,应根据民航协定平等互利、友好协作的原则,合理安排座位,但应优先考虑中国民航航班的座位。办理订座要认真负责,注意核对检查订座记录,如有错误要及时更正。订座应遵循以下基本要求:旅客订妥座位后凭该订妥座位的客票乘机,不定期客票应向承运人订妥座位后才能使用;已经订妥的座位,旅客应在承运人规定的时限内购票,否则座位不予以保留;承运人在必要时可以暂停接受某一航班的订座;承运人应按旅客订妥的航班和舱位等级提供座位。

机场航站楼里有各大航空公司的售票柜台(图4-1),是属于各个航空公司自己的。方便旅客机场购票和转机购票。航站楼里也可能会有代理点柜台,代理各个航空公司的售票业务,提供订座服务。

图4-1 航站楼内的航空公司售票柜台

二、值机服务

从航空公司的角度,值机服务即航空公司的旅客运输部门为旅客办理乘机手续的整个服务过程,值机工作作为直接面对旅客的一项工作,是民航旅客运输服务连接地面运输和空中运输的关键一环。本节将详细介绍值机的工作程序和内容。

值机准备工作有两个方面:信息准备和物品准备。其中,信息准备包括了解航班信息、订座人数、特殊旅客的信息等;物品准备包括准备好登机牌、行李牌、订书机、计算器等。准备工作完成以后,值机工作正式开始,即查验客票、安排旅客座位、收运行李、旅客运送服务及处理旅客运送中的不正常情况。

(一)电子客票值机的一般流程

具体流程如下。

(1)主动询问旅客的到达站及乘坐的航班号。

（2）请旅客出示有效身份证件。

（3）在离港系统中，提取电子客票旅客的记录，核对以下信息：① 订座记录编号；② 有效身份证件号码。

（4）确认电子客票的状态为有效状态（Open for Use），按正常程序为旅客办理行李的托运及打印登机牌。

（二）旅行证件的查验

值机工作人员需要查验旅客的旅行证件，国内航空运输过程中的旅客有效身份证件包括身份证、军官证、户口簿等，国际旅客应持有的证件主要是护照和签证，包括护照、有效签证、海员证、旅行证、通行证、往来港澳通行证、往来台湾通行证、港澳同胞回乡证、港澳居民来往内地通行证、台湾居民来往大陆通行证等，此外还包括符合始发国、目的国及过境国家的出入境或过境规定的其他旅行证件，具体可参见 IATA 发行的最新版本的 TIM 手册。对旅行证件的检查主要从以下 3 个方面来进行。

（1）护照的有效性（是否真实，是否在有效期内）。

（2）签证的有效性（是否真实，是否在有效期内，是否有出入境的次数限制）。

（3）旅行证件与旅客本人的一致程度（性别、年龄、身高、肤色、语言等特征是否匹配）。

对于旅行证件的查验和旅客身份的核实需要一定的专业技能与经验积累，这些都需要在工作中不断培养形成。值机人员在查验旅客的有效证件时，要查验旅客证件姓名与客票是否一致、离港系统证件号码是否与证件一致。

（三）安排旅客座位

安排旅客座位是办理乘机手续中的一项重要工作。安排好旅客座位，不仅是提高旅客服务质量、搞好旅客上下飞机秩序的保证，而且能有计划地安排飞机的载重平衡，确保飞行安全。

承运人在飞机上实行对号入座的办法安排旅客座位。在办理乘机手续时，旅客可以根据自己所持客票的舱位等级在"先到先服务"的原则下选择座位，也可以采用为旅客指定座位的方法；但无论采用哪种方法，都应尽可能满足旅客的愿望。座位安排应符合安全及飞机载重平衡的要求，在此前提下座位安排应考虑到旅客的舒适。在航班订座很空的情况下，尽量将旅客安排在靠窗或靠走道的座位上。夫妇旅客应安排相邻座位，家庭成员和团体旅客应尽量安排在一起。持额外占座客票、自理行李占座客票的旅客，其占座座位应安排在与旅客相邻的座位上。另外，在为特殊旅客安排座位时，必须符合特殊旅客座位安排的有关规定。

1. 基本要求

（1）旅客座位的安排，应符合飞机载重平衡要求。

（2）按座位等级安排旅客就座，F 舱座位由前往后集中安排，Y 舱由后往前安排。

（3）团体、家庭或互相照顾的旅客安排在一起。

（4）不同政治立场和不同宗教信仰的旅客，不要安排在一起。

（5）国际航班飞机在国内航段载运国内旅客时应与国际旅客分开安排。

（6）VIP 或需照顾的旅客，按旅客所订舱位等级情况及人数，预留相应座位。

（7）经停站有 VIP 或需照顾的旅客，事先通知始发站留妥合适座位。

（8）携带外交信袋的外交信使及押运员应安排在便于上下飞机的座位。

（9）应急出口座位应严格按规定发放。

2. 应急出口座位

出口座位是指旅客从该座位可以不绕过障碍物直接到达出口的座位和旅客从离出口最近的过道到达出口必经的成排座位中的每个座位。

出口座位旅客应完成的职责（所具备的能力）：确定应急出口的位置；认出应急出口开启机构；理解操作应急出口的指示；操作应急出口；评估打开应急出口是否会增加由于暴露旅客而带来的伤害；遵循机组成员给予的口头指示或手势；收放或固定应急出口，以便不妨碍使用该出口；评估滑梯的状况，操作滑梯，协助他人从滑梯离开；迅速地经应急出口通过；评估选择和沿着安全路线从应急出口离开。

应急出口座位限制发放的情况。应急出口座位就座的情况是指机组成员确认旅客可能由于下述原因不具备上述所列的应当具备的一项或多项能力：该旅客的两臂、双手和双腿缺乏足够的运动功能、体力或灵活性，导致能力缺陷；该旅客不足 15 岁，或者如果没有陪伴的成年人、父母或其他亲属的协助，缺乏履行上述所列的一项或多项能力；该旅客缺乏阅读和理解本条要求的、由公司制定的出口座位旅客须知的能力，或者缺乏理解机组口头命令的能力；该旅客在没有隐形眼镜或普通眼镜以外的视觉器材帮助时，缺乏足够的视觉能力，导致缺乏履行上述所列的一项或多项能力；该旅客在没有助听器以外的听觉器材帮助时，缺乏足够的听觉能力听取和理解乘务员的指示；该旅客缺乏足够的能力将信息口头传达给其他旅客；该旅客具有可能妨碍其履行上述所列的一项或多项适用功能的情况或职责，如要照料幼小的孩子，或者履行前述功能可能会导致其本人受到伤害。

具体发放规定：值机人员应将出口座位旅客须知卡摆放在值机柜台前显著位置，让旅客便于阅读；航班预计旅客人数不需占用出口座位时，不得将旅客安排在出口座位，需要使用出口座位时，应提前安排有能力的旅客就座出口座位；在办理出口座位乘机手续时，必须用明确的语言询问旅客是否愿意履行出口座位须知卡上列明的职责，在得到旅客的承诺以前值机人员不得将旅客安排在出口座位。

出口座位规定可以调换座位的情况，是指在出口座位就座的旅客，按出口座位旅客须知卡进行自我对照，有下列情况时，可提出调换座位：属于不宜在出口座位就座情况的；不能确定自己是否具备应当具备的能力的；为了履行出口座位处的功能有可能伤害其身体的；不能履行出口座位处可能要求其履行的职责的；由于语言、理解等原因，不能理解出口座位旅客须知卡内容和机组成员讲解内容的；值机人员根据本条规定，确认被安排在出口座位上的旅客很可能没有能力履行上述所列的职责，或者旅客自己要求不坐在出口座位时，应立即将该旅客安排在非出口座位的位置；在非出口座位已经满员的情况下，如果需要将一位旅客从出口座位调出，值机人员应将一位愿意并且能够完成应急撤离功能的旅客调到出口座位处。

除了传统的柜台办理值机手续的方式，其他的值机方式还包括自助值机、自助办理行李托运、网上值机和手机值机。这些值机方式节省了旅客在机场排队等候的时间,提升了地面服务的效率,是未来发展的趋势。

三、行李收运

行李运输是随旅客运输而产生的,与旅客运输有着不可分割的关系。旅客须凭有效客票办理行李托运。航空公司应为接收的每件托运的行李拴挂行李牌,并将识别联交付旅客,作为旅客领取行李时的凭证。旅客托运的行李应装在货舱内与旅客同机运输;对于不宜放在货舱内运输的行李(如精密仪器、贵重乐器等),则必须在取得承运人的许可后才能放在客舱内运输,而且这样的行李一般要单独收取运输费用。收运行李主要包括以下工作内容。

(1) 了解行李的内容是否属于行李的范围。

(2) 了解行李内是否夹带禁运品、违法物品或危险品,是否有易碎易损、贵重物品或不能作为交运行李运输的物品。

(3) 检查行李的包装是否符合要求,检查行李的体积、重量是否符合要求。

(4) 行李过秤。

(5) 免费行李额确定与逾重行李收费。

国际航空旅客行程复杂,有时航班衔接不够紧密,因此为了行李的运输安全和维护承运人的利益,航空公司一般只为托运到以下地点的行李办理托运:客票上列明的目的地点;第一个中途分程点;已订妥座位的地点;需要转换机场的地点;旅客需要提取全部或部分行李的地点;逾重行李费已付清的地点。

如果旅客的托运行李需要联程运输,就在联运时还应该注意两个航班之间的最短衔接时间不得短于 OAG 上公布的时间,联程航班必须已订妥座位,且在联程中转的城市不需要转换不同的机场。

我国自 2006 年首次推出自助值机服务以来,自助值机更是成为越来越多旅客的出行首选。2015 年国航又推出了"全自助值机 + 托运行李"一站式服务产品,则是其在自助服务领域的一个新的里程碑。旅客可以同时完成登机牌和托运行李的办理,所托运的行李直接导入行李传送带进行自动传递,实现了完全自助服务目标,不仅办理手续方便快捷,更缩短了排队等候时间,把时间还给旅客。截至 2021 年年底,全国 29 家机场实现身份证一证通行,66 家机场应用人脸识别技术,234 家机场实现"无纸化"便捷出行。

采用新的值机和行李托运模式是一举多得的好事,既让旅客乘坐飞机的流程变得更便捷,节省旅客更多出行时间,又为航空公司节省一笔可观的地服成本,使得机票价格有更大的下调空间。从机场管理部门的角度出发,新值机和行李托运模式的最大得益者恐怕是机场。减少大量旅客在值机大厅的拥挤和停留时间,提高值机能力,既可以避免对基础设施产生过大的压力,把旅客向商业区域疏散,达到提高收益的目的,又可以根据机场的流程更好地控制值机柜台所占用的资源,优化资源的共享,并在现有的资源设施基础上引入更多的航空公司客户,提供更优质的服务。在国内许多大中型机场,值机柜台前的旅客等候区占用了航站楼相当大的空间。

图 4-2 所示为 SITA 2022 年第一季度旅客使用技术百分比调查结果。

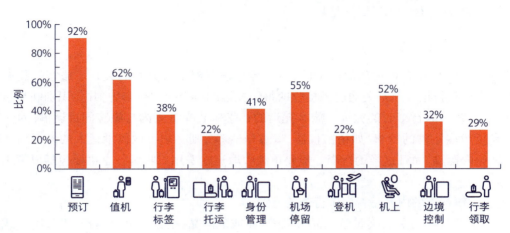

图 4-2　SITA 2022 年第一季度旅客使用技术百分比调查结果

第二节　旅客引导与登机服务

一、引导服务

对于所有的公共旅客运输企业来说,引导服务及通过有效的服务来维持良好的现场秩序,疏导大量聚集的旅客,始终是服务工作十分重要的一环。民航运输企业应该提供优质的引导服务,给航空运输生产提供安全保障。除了机场在旅客航站楼及相关区域设置公共信息显示系统和指示标志,航空公司通常在旅客出港和进港的整个流程中提供引导服务。

(一)出港航班的引导服务

在飞机靠近廊桥、引导旅客登机时,引导人员走在第一名旅客前,引导速度以大多数旅客能跟上为宜,将旅客引导到客舱门口;各廊桥转弯处、楼梯口和登机路线不明处应有人员负责引导。

在飞机停靠停机坪时,由两名引导人员带领旅客乘坐摆渡车至停机坪;安排 1~2 名发车人员。发车引导人员根据航班人数合理安排摆渡车;发车人员要准确地向摆渡车司机报上航班号和目的地;商务人员最后上第一辆摆渡车与旅客一同前往停机坪;摆渡车到达停机坪后,引导人员先下车,旅客由前后客梯上飞机;旅客登机完毕,引导人员与值机人员核对人数,再与乘务员核对总人数;引导人员要密切注意旅客上下摆渡车、客梯的安全;引导人员必须在航班离港后 20 分钟方可离开工作岗位。

(二)进港航班的引导服务

航班进港前需要了解当日进港航班信息,做好接机准备工作;如果进港航班有 VIP,或者进港航班需轮椅、担架服务,应安排好车辆以及特种服务设施;值班主任及时了解进港航班的信息,做好接机的人员安排。

在飞机靠近廊桥时,两名引导人员提前 5 分钟到达登机廊桥,等待进港航班;一名引导人员在廊桥靠稳后,与空乘进行平衡载表和其他业务文件的交接,并向登机口通报飞机进港情况(桥位、机号);另一名引导人员走在第一位旅客的前面,引导速度以大多数旅客能跟上为宜,将旅客引导至大厅,直至最后一位旅客达到方可离开。

在飞机停靠停机坪时,两名引导人员提前 5 分钟到达登机廊桥,等待进港航班;一名引导人员在廊桥靠稳后,与空乘进行平衡表和其他业务文件的交接,并向登机口通报飞机进港情况(机位、机号),随第一辆乘坐摆渡车的旅客前往入口处;另一名引导人员注意旅客乘坐摆渡车的安全,并根据航班人数通知摆渡车司机发车,随最后一辆摆渡车前往入口处;摆渡车到达入口处,引导人员必须在车门口等待最后一名旅客下车后才能离开;进港航班舱单、业务文件等由引导人员交至行李查询室,并记录、保存;引导人员接机完毕后在日常航班记录本上签名,如果有特殊情况应做好记录。

二、登机服务

旅客开始登机的时间依据机型、航班停留或过站时间、航站保障能力等决定,一般为航班规定离站时间前 20~40 分钟。在组织旅客登机时,应提供登机口和航班号等必要的信息与引导服务。头等舱休息室和贵宾室的旅客,应引导至登机口或提醒其登机。在旅客登机过程中,应逐一核实旅客登机牌并收取登机牌副联,必要时可查验客票。

一般来说,各类旅客的登机顺序为:头等舱、公务舱、经济舱。头等舱旅客在与公务舱或经济舱旅客同时登机时予以优先接待。重要旅客可在一般旅客登机完毕后最后登机。特殊旅客登机顺序可参照旅客运输的有关规定。

航班规定离站前 10 分钟内如果还有少数旅客未登机,应随时查找出该旅客的姓名、托运行李件数和行李牌号,必要时应提前找出该行李,以备在航班离站时间已到而旅客仍未出现时及时卸下该行李。要尽量在规定离站时间前组织旅客完成登机。

第三节　特殊旅客服务

一、特殊旅客的含义

特殊旅客又称为特殊服务旅客,是指在运输过程中,需要承运人给予特别礼遇或者特别照顾,或者需符合承运人规定的运输条件并且经承运人预先同意,在必要时做出安排后方可承运的旅客。

特殊旅客包括重要旅客、病残旅客(病患旅客、轮椅旅客、担架旅客、盲人 / 聋哑人旅客)、孕妇旅客、无人陪伴儿童旅客、婴儿旅客、犯罪嫌疑人及其押解员、酒醉旅客、额外占座旅客等载运受限制的旅客。

特殊旅客运输的一般规定如下。

（1）特殊旅客的接收仅限航空公司直属售票处或其授权代理人。

（2）航空公司可以拒绝运输：旅客的行为、年龄、身体或精神状况不适合航空旅行，或者可能使其他旅客感到不舒适或反感，或者对其自身、其他人员或财产可能造成任何危险或伤害。

（3）一般特殊旅客，只有在符合航空公司运输规定的条件下，经承运人同意并做出安排后，方可载运。

（4）出于安全的考虑，每个航班对特殊旅客人数应有数量限制。

（5）航班控制部门要在航班起飞前一天下午4点前将所有的特殊旅客情况用传真或电报通知公司的航班生产调度或运行管理部门或始发站当地航班运行管理部门。

二、特殊旅客的服务要求

（一）特殊旅客服务前的准备

对特殊旅客服务首先应该掌握其具体信息，它是特殊旅客服务的第一道程序，要求服务人员仔细查看特殊旅客乘机申请书（图4-3），即特殊旅客服务通知单，也有的称乘机服务单，一般一式四联。特殊旅客乘机申请书是在旅客购票时所提出的乘机申请，第一联由售票部门留存；第二联为始发站地面服务联，由始发站地面服务部门留存；第三联为经停/衔接站地面服务联，由经停/衔接站地面服务部门留存；第四联为到达站地面服务联，由到达站地面服务部门留存。服务人员要特别注意，通知单上有特殊旅客的重要信息，它是始发站、经停站和目的站为特殊旅客实施服务的依据。为此，服务人员必须仔细阅读，并根据申请书上的要求做好各项准备工作。

（二）始发站的服务

始发站地面服务人员接到病残旅客服务通知后，提前准备好相关设施并做好服务准备。如果收到"特殊旅客（病残）运输电报（SPA/NYALTD）"或者传真等相关信息，应及时回复发送单位。旅客到柜台后，查验病残旅客乘机证件、客票、诊断证明书、乘机申请书及其他必需的运输文件，这是最重要的。我们之所以强调它是最重要的，是因为以下3点。其一，诊断证明书、乘机申请书是我们服务的依据，始发站服务引导人员遇到病残旅客时，有责任和义务根据病残旅客运输条件判断旅客是否满足乘机要求，并做出相应的处理。其二，服务人员应主动询问病残旅客有何需求，如询问有什么需要提供帮助或怎样提供帮助等，服务人员应充分意识到病残旅客更了解自己身体状况和服务需求。因此，在服务过程中询问是不能缺少和忽视的，这是一条服务的捷径，它可以减少服务过程中的失误或不必要的麻烦。其三，服务人员不能歧视病残旅客。应该主动询问旅客是否需要某一特殊服务、设施或其他照顾。此外，不能拒绝或取消病残旅客享受航空公司为其他旅客提供的服务或待遇，同时要协助病残旅客登机，并与乘务员做好交接。

（三）中转站服务

在接收到始发站传递的特殊旅客服务信息后，地面服务引导人员提前到达飞机舱门口迎接特殊旅客，飞机到达后应主动引导并协助其领取托运行李。引导其到达转机登机区域，与中转航空公司服务人员进行交接后方可离开。

特殊旅客乘机申请书

中国东方航空 CHINA EASTERN　　上海航空公司 SHANGHAI AIRLINES

特殊旅客乘机申请书 Special Service Applications	
旅客姓名： Name:	手机： Mobile:
航班号/日期： Flt No. / Date	航程： Route:
票号/Tkt No.:	

您需要的服务　Special service you need

☐ 机场轮椅　Wheelchair at airport	☐ 客舱轮椅　Cabin wheelchair
☐ 机上用氧　Oxygen in cabin	☐ 担架　Stretcher
☐ 机场陪伴服务 Accompanying at airport	☐ 携带服务犬上机 　 Travelling with service animal
☐ 托运电动轮椅 　 Checking electric wheelchair at airport	☐ 在客舱内存储折叠轮椅(尺寸应不大于 33 cm × 91 cm × 106 cm) 　 Storing the folding wheelchair in the aircraft（the size less than 13 × 36 × 42inches）

☐ 10 人或 10 人以上残障（疾）人旅客团体　Accommodation for a group of ten or more qualified individuals with a disability, who make reservations and travel as a group;

在计划旅行时，您向我们提供的信息越多，我们能为您提供的帮助就越多。

The more information you can provide our representatives when making your travel plans, the more we can help you.

以下内容非必填项，在您已接受的隐私声明内容的基础上我们还将收集您的健康信息，您是否确认提供以下健康信息以帮助我们更好地对您提供服务，若是请进行签字确认。

The following information is optional filling. We will also collect your health information on the basis of your accepted privacy statement. Do you confirm that you will provide the following health information to help us better serve you?　If so, please sign and confirm.

签字栏/Signature_____

☐ 患病 Patient 请提供医生证明 You may need to present a medical certificate from a doctor	
☐ 无陪老年旅客 Unaccompanied elderly	
☐ 视力障碍　Visually impaired	☐ 听力障碍　Hearing impaired
☐ 精神障碍　Mentally impaired	☐ 智力障碍　Intellectually impaired

行动能力障碍（请选择类型）Mobility impaired(please specified)

☐ 不能自行行走 Unable to walk
☐ 可自行上下楼梯及短距离行走 Can go up and down the stairs and walk short distances
☐ 需扶助、不能自行上下楼梯、但能短距离行走 　 Unable to go up and down the stairs but can walk short distances

其他障碍 Others 请注明 Please specified:

是否有陪伴人员 Do you have any accompanied person during the trip?　Yes　☐

陪伴人员或接机人员姓名： Accompanied or picking-up person Name:	手机： Mobile:

图 4-3　航空公司特殊旅客乘机申请书示例

　　如果旅客需要转机,服务人员必须主动询问旅客转机的航班和时间,并帮助核实托运的行李是否及时转运,如果需要再重新办理托运,若转机为其他航班,则应协助其办理乘机手续,安排旅客候机,并协助登机,登机时与乘务员做好交接。航班起飞后通知下一转机航站。

总之,特殊旅客在转机时,服务人员应仔细认真地为他们服务,无论是在上下机,或者在扶梯、电梯、登机廊桥、舷梯等容易造成旅客人身伤害的环节,服务人员都应该及时提醒、搀扶、协助旅客。

(四)到达站特殊旅客服务的重要环节

(1)根据收到的特殊旅客服务通知单或运输电报(SPA/INVALID)信息后,到达站地面服务调度部门进行记录,按照信息保障要求准备急救车辆、平台车、升降机等辅助设备,并通知相关部门(摆渡车单位、医生)与迎接旅客的人员取得联系,做出必要的服务安排。

(2)特殊旅客服务人员在飞机到达10分钟前到停机位(远机位)或廊桥口。当飞机到达后,马上到机上与乘务长进行联系和交接,并签收特殊旅客乘机通知单,完成交接后接机服务人员引导特殊旅客下机,在下机之前应该主动询问病残旅客或其他类型的旅客是否需要帮助,协助其下机,并帮助病残旅客提拿随身物品,按照特殊旅客要求提供针对性服务。

(3)无成人陪伴儿童的服务。对于他们的服务特别要注意的是,根据乘机申请书中的内容,核实无人陪伴儿童在航班始发站和目的站接送人的身份证件,尤其要核对无人陪伴儿童的父母或监护人负责向承运人提供目的站的接送人姓名、地址和电话号码,确认无误后方可交接,同时请无成人陪伴儿童的服务或监护人在无成人陪伴儿童乘机申请书上签字。

如果没有人来接无成人陪伴儿童,特殊旅客服务人员应该马上进行广播;如果广播没有效果,服务人员应该按照特殊旅客服务通知单通知无成人陪伴儿童的父母或其监护人,并照顾无成人陪伴儿童直到指定人到达。将儿童交接给其父母或监护人后,目的站应将无成人陪伴儿童运输完成情况通知经办的售票处,同时将无成人陪伴儿童的资料及儿童的父母或监护人签字的无成人陪伴申请书等资料存档备查。

三、贵宾室服务要点

航空公司为头等舱、公务舱的旅客和VIP提供专属的贵宾室候机服务,贵宾室的服务主要包括贵宾送机服务和贵宾接机服务。

(1)贵宾送机服务环节:休息地点、位置、乘机手续、包房服务、茶点、饮料、报纸、杂志、上网、联检通道、安检通道、摆渡车辆、专人导乘、专门停车场。

(2)贵宾接机服务环节:迎客地点、摆渡车辆、行李提取、送达位置。

(一)贵宾厅岗位职责

(1)负责为旅客营造舒适的候机氛围,空气质量应该符合国家标准的要求。

(2)负责清点贵宾室内食品存量,确保供应充足。

(3)负责清点、更新贵宾室内报纸、杂志、读物,确保时效性、足量供应,亮度应该适宜旅客阅读。

(4)负责整理贵宾室室内环境,确保符合卫生标准;应设有专门的洗手间与残疾人使用的位置。

（5）及时了解航班动态信息，提醒旅客登机。

（6）协助航班延误旅客安排后续行程。

（7）及时查询重要旅客预报，了解有关重要旅客信息。

（8）为重要旅客提供出发、到达、过站的全程陪同服务，协助提取行李。

（9）协助重要旅客办理各类乘机手续及联检手续。

（10）负责记录重要旅客爱好、生日等各类信息。

（11）在航班不正常情况下，做好解释工作，根据重要旅客的要求协助安排后续行程，尽可能挽回公司的负面影响。

（二）贵宾到达服务

1. 航班到达前

作为贵宾室的服务人员，应该在贵宾到达之前掌握贵宾到达的所有信息，尤其要知道贵宾的航班到达信息动态，在接到航班到达信息后，应通知接待单位。

2. 航班到达时

贵宾室的服务人员应按规定程序提前到达停机位。飞机停靠廊桥前，服务人员应提前15 分钟到达指定停机位，如果飞机停靠远机位，服务员要提前 20 分钟到达指定停机位。如果飞机停靠在基地，服务员要提前 25 分钟到达停机位。这里时间的提前是十分重要的，它能够保证接待的质量。有了提前预留的时间，万一接机工作中出现漏洞可以有时间进行弥补。另外，如果接机人员也是重要旅客，以及到港重要旅客需要在贵宾室休息，贵宾服务人员接待时也应该按照出港重要旅客的服务标准给予服务。

3. 航班到达后

当航班到达后负责提取行李的服务人员应该仔细核对行李牌号、行李件数、到达站及航班号，确保无误，如果发现重要旅客的行李表面不干净要及时处理干净。行李核对无误后，直接交给重要旅客，递交时要注意行李的把手朝上，方便重要旅客提取等。服务人员该注意这些细节，努力使重要旅客感受到服务的温暖与细致。

第四节　行李的交付与保管、退运与变更

一、行李的交付

（1）交付行李应准确迅速，尽量缩短旅客的等候时间。一般当客机到站后，第一件行李在 20 分钟内交付给旅客，其他客机在飞机到达后 15 分钟内开始交付。

（2）到达旅客凭行李领取联提取托运行李。工作人员认真查验核对旅客的行李领取联与行李上的行李牌号是否相符，防止错发。

（3）旅客遗失提取行李凭证，应立即向承运人挂失。旅客要求领取行李，应请旅客交验客票、行李牌及有关证件或其他必要证明，经认可并在旅客出具收据后，将行李交付旅客。

在旅客声明遗失提取行李凭证前,如果行李已被冒领,承运人不承担责任。

(4) 如果行李牌脱落,为防止差错,应由旅客自行辨认后再采取核对重量、铭牌以及行李内容等方法进行确认,经确认后,可交付给旅客,并收回提取行李凭证。

(5) 旅客在领取行李时,如果没有提出异议,即视为托运行李已完好交付。

(6) 旅客的托运行李发生遗失,或者在领取时发现行李破损、短缺,应立即提出异议,按行李不正常运输规定处理。

二、行李的保管

(1) 与旅客同机到达目的地的行李,旅客应在当日提取。行李到达当日不收保管费。如果旅客未提取,应自行李到达的次日起核收保管费。

(2) 未与旅客同机到达的行李,自承运人发出到达通知的次日起,免费保管三天,过期核收保管费。

(3) 由于承运人过失,造成行李延误运达,在行李到达后,应予免费保管,不收保管费。

(4) 当班未能装机或到达后无人认领的行李,必须妥善保管。当行李搬入库房时,应在行李上拴挂多收行李牌,在上面注明航班的有关信息。在行李保管期间,任何人不得私自开启行李,需要时应得到值班领导同意后,会同班(组)长一起检查清点行李,并做好有关记录备查。

(5) 自行李到达次日起,超过 90 天仍无人认领,承运人可按照无法交付行李有关规定处理。

三、行李的退运

(1) 旅客在始发站要求退运行李,需在行李装机前提出。若旅客临时退票,则必须同时退还已托运的行李,以上均退还已收的行李运费。

(2) 旅客在中途站要求退运,已收的行李运费不退。但如果旅客是因病退票或由于承运人原因造成的非自愿退票,就可以从已收取的行李运费中扣除已使用航段的行李运费后退还余额。

(3) 在办理声明价值的行李退运时,已交声明价值附加费在始发站予以退还。在中途站不论是由于何种原因,一律不退还。

四、行李的变更

(1) 班机在中途过夜,旅客要求领取行李,可将行李交给旅客。行李上拴挂的行李牌可取下,提取行李凭证暂时收回。其他交付手续按交付行李有关规定办理。

(2) 在续程重新交运时,提取行李凭证交还旅客,但行李应予复磅。如果重量有变动,应在行李牌及业务文件上做相应的变更;重量增加,超过免费行李额或超过原付费重量时,应收取或加收该站至到达站的行李运费;重量减少,已付运费的差额不退。

(3) 由于承运人原因,需要安排旅客改乘其他班机,行李的运输应随旅客做相应的变更,行李运费可重新计算,多退少不补。

(4) 如果旅客改乘地面运输工具,行李交还旅客。如果已收取行李运费,应退还未使用航段的运费。

第五节　民航旅客地面服务新发展趋势

当前,新一轮科技革命为全球民航发展注入了源动力,也给民航产业带来了颠覆性的变革,在第三章第四节中介绍了旅客航站楼内部分新技术和设备的应用。2022年1月中国民用航空局发布了《智慧民航建设路线图》,中国民航正迎来"智慧发展"的新时代,民航业要积极贯彻落实党的二十大提出的数字中国战略。旅客地面服务保障体系作为民航运输的重要组成部分,需要应对智慧化对地面运行模式、服务流程、人员结构等带来的巨大的机遇挑战,需要深入探索如何建设、应用和融入智慧化,最终让旅客感知智慧化的理念和服务,智慧化已成为地面服务发展不可逆转的趋势。

一、民航旅客智慧出行内涵

根据《智慧民航建设路线图》规划,智慧出行是以缩短旅客综合出行时间、促进物流提质增效降本为目标,围绕旅客行前、行中、机上全流程和航空物流全过程,构建便捷舒心服务生态和高效航空物流体系。其中与航空旅客出行相关的主要有以下两方面。

(一)全流程便捷出行

聚焦无感安检、快速通关、便捷签转、行李服务、机上服务等领域,优化流程、精简环节,实现旅客便捷、无忧、舒心出行。

1. 便捷舒心的出行体验

(1) 高效无感的安检体验。

(2) 通畅便捷的快速通关。

(3) 无忧签转、"有空就坐"。

(4) 线上线下融合的旅客综合服务。

未来随着无纸化、生物识别、电子身份证等的应用,旅客享受无感安检和联程联运一次安检的便捷体验、随需而变有空就坐的行程变更服务、快捷的防疫健康核验服务,加强与海关、边检的信息联通和业务协同,实现国内、国际旅客全流程通关效率全面提升,通过线上线下融合的旅客综合服务体系,方便快捷地获得丰富的出行全流程服务,旅客尽享便捷舒心出行。

2. 全程无忧的行李服务

(1) 行李全流程跟踪。

(2) 行李门到门服务。

未来国内航班旅客行李全流程跟踪全面实现,国际航班逐步推广应用,创新行李市场化服务,提供"0"行李出行的新型门到门服务及多种类型行李创新服务,实现旅客行李服务全程无忧。

（二）全方位"航空 +"服务

整合行业内外资源,提供丰富多元的航空出行服务产品,支持产品动态组合和无忧变更,实现全渠道无缝连接和服务一致化落地,满足旅客便捷化、多层次、个性化出行需要。

1. 丰富多元的"航空 +"产品供给

（1）航空服务产品创新。

（2）交通旅游资源融合。

紧密围绕商旅圈、工作圈和生活圈,拓展民航产品及服务链条,融合出行上下游及周边资源,构建运输航空、通用航空、综合交通、商贸和娱乐服务等一票到底的全流程产品体系,打造多元化、全方位、高品质的航空服务产品新供给,满足旅客综合出行需求。

2. 简捷直观的产品购买体验

（1）富媒体、可视化的产品展示。

（2）个性化旅客出行产品定制。

（3）全龄友好的一键式产品触达。

丰富航空出行产品展示维度,打造贴近感知的航空产品展现方式,支持航空服务产品精准推送、一键触达,实现购买体验简捷直观、服务适需、全龄友好,满足旅客服务需求。

3. 协同一致的全渠道服务支持

（1）全渠道一致化服务。

（2）全品类产品智慧化变更。

融合线上线下资源,推动关键环节和应用场景的信息联通,实现各类航空产品供给方、销售方和服务方等全渠道的协同一致,提升全品类服务产品变更的自助化、智慧化水平,实现变更无忧的服务体验。

二、智慧出行时代下旅客地面服务新发展趋势

（一）利用智慧化的地面服务保障体系提升旅客出行效率

现代旅客对于出行的要求越来越高,现有地面服务保障体系,包括购票值机、行李托运、安检通关、候机登机等都存在程序多、耗时长、效率低的服务痛点,智能化设备的应用将使地面服务全面升级,能够有效地压缩航空出行的整体耗时,对增加民航业的竞争力能够起到极大促进作用。

（1）主体服务区域（候机楼乘机流程）自助化、智能化。持续推进机场地面服务的自助化,从自助值机、安检通关、候机登机、托运及提取行李等增配全流程智能化设备,力求全程自助、零接触,设立身份采集、人脸比对系统,"靠脸通关"直达机舱,让空中乘务员成为服务的第一个工作人员。随着移动端 App 的逐步推广,包括自助值机设备在内的智能设施也有被淘汰的风险,手机现在与我们的工作和生活密不可分,可以说是机不离身,应当预见终端的超前应用,避免传统思维导致自助设备的浪费。

（2）智能设备一体化。现阶段各大机场已经在推进"四型机场"建设,但各大机场的设备标准不一致,使用方式不同,软件对接的端口也不一样,不兼容的同时造成浪费,导致旅客在机场与机场间转换时,体验不一致。未来可以尝试对各大机场的自助通行设备进行统

一配置,先从软件端上入手,让乘机的智能化体验更具一致性。

(3)产品设计与定制互动化。旅客的价值体验已经成为民航业的服务核心,用传统模式做市场调研,再转交内部设计相关产品投放市场,产品设计的时间长,旅客提出的反馈意见回应缓慢,反射弧长。这主要是由于企业与旅客交互形式单一导致的,各大航空公司和机场应当大力推广移动端 App 的应用,简化操作流程,提高旅客使用率,更要加强与旅客信息交互、情感互动以增加黏性。

(二)保障流程由独立分散向集约共享转型

传统地面服务保障细分程度高,每个岗位都配备了专业人员,另外由于节点多导致信息渠道分散,不管是在人力资源还是信息设备上都造成浪费。应当依托智慧化流程再造和专业化机构设置推行资源集约、信息集中运行,从保障流程中整合资源,共享信息,据此压缩成本,获取红利,可从以下几个方面入手。

(1)人力集约化。一是通用地勤公司专业化:成立专业的地服公司,航空公司可以不再自办地服业务,由专业的地服公司代理,按航空公司标准外包业务,压缩成本;二是内部机构扁平化:淡化岗位细分,多岗位整合,锻造综合性岗位。现场服务人员侧重于特情处置和真情服务。树立"大地服"理念,在地服岗位上实行一岗多能。可以设立地服经理岗位,赋予其综合的职能和权限,把值机、登机、行李查询等多个岗位的职能整合在一起,当在出现特殊情况时,一个人就可以快速处理,提高工作响应速度。

(2)信息集中化。一是建立全流程后台操作,如全球中心 AI 配载。空地信息、本外站信息都可以整合到核心信息系统,实现集约共享信息资源、设备流程;二是成立全球或全国配载中心。现在各航空公司都在实施"走出去"战略,航线网络遍及全球。在地面服务保障业务中,有一项非常重要、非常关键的工作,就是配载。以前是在每个机场都要设置配置人员,对客货进行配载。航空公司完全可以利用互联网技术在总部设立配载中心,对飞到每个地方、每个机场的航班进行远程配载,同时引入先进的数据传输技术,直接将舱单等配载数据传到驾驶舱,减少人工递送。

(3)流程差异化。以安检为例,除了推行无感化、隐形化安检,建议推行差异化安检(信用评级)——区块链安检。引入信用评价体系,实行差异化安检机制。空防安全关口至关重要,只有在地面防住风险,才能确保空中安全。现在,我们是用相同的标准对每位旅客进行安检,把每位旅客都作为一个风险源进行排查。但在我们的旅客群体中,大部分旅客的风险是相对较小的。现在,国家正在大力推进个人信用评价体系建设,应用在安检上,可以把旅客的信用水平作为参考,对于一些信用等级高的旅客,可以实行简化的安检流程,提高安检效率。

(三)产业价值由业内流转向跨界共赢转型

智慧民航还将有效打通不同产业间对接渠道,为民航业与上下游产业及其他交通方式的深度融合提供便利。跨平台合作共赢、创造更大价值成为必由之路。民航企业要围绕旅客价值链,打造民航生态圈,形成高效率、现代化的快速交通运输服务体系,实现多方共赢。

(1)产业链的延伸。在信息技术应用上,各大型 OTA 平台先行一步,利用信息资源整合获取了民航企业大量的资讯以及资源,使得航空公司等受制于人。各大民航企业应当顺势而为,持续推进自身交互软件的优化,并充分利用物联网,自行链接旅游、酒店、物流、打车等相关服务产业,变被动为主动。

(2) 品牌端的互通。打造航空圈核心产业模块,以大型机场、航空产业为主体,应用区块链的概念拓展其他行业。例如,与银行、移动通信商、酒店、打车软件、共享产业等实行积分或有价证券的互换,挖掘边际效益,盘活品牌间的娱乐互动,增加"粉丝"的活跃度,与其他品牌实现互联互通,打造商业价值体。

 【案例】

值机、登机,刷脸就够了——天府国际机场"黑科技"遍地开花

2021 年 6 月 27 日,成都天府国际机场正式通航,除了规模大、造型酷这些触目可及的亮点,值机、安检和登机等各个出行环节"黑科技"遍地开花。

(1) 值机、登机,刷脸就够了!

"我是哪个航班?""该去哪儿登机?"是大多数人一进机场都会发出的疑问,天府国际机场投用后,这一疑问都可以靠"刷脸"来自助解决。天府国际机场 T2 航站楼全部用于国内航班停靠使用。进入出发大厅,可以看见 4 排自助值机机器(图 4-4),提供对应航空公司的乘机手续办理和通用乘机手续办理。

图 4-4 成都天府机场自助值机设备

旅客掏出身份证,往自助值机设备上一放,摄像头迅速拍摄人脸画面进行比对,然后旅客点击阅读乘机须知、确认航班信息等操作后,自助值机设备就立马"吐"出登机牌,整个过程只需要大约 30 秒。通过人脸识别技术,天府国际机场实现了全流程刷脸出行,打造了自助值机、智慧安检、智慧引导、自助登机等服务,有效减少排队等候时间。

(2) 有了这个"芯",行李全流程实时跟踪。

如何快速、高效地托运行李?天府国际机场还拥有全球规模最大、最复杂、技术含量最

高的行李处理系统,在机场酒店、GTC 换乘大厅就能办理值机和托运手续。通过自助行李托运的旅客还会有更多的惊喜,自助打印的行李条与众不同,里面暗藏有一个"芯片"——无线射频识别芯片(简称 RFID 芯片),它与高速载盘小车(简称 ICS)系统结合,实现全程自动识别行李,方便装卸员对不同航班的行李进行快速分类,精准装卸,更为重要的是可以实现旅客实时关注行李运输状态。

自助托运以后,遇到"因为交运行李需开包返回开包间,可能造成的延误登机、错过航班等问题"怎么解决? 机场设置的具备证件读取、人证比对等功能的"远程开包一体机"给出了回答,旅客可通过电子签名授权,或者远程视频语音沟通的方式实现交运行李开包操作。

(3) 无人驾驶 APM 捷运系统助力便捷转机。

在两个航站楼之间转机,最短需要多长时间? 在天府国际机场 T1 和 T2 航站楼转机,只需不到 1 分钟就能抵达。背后的"黑科技"就是天府国际机场建设无人驾驶的全自动旅客运输系统(简称 APM 捷运系统),该系统 24 小时不间断运行,类似日常乘坐的地铁,穿梭于 T1、T2 两个航站楼的地下,通道两边都有车辆运行,每隔 3 分钟一趟,旅客通过 APM 捷运系统,只需要大约 1 分钟就能够实现两个航站楼之间的位置变换。

(4) 毫米波门,3~4 秒"无感"过安检。

在天府国际机场,以往耗时最长的安检流程也将更"智慧",航站楼全程采用智能安检线(图 4-5)。在安检处,设有人脸识别仪器,放物品的筐中内置芯片,当乘客将随身物品放到筐里时,系统会通过人脸识别乘客信息,并与芯片信息连接,乘客通过安检后,可查找到自己的随身物品,避免拿错。

图 4-5　成都天府国际机场旅客安检通道

安检处设置的毫米波门,是目前识别精度最高的安检设备。旅客不用像传统的金属门检测那样需要站在台上停留一下才能完成检测,只需按照正常行走方式越过毫米波门即可,既可快速检出隐藏威胁,又大大缩短旅客通过安检的时间。旅客基本上感觉不到周围有设备和工作人员的存在,旅客可实现"无感安检",只需 3~4 秒的时间就能走出安检通道。

(5) 查交通、航班……智能机器人现场服务。

查机场交通、室内导航、航班服务、商业查询……找萌萌的机器人问询自助终端吧！在天府国际机场航站楼内的出发大厅、候机区都设有多台白色智能机器人。

它流动行走在各个区域，还会绕开前方障碍物，主动避让行人。机器人上安装有摄像头，不仅可以现场与旅客语音互动，还可以通过它实现与机场客服的视频通话，解决机器人不能解答的疑问。旅客若感到旅途疲惫，可以找机器人解解闷，让机器人唱歌、跳舞都可以，使旅途变得更加轻松、愉快。

当然，更为重要的是，机器人可以为旅客提供交通出行、航班查询、天气状况、登机口导航等查询指引服务。

(6) 智慧卫生间，投射光指引服务。

天府国际机场拥有多项配套的智慧服务系统，除了上述的智慧服务，颇具人性化的服务则是天府国际机场的另一大特色。天府国际机场的所有卫生间都是智慧卫生间，有显示屏显示未使用的间位，卫生间墙上的镜子全为智能玻璃，还有紫色的投射光指引服务。并且，天府国际机场还配备有新风系统，母婴室和第三卫生间。其中，母婴室、第三卫生间采用手触感应开关，设在腰部高度，方便坐在轮椅上使用。

本 章 总 结

机场和航空公司是两个相对独立的经济体，但它们面对着一个共同的服务对象——广大的旅客。而能否为旅客提供优质的服务，事关机场和航空公司的生存和发展。所以，服务就像一条纽带，把机场和航空公司这两个独立的经济体紧密地联结在一起。只有提供优质的服务，才会吸引越来越多的旅客选择在机场出行，客流量和货流量就会越来越大，市场前景才会越来越广阔，从而进入良性循环，最终实现双赢。

思 考 题

1. 什么是订座？售票工作有哪些程序？
2. 值机服务的工作内容包括哪些？
3. 什么是应急出口座位？哪些旅客不适宜坐应急出口座位？
4. 行李收运的工作内容有哪些？
5. 特殊旅客包括哪些？特殊旅客的一般运输规定是什么？
6. 在智慧出行的背景下，民航旅客地面服务有哪些新发展？

第五章 航空货运服务

本章内容主要从航空货运及航空物流的基本概念和特点出发,较系统地介绍航空货运服务的基本现状、服务流程、服务要求及未来智慧化发展趋势。

✈ 学习目标

- **知识目标**

  1. 掌握航空货运的概念及特点。
  2. 了解航空物流的概念及行业发展。
  3. 了解并掌握航空货物的载运方式及经营范围。
  4. 了解航空货运服务链及参与者。
  5. 掌握机场地面货运操作相关流程、运输信息及单证的要求。
  6. 掌握航空货站的定义、经营范围及货物进出港操作流程。
  7. 了解航空货运未来智慧化发展趋势。

- **能力目标**

  具有从事航空货运服务空港地面操作的能力,能处理货运服务信息,具备物流管理及智慧货运理念。

- **素养目标**

  树立国际航空物流服务意识、规章意识、责任意识和创新意识。

第一节　航空货运与航空物流

一、航空货运

（一）航空货运的概念

使用航空器运输货物的一种运输方式,指航空承运人将货物通过航空器(飞机)从始发地机场运往目的地机场间的运输,不包括始发地机场及目的地机场以外的地面运输及派送业务。航空货运具有运送速度快、破损率低、安全性好、空间跨度大等特点,是现代物流的重要组成部分。图5-1为航空货运全货机机坪载货示意图。

图 5-1　航空货运全货机机坪载货示意图

（二）航空货运的特点

（1）运送速度快,灵活性强。

航空货运最为鲜明的特点就是运送速度快,民航飞机的飞行速度通常保持在 800 km/h以上,且空中较少受自然地理条件限制,航线一般采取两点间的最短距离,因此速度快,距离短使得航空货物的运送速度位列五大运输方式之首。同时,航线环境的复杂程度较地面和海洋来说也较低,这使得货物的空中运输环节较顺畅,更节省了时间,还可根据货量大小调整不同的机型,灵活性强。在高速发展的当代社会,"时间"直接和效益挂钩,运送速度快能极大地节约时间成本,从而增加企业效益。

（2）运输安全性好,货物破损率低。

航空运输的安全性高于铁路、海运,更高于公路运输,这主要取决于民航运输专业化程度和服务标准高的特点,同时,安全是民航服务的核心内容,是民航企业效率的保证,是民航发展的前提,民航安全无小事,故货物的航空运输是所有运输方式中安全性最高的。

因货舱条件好、操作标准高、在途时间短等因素,使得航空货物在运输过程中破损发生率较低,尤其是时间性强的货物,航空货运能保证及时送达,从而大大降低货物破损及变质风险,减少企业损失。

(3)空间跨度大,国际化程度高。

航空货物运输不受地面条件影响,空间跨度大,对外辐射面广,利用这一运输通道,可以让国家与国家之间建立密切的联系。国际物流,特别是国家间的货物运输,是国际贸易的重要环节和载体,航空货运的发展为国际贸易提供了有力的支撑,极大地改善了国际贸易环境,世界贸易的飞速增长与航空货运的发展是分不开的。近年来,我国各大航空公司和机场都在加大国际航线布局和国际枢纽机场建设,增加运力,提高国际航线收入。

2018年,民航局制定《新时代民航强国建设行动纲要》,清晰划定民航强国建设3个阶段:到2020年,加快从航空运输大国向航空运输强国的跨越;到2035年,实现从单一的航空运输强国向多领域民航强国的跨越;到21世纪中叶,实现从多领域民航强国向全方位民航强国的跨越。

纵观世界上主要民航业的发达国家,通常都"具有国际化、大众化的航空市场空间""具有国际竞争力较强的大型网络型航空公司""具有布局功能合理的国际航空枢纽及国内机场网络""具有安全高效的空中交通管理体系""具有先进、可靠、经济的安全安保和技术保障服务体系""具有功能完善的通用航空体系""具有制定国际民航规则标准的主导权和话语权""具有引领国际民航业发展的创新能力"八大特征,因此航空货运作为民航强国建设的重要组成部分,其国际化程度和水平是决定性因素。

(4)经济性强,可节省生产企业的相关费用。

由于航空运输的快捷性,可加快生产企业商品的流通速度,从而节省产品的仓储费、保险费和利息支出等。另外,产品的流通速度加快,也带来了资金的周转速度,可大大地提高资金的利用率。

值得一提的是,因航空运输货舱条件好,可调节温度和通风,集装设备种类多,货物特性针对性强,很多货物可以直接装箱无须包装,也可以大大节省生产企业的产品包装及相关材料的费用。

(5)运输成本高,载量有限。

航空运输业是一个高投入的产业,无论运输工具飞机,还是相关运输设备都价值昂贵,因此其运营成本非常高,使得航空货运的运价相对其他运输方式来说比较高。例如,从中国到美国西海岸,空运价格至少是海运价格的10倍以上,因此对于货物价值比较低、时间性不强的货物,通常考虑运输成本问题,会采用其他的运输方式。

由于航空运输工具飞机飞行时受重力影响,导致载重量及货舱容积均有很严格的限制,燃油的重量和油舱体积也占据很大比例,通常航空货运的载量相对于海运来说少得多,以大型民用宽体飞机波音747全货机(图5-2)为例,货物最大载重119 t,目前最大的飞机安-225全货机载货量是225 t。相对于海运上百万吨的载重,两者相差很大,以东方海外(国际)有限公司的货轮(图5-3)为例,船体长度达到399.9 m,宽58.8 m,载货量191.317 t,可装载21 413标箱,相当于336个空客飞机的运力。

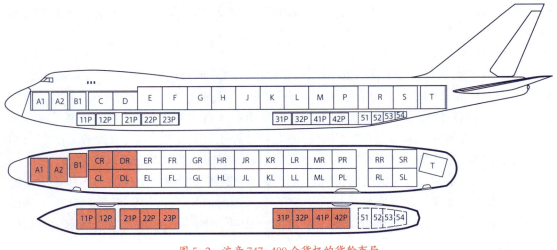

图 5-2　波音 747-400 全货机的货舱布局

（机长 70.6 m，翼展 64.4 m，高度 19.4 m，货舱总容积 850~940 m³，货物载量 110 t）

（6）易受天气影响。

航空运输受天气影响非常大，如遇大雨、大风、大雾等恶劣天气，导致航班备降、延误或取消，就会引发航空货物运输不正常的情况。

二、航空物流

航空物流是将航空货运上升到服务管理的层面，是为了满足货主需要而对所运的货物、相关服务以及货运信息在运输过程中进行经济高效的规划、实施与控制的过程。

航空物流业是采用航空运输等方式，实现物品"门到门"实体流动以及延伸服务的战略性产业体系，集成融合运输、仓储、配送、信息等多种服务功能，是现代产业体系的重要支撑。发展航空物流业，对促进形成强大国内市场、深度参与国际分工与合作、保障国际供应链稳定、服务国家重大战略实施和实现国家经济高质量发展具有重要意义。

（一）我国航空物流行业的发展概况

我国航空物流行业的发展经历了以下 3 个阶段。

第一阶段：以"专业化分工"为主导的发展过程。此阶段以 2002 年东航集团、中航集团和南航集团三大航空集团重组为起点，航空公司推进"客货并举"的战略，纷纷成立专业化的货运公司或货运部，开展航空货运与航空快递服务，同时空中服务与地面服务相结合，推动物流环节专业化发展。

第二阶段：2007 年开始的航空快递与航空货运的竞争加速，航空货运向航空快递看齐，实施"快运化融合"的战略发展阶段，其特征主要为航空货运管理的精细化、关注服务时效性与地空资源整合的服务链延伸。

第三阶段：以跨境电商开始发展的 2012 年为起点，开始关注用户体验零售化、时效标准化与竞争性、便捷化与贸易便利化等关键成功因素。根据上海海关数据，近年来，海关主要出口商品包括机电产品（电器及电子产品、仪器仪表等）、高新技术产品（电子技术产品、生命科技产品等)和农产品(肉类、水海产品等)。该阶段以"垂直化整合"为关键特征,要求传统航空物流服务商加速转型,由重点关注商流与物流管理向关注资金流与信息流重要性转变,转向"快供给、链集成与专业化"的方向发展,其主要特征有以下几点。

(1)消费特征呈现"品色鲜美、时尚风潮、经济便捷"的要求。跨境电商"垂直整合",从供应链的角度极大缩短了供应链条,产品与消费之间的互动关系也由单一的企业间互动逐渐演变为企业直接面向消费者。

(2)航空物流服务由关注流程质量与效率,转变为高度关注消费者的服务体验方面,包括消费群体的大众化与多样性需求及个性化需求。

(3)服务产品变得更为复杂,"多批次、小批量、快运输、快通关、快报检、快退税"的特征显著提升。

(4)机场服务由节点功能朝向系统集成功能转变,传统的货站服务正在通过产品定义、流程优化、空间布局拓展、多式联运等服务与管理变革开始呈现集成的特征。

(二)航空物流行业市场概况

航空物流行业市场目前参与者较多,行业集中度较低,市场化程度较高,行业竞争较为激烈。按目前我国物流行业的竞争特点,可分为 3 种类型的市场参与者:第一种是大型国有物流企业;第二种是国外大型物流企业;第三种是民营物流企业。

航空物流行业为充分竞争行业。市场内各航空物流公司在航线、货物等资源方面,均展开直接竞争。目前,我国航空物流行业的主要市场参与者为中国国际货运航空(国货航)、东方航空和南方航空等。在全球范围内,该行业主要市场参与者包括卢森堡国际货运航空公司、汉莎货运航空公司等航空物流企业,还包括 FedEx、UPS 和 DHL 等从事国际性快递和运输的企业。

(三)航空物流行业发展趋势

(1)跨境电商快速发展,航空物流市场空间巨大。

得益于中国制造的规模优势和比较优势、国内消费升级的需求驱动、电子商务基础设施完备、海外零售市场较低的电商渗透率与国家层面政策推动等因素,当前中国跨境电商市场处于高速增长期。受产业集群、经济活力、口岸布局等因素影响,我国跨境电商产业布局以华东和华南两大市场为主,产业带围绕上海、香港两大国际航空枢纽分布,在干线运输、目的港地面服务、口岸清关、监管运输等方面对航空物流和机场地面服务有高度需求,属于与航空物流高度相关的市场。

(2)冷链物流市场尚处于成长期,赋能航空物流发展空间。

冷链物流是指使肉、禽、蛋、水产品、蔬菜、水果、花卉、医药针剂、药剂等产品,在加工、储藏、运输、分销、零售等环节始终处于适宜的低温控制环境下,最大限度地保证产品质量、减少损耗、防止污染的特殊供应链系统。

近年来,我国生鲜电商市场交易规模随着我国互联网及冷链技术的不断发展,总体呈逐年增长态势。2019 年我国生鲜电商市场交易规模超 2 800 亿元,较 2018 年增长近四成。值得注意的是,受 2020 年疫情影响,生鲜电商受广泛关注,生鲜电商交易市场规模显著增长。预计未来我国生鲜电商市场交易规模仍将保持高速增长态势。

此外,医药流通也是冷链物流的重要应用领域。根据中国物流与采购联合会医药物流分会发布的《中国医药物流发展报告(2019)》,2018 年我国医药物流总费用为 613.92 亿元,同比增长 12.90%。在流通环节,药品,尤其是疫苗的运输要求全程冷链,一旦运输途中出现温度异常,就会产生不可逆的后果。

因此,受生鲜电商崛起、城市化进程加快、食品及医药安全问题关注度上升和国家政策大力扶持等利好因素驱动,依托当前万亿级规模的生鲜、医药市场,国内冷链物流正在由起步阶段进入快速上升通道,未来市场空间巨大。

冷链物流主要解决的是温度、质量与保质期的需求问题,控制物流时间是冷链物流的关键。因此,在冷链物流的运输领域,航空运输是客户的首要选择。随着国内冷链物流市场的迅速发展,将在航空冷链运输、机场中转冷库及近机场冷链流通加工中心等领域与航空物流产生高度战略协同。

(3)行业的信息化、自动化、智能化发展。

自 2015 年 7 月,国务院发布《关于积极推进"互联网 +"行动的指导意见》,提出了"互联网 + 高效物流"等 11 项重点行动以来,物流的信息化、自动化、智能化已成为行业的发展趋势。目前,条形码、电子标签、电子单证等物流信息技术在我国物流行业已得到广泛应用。此外,货物跟踪定位、RFID、电子数据交换等先进信息技术在我国物流行业的应用成效也十分显著,我国物流行业信息化升级趋势明显。

对航空物流企业而言,支持航空物流相关各方信息交互的系统至关重要,如货运舱位交易系统为航空公司与货运代理之间的订舱业务提供电子化的解决方案等。随着互联网、物联网等技术在航空物流行业的进一步普及与应用,一些智能化的信息技术解决方案,如高级收入管理工具系统、客户自动化服务系统等正逐步融入航空物流信息系统中,未来航空物流业的信息化系统集成度将进一步完善,行业运作效率将有效提高。

三、航空货物的载运方式

根据航空承运人的主营业务划分,目前航空货运的载货模式主要有以下 4 种。

(1)货运航空公司经营定期或不定期全货机航班载货。如美国的联邦快递、敦豪、联合包裹等。

(2)客货兼营航空公司经营全货机航班载货。如大韩航空、中国国际航空及中国东方航空等。

(3)客货兼营航空公司经营客货两用"COMBINE"(康比)及"QC"(快速拆装)机型航班载货。即飞机主舱的一半是货机型(以 B747 客货两用机为代表),如中国国际航空、荷兰皇家航空等。使用"QC"机型就是根据市场需要临时拆装座椅,"一机两用",如中国南方航空及德国汉莎航空。

(4)客货兼营航空公司使用客机航班从事腹舱载货。绝大部分航空承运人均使用客机的腹舱从事航空货运业务。

四、航空货运的经营范围

根据货物的运输凭证划分,航空货运的经营范围(装在货舱里的货物形式可分为以下几类。

（1）航空货物（Air Cargo）。装载或将要装载在飞机上除旅客行李之外的物品（包含作为货运运输的行李）。运输凭证为航空货运单，运输范围限于始发地机场至目的地机场之间的运输。

（2）航空邮件（Air Mail）。邮政部门与航空承运人以运输合同（或协议）的方式合作组织的在航空承运人的航班上运输的信件、包裹等邮件物品。

邮件是指邮政企业寄递的信件、包裹、汇款通知、报刊和其他印刷品等。具备以下特性。

① 法规限定：国内邮件，如《中华人民共和国邮政法》；国际邮件，如《万国邮政公约》。

② 接收部门：邮政部门或有资格接收邮件的企事业单位。

③ 运输凭证：邮政路单。

④ 包装：邮件总包（图 5-3）。邮件在寄递过程中，根据目的地及邮件类型进行集中封装的套袋，一个总包由一袋或多袋同类邮件组成，有重量、体积等限制。

邮件运输与快递相仿，是一种在各邮局间接力式的传输和提供递送服务的运输形式。

（3）航空快递（Air Express）。快递服务是指具备快递服务经营资格的企业通过铁路、公路、航空等交通方式，在承诺的时限内快速完成快件的寄递服务，包括对国内、国际的快件进行揽收、分拣封发、转运、投送、信息输入、查询等业务内容。

航空快递是指通过航空运输方式实现两地间运送的快件（图 5-4）。根据服务范围可分为以下几种。

图 5-3　邮件总包

图 5-4　快递箱

① Courier on board：专差快递（派专人以随身行李的方式寄递快件）。

② D to D：Door to Door service，门对门服务（上门收货递送到门）。

③ D to A：Door to Airport service，门对机场服务（上门收货运输到机场）。

④ A to D：Airport to Door service，机场对门服务（机场收货递送到门）。

⑤ A to A：Airport to Airport service，机场对机场服务（机场至机场间运输，无上门收寄服务）。

图 5-5 所示为联邦快递航空快件服务产品。

(1)门到门优先特快服务(International Priority, IP), 运输时间1~2天

(2)门到门直接配送快递服务(International Priority Direct Distribution, IPD), 运输时间2~3天

(3)门到门经济快递服务(International Economy, IE),运输时间3~5天

图 5-5　联邦快递航空快件服务产品

航空快递是在机场至机场的航空货运服务基础上从事门对门一站式服务的更接近航空物流管理的航空货运服务形式,中国民航局目前正在大力推动航空货运物流化。鼓励货运航空公司与铁路、公路、水运和物流企业开展各种形式的合作,完善地面物流网络,开展多式联运,促进航空货运企业由单一货运向现代物流转型。鼓励口岸机场建设航空保税物流园区。引导建立航空物流公共信息平台,支持航空公司建立货运信息系统和电子商务平台,促进航空企业与其他物流企业实现信息对接。支持邮政航空、顺丰航空等企业拓展航空快递业务,推进重点城市航空快件绿色通道建设。

五、航空货运服务产品

以东航物流有限公司的货运服务为例,我国货运服务分为快运、特种货运和普货运输 3 类业务。

(一)快运业务

针对有运输时限要求的货物提供的产品服务。

快运业务的服务产品还细分为以下几类。

(1)快运产品。机场到机场的快件运输,并提供赔偿性质的退款承诺服务。

(2)快货产品。机场到机场的经济类快件运输服务。

(3)快邮产品。航空邮件的运输服务。

(4)快捷产品。包括"当日达""次日达"等,通过内部资源匹配提供最优航路和舱位保障。

(5)灵活定制。包括延时类的时限产品,如"三、五、七"天产品,可灵活安排货物出运时间。

（二）特种货运业务

针对有特殊操作要求的货物，根据其特殊属性，按照国际航空运输协会的相关规定，提供的专业化运输服务，主要包括以下几种类型。

1. 危险品

无法用客机腹舱运输的危险品等，通过设计相应的特运产品，匹配对应的全货机运输路径，全程监控规范化操作，确保运输安全。

2. 冷链运输

通过设计快速中转、全程冷链的产品，以满足市场对药品、生物制品及医疗设备等产品不断增长的冷链运输需求。

3. 贵重物品、活体动物（特殊需求）

对于艺术品、黄金、钞票等贵重物品、易损易盗的高附加值货物以及活体动物等特殊物品进行专门的特运产品设计，确保货物运输的安全和高效。

（三）普货业务

针对无特殊属性及操作要求货物提供的运输服务。具体包括无须特别处理的各类普通货物及按货物运输的旅客行李等。

六、航空货运服务链及参与者

航空货运服务具有服务环节多涉及业务面及参与者广的特点，在未实现智慧货运一站式服务的前提下，航空货运服务主要包括航空承运人、货运代理、物流承包商、机场货站、货主等众多参与者，形成的服务链包括以下几种。

（1）出港服务：货主—物流承包商—航空货运代理—始发站机场货站—航空承运人。

（2）进港服务：航空承运人—目的站机场货站—航空货运代理—物流承包商—收货人。

由于参与者众多，使得航空货运服务链（图5-6）被分割成有关联又相对独立的节点，服务标准难以统一，货物在各个不同参与者的仓库和运输工具间辗转及重复装卸，丢失及损坏率很高，同时货物信息不能高效追踪。

图5-6　航空货运服务链

图 5-7 所示为航空货运服务链及参与者。

货主　物流外包商　货代　货站/机场　航空公司　货站/机场　货代　收货人

图 5-7　航空货运服务链及参与者

图 5-8 所示为航空货运服务链及主要参与者的业务范围。

Freight Forwarder	Airlines	Handling Agents
Storage 仓储	Marketing & Sales 市场与销售	Freight inspection 货物检查
Consolidation 集运	Capacity management 运力管理	Pallets conditioning 货物组装
Road transportation 地面运输	Yield management 收益管理	Loading & offloading goods from the airplanes 货物装卸机
Customs process 清关	Transport operations 运输管理	

图 5-8　航空货运服务链及主要参与者的业务范围

（一）相关定义

（1）货主：货物所有权的拥有者。在航空货运中根据贸易销售合同（图 5-9）相关条款又可分为托运人（或发货人）和收货人。

（2）托运人（Consignor/Shipper）：指在航空货运单上列名，与承运人签订货物运输协议的企业或个人。

108

销售合同
SALES CONTRACT

卖方 SELLER:	DESUN TRADING CO., LTD. HUARONG MANSION RM2901 NO.85 GUANJIAQIAO, NANJING 210005, CHINA TEL: 0086-25-471×××× FAX: 0086-25-471××××	编号NO.: 日期DATE: 地点SIGNED IN:	NEO200×××× Feb. 28, NANJING, CHINA
买方 BUYER:	NEO GENERAL TRADING CO. P.O. BOX 99552, RIYADH 22766, KSA TEL: 00966-1-465×××× FAX: 00966-1-465××××		

买卖双方同意以下条款达成交易:
This contract is made by and agreed between the BUYER and SELLER , in accordance with the terms and conditions stipulated below.

X	1. 品名及规格 Commodity & Specification	2. 数量 Quantity	3. 单价及价格条款 Unit Price & Trade Terms	4. 金额 Amount
			CFR DAMMAM PORT, SAUDI ARABIA	
	ABOUT 1700 CARTONS CANNED MUSRHOOMS PIECES & STEMS 24 TINS X 425 GRAMS NET WEIGHT (D.W. 227 GRAMS) AT USD7.80 PER CARTON. ROSE BRAND. G.W.: 19074.44KGS	1700CARTONS	USD7.80	USD13260.00
	Total:	1700CARTONS		USD13260.00

允许 With	溢短装, 由卖方决定 More or less of shipment allowed at the sellers' option
5. 总值 Total Value	USD THIRTEEN THOUSAND TWO HUNDRED AND SIXTY ONLY.
6. 包装 Packing	EXPORTED BROWN CARTON

图 5-9 贸易销售合同是国际航空货物运输的前提

(3) 收货人(Consignee):指在航空货运单上列名,承运人将货物交付与之相关的企业或个人。

(4) 物流外包商:一般指专门从事物流业务的企业。物流外包是指生产或销售企业为集中精力增强企业核心竞争力,而以合同的方式将其物流服务部分或完全委托与专业的物流服务公司运作。

(5) 货代(Freight Forwarder):指涉及货物运输服务各个环节的,专业从事货物从生产厂家运送至客户或最终目的地的企业或个人。货代是货主与承运人之间的中间人、经纪人和运输组织者。在中国,国际货运代理是指一种新兴的产业,是处于国际贸易和国际货物运输之间的"共生产业"或"边缘产业"。

① 国际航协代理(IATA Cargo Agent)。指经申请注册列入国际航协货运代理名录,经国际航协承运人授权,有能力收运货物、执行运单操作及收取运费的代理人。

国际航协货运代理服务链如图 5-10 所示。

② 集运货物(Consolidation)。目前,货运代理对航空货物运输的组织方式主要分为单独托运和集中托运两种。

单独托运:一张运输凭证(航空承运人的运单)只包含一个发货人和一个收货人的货物。服务链如图 5-10 所示。

图 5-10　国际航协货运代理服务链

集中托运（Consignment, Consolidated）：包含不同包装且所属不同发货人的一批货物，经代理人组织协商在同一航空承运人的航班上运输。代理人在集中托运时，向每个货主开具一张不能作为航空运输凭证的分运单，再将分运单上的货物集中在由航空承运人出具的作为运输凭证的主运单上进行运输，主运单上的托运人及收货人列名为从事集运业务的代理人，而分运单作为随附文件一同运往目的地，作为收货人的目的地代理提取货物后，再将货物根据分运单上所列收货人进行交付。集运的组织方式目前在货代操作中较为普遍，原因是货运代理可以大大节省运费成本，从中赚取运费差价作为利润。

从事集运业务的代理人在货物发运的组单环节称为集运商（Consolidator），在目的地分单业务环节称为分运商（Breakbulk Agent）。

图 5-11 所示为集运货物运输服务链。

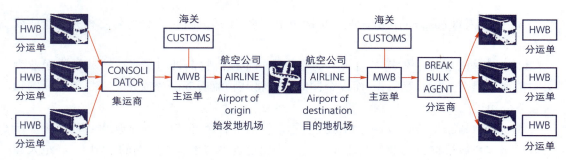

图 5-11　集运货物运输服务链

（6）承运人（Carrier）：指包含开具航空货运单的航空承运人以及所有根据该运单从事货物运输或进行与之相关的其他服务的航空承运人。在航空货物运输服务中，承运人一般指航空公司。

（二）航空货运参与者的主要业务

① 货运代理：仓储、集运、公路运输、报关。

② 航空承运人：市场销售（舱位销售）、配载吨控、收益管理、运输运营。

③ 地面操作代理：货物安检、集装货物组装及拆解、货物装卸。

七、机场地面货运操作（Air Cargo Ground Handling at Airport）

地面货运操作是航空货物运输服务链的重要组成部分，起始于货物在始发地机场的待装机操作至目的地机场卸下货物后交付给收货人或代理人的操作,在机场进行的相关货物地面处理,目的是保证每批货物能安全、有把握地交付到收货人手中。

图 5-12 所示为机场地面货运操作。

托运人　　代理人　　机场地面操作　　航空公司　　机场地面操作　　代理人　　收货人

图 5-12　机场地面货运操作

托运人或代理人在机场将货物交付给航空承运人准备运输的货物必须符合下列运输条件。

(1) 航空货运单已按要求开具(货运单上的内容必须真实、准确、正确,包括货物品名、重量、体积等)。

(2) 相关货物运输所需文件(图 5-13)准备齐全和有效。

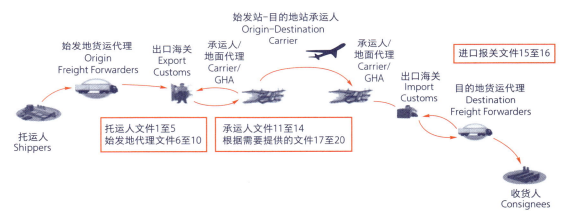

图 5-13　国际航空货运流程及所需文件

根据图 5-13,国际航空货运文件包括以下几项。

文件 1 为 Invoice(发票);文件 2 为 Packing List(装箱单);文件 3 为 Certificate of Origin(原产地证明);文件 4 为 Letter of Instruction(托运书);文件 5 为 Dangerous Goods Declaration(危险品申报单);文件 6 为 Master Air Waybill(主运单);文件 7 为 House waybill(分运单);文件 8 为 house manifest(代理舱单);文件 9 为 Export Goods Declaration(货物出口报关单);文件 10 为 Customs Release Export(出口货物海关放行单);文件 11 为 Flight Manifest(货运舱单);文件 12 为 Transfer Manifest(货物中转舱单);文件 13 为 Export Cargo Declaration(出口货物报关单);文件 14 为 Import Cargo Declaration(进口货物报关单);文件 15 为 Import Goods Declaration(进口货物报关单);文件 16 为 Customs Release Import(进口货物海关放行单);文件 17 为 Transit Declaration(货物过境报关单);文件 18 为 Security Declaration(安检申报单);文件 19 为 Freight Booked List(订舱单);文件 20 为 CITES Certificate〔《濒危野生动植物种国际贸易公约》(*the Convention on International Trade in Endangered Species of Wild Fauna and*

Flora）CITE 证明]。

图 5-14 所示为托运书。

托运人/地址 Shipper/Address		
收货人/地址 Consignee/Address 目的港名称或目的港所在城市名称		
TEL:	FAX:	
并通知 Also Notify		托运单号： 联系人： 电 话： 传 真： 020-3878××× E-mail: 地 址： 广州市体育西路××号建和中心××楼××区
TEL:	FAX:	
航空公司 Carrier	航班/日期 Flight/Day	
始发地 Place/Airport of Departure	目的地 Place/ Airport of Destination	空运单号码 Air Waybill No.

唛头及号码 Marks and Numbers	件数 No. of Packages	货品名称 Description Of Goods	毛重(KGS.) Gross Weight	体积 (CBM.)

随货文件Accompany Doc ☐ Invoice ☐ Packing List ☐ C/O ☐ Form A ☐ Others	运输条款Transit term ☐ CIF ☐ FOB ☐ DDU ☐ DDP
报关方式 Customs Clearance ☐ 自行报关 Self-Customs Clearnce ☐ 委托报关 Assigned	保险 Cargo Insurance ☐ Required ☐ Not Required
申报金额 Amount	保险金额 Insured Value

运费确认Freight Confirm 空运费率： Freight Rates ☐ 预付 Prepaid ☐ 到付 Collect 本地费用： Local Charges ☐ 预付 Prepaid ☐ 到付 Collect	托运人声明： 1. 非危险品声明,并承担一切相关不实行为责任后果。 2. 我公司/本人确认以上所填各项均正确,属实,货物符合国家海关及承运人的有关规定,我公司/本人愿对此负责。 3. 本公司/本人同意遵守国际运输公约的有关规定。 4. 如发生收货人拒提货物之事,本公司/本人愿承担所有由此产生的费用,包括运费、地面费用、清关费及仓租等。 5. 如收货人拒付运费(在运费到付时),本公司/本人愿在5日内付清全部运费及有关费用。
特别事项Special Requirement	托运人签字盖章: Stamp and Signature of the Shipper 航空公司审核生效
托运联系人: Contact Person: E-mail: TEL: FAX:	日期 Date

图 5-14 托运书

图 5-15 为国际航空货运单。

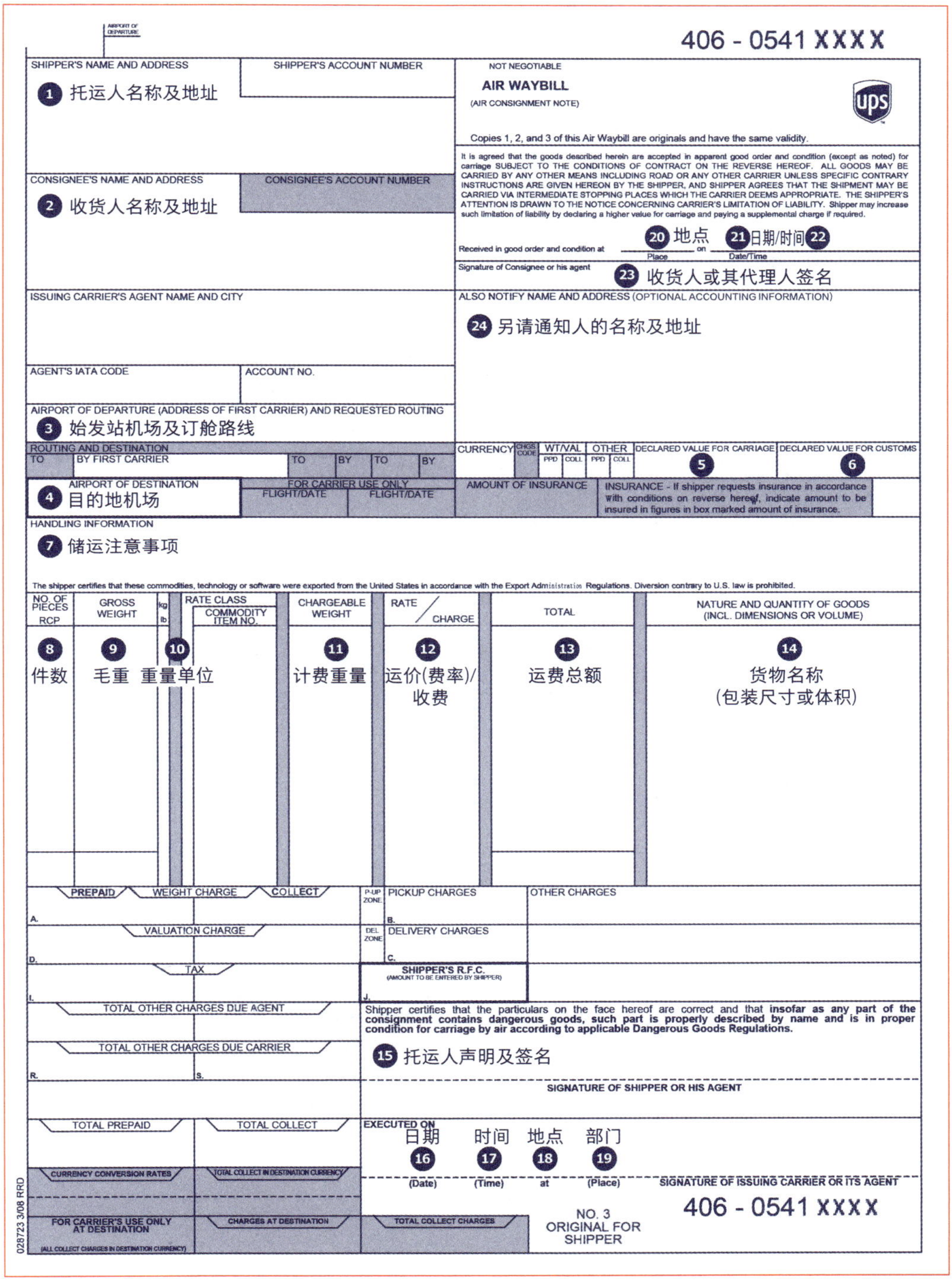

图 5-15 国际航空货运单

图 5-16 所示为中国民航国内航空货运单。

始发站 Airport of Departure		目的站 Airport of Destination		不得转让　NOT NEGOTIABLE 航空货运单 AIR WAYBILL 印发人 Issued by					
托运人姓名、地址、邮编、电话号码 Shipper's Name ,Address , Postcode & Telephone No.				航空货运单一、二、三联为正本，并具有同等法律效力。 Copies1,2 and 3 of this Air Waybill are originals and have the same validity					
收货人姓名、地址、邮编、电话号码 Consignee's Name ,Address ,Postcode & Telephone No.				结算注意事项　　Accounting Information					
				填开货运单的代理人名称 Issuing Carrier's Agent Name					
航线 Routing	到达站 To	第一承运人 By First Carrier		到达站 To		承运人 By		到达站 To	承 运 人 By
航班/日期 Flight/Date		航班/日期 Flight/Date		运输声明价值 Declared Value for Carriage				运输保险价值 Amount of Insurance	
储运注意事项及其他　　Handling Information and Others									
件数 No.of Pcs. 运价点 RCP	毛重 /千克 Gross Weight /kg	运价 种类 Rate Class	商品 代号 Comm Item No.	计费重量/ 千克 Chargeable Weight /kg		费率 Rate	航空运费 Weight Charge	货物品名（包括包装、尺寸或体积） Description of Goods (incl. Packaging ,Dimensions or Volume)	
预付 Prepaid		到付 Colect		其他费用 Other Charges					
航空运费 Weight Charge				托运人郑重声明：此航空货运单上所填货物品名和货物运输声明价值与实际交运货物品名和货物实际价值完全一致，并对所填航空货运单和所提供的与运输有关文件的真实性和准确性负责。 Shipper certifies that description of goods and declared value for carriage on the face hereof are consistent with actual					
声明价值附加费 Valuetion Charge									

图 5-16　中国民航国内航空货运单

114

图 5-17 所示为《濒危野生动植物种国际贸易公约》CITE 进出口许可证。

Annex 2 **Standard CITES form**

CONVENTION ON INTERNATIONAL TRADE IN ENDANGERED SPECIES OF WILD FAUNA AND FLORA

PERMIT/CERTIFICATE No.
☐ EXPORT
☐ RE-EXPORT
☐ IMPORT
☐ OTHER:

Original

2. Valid until

3. Importer (name and address)

3a. Country of import

4. Exporter/re-exporter (name, address and country)

Signature of the applicant

5. Special conditions

If for live animals, this permit or certificate is valid only if the transport conditions comply with the *IATA Live Animals Regulations*; if for live plants, with the IATA *Perishable Cargo Regulations*; or, in the case of non-air transport, with the *CITES Guidelines for the Non-Air Transport of Live Wild Animals and Plants*

5a. Purpose of the transaction (see reverse)

5b. Security stamp no.

6. Name, address, national seal/stamp and country of Management Authority

	7./8. Scientific name (genus and species) and common name of animal or plant	9. Description of specimens, including identifying marks or numbers (age/sex if live)	10. Appendix no. and source (see reverse)	11. Quantity (including unit)	11a. Total exported/Quota
A	7./8.	9.	10.	11.	11a.
	12. Country of origin * / Permit no. / Date		12a. Country of last re-export / Certificate no. / Date		12b. No. of the operation ** or date of acquisition ***
B	7./8.	9.	10.	11.	11a.
	12. Country of origin * / Permit no. / Date		12a. Country of last re-export / Certificate no. / Date		12b. No. of the operation ** or date of acquisition ***
C	7./8.	9.	10.	11.	11a.
	12. Country of origin * / Permit no. / Date		12a. Country of last re-export / Certificate no. / Date		12b. No. of the operation ** or date of acquisition ***
D	7./8.	9.	10.	11.	11a.
	12. Country of origin * / Permit no. / Date		12a. Country of last re-export / Certificate no. / Date		12b. No. of the operation ** or date of acquisition ***

* Country in which the specimens were taken from the wild, bred in captivity or artificially propagated (only in case of re-export)
** Only for specimens of Appendix-I species bred in captivity or artificially propagated for commercial purposes
*** For pre-Convention specimens

13. This permit/certificate is issued by:

Place　　Date　　Security stamp, signature and official seal

14. Export endorsement:　　15. Bill of Lading/Air waybill number:

Block	Quantity
A	
B	
C	
D	

Port of export　　Date　　Signature　　Official stamp and title

CITES PERMIT/CERTIFICATE No.

图 5-17 《濒危野生动植物种国际贸易公约》CITE 进出口许可证

图 5-18 所示为危险品申报单。

SHIPPER'S DECLARATION FOR DANGEROUS GOODS

Shipper	Air Waybill No.
	Page **1** of **1** Pages
Consignee	Shipper's Reference No.

Two completed and signed copies of the Declaration must be handed to the operator.

TRANSPORT DETAILS

This shipment is within the limitations prescribed for: (delete non-applicable)	Airport of Departure:

WARNING!

Failure to comply with the applicable Dangerous Goods Regulations may be in breach of the applicable law, subject to legal penalties.

PASSENGER AND CARGO AIRCRAFT	CARGO AIRCRAFT ONLY	Airport of Destination:

Shipment type: (delete non-applicable)

NON-RADIOACTIVE	RADIOACTIVE

NATURE AND QUANTITY OF DANGEROUS GOODS

Dangerous Goods Identification						
UN or ID No.	Proper Shipping Name	Class or Division (Subsidiary Risk)	Pack-ing Group	Quantity and Type of Packing	Packing Instr.	Authorization

Additional Handling Information:

24 HR Emergency Contact Telephone:

I hereby declare that the contents of this consignment are fully and accurately described above by the proper shipping name, and are classified, packaged, marked and labelled/placarded, and are in all respects in proper condition for transport according to applicable international and national governmental regulations. I declare that all of the applicable air transport requirements have been met.

| Name/Title of Signatory |
| Place and Date |
| Signature (See warning above) |

图 5-18 危险品申报单

（3）对货物进行正确包装和标记（图 5-19）（印制发货标记（图 5-20）、贴挂货物标签及运输指示标志）。

（4）托运人已支付运费或符合运费到付的相关条件和要求。

（5）对货物进行安全检查（图 5-21）。

图 5-19　货物包装和标记

图 5-20　发货标记

图 5-21　货运安检

第二节　航　空　货　站

　　航空货站（Air Cargo Terminal）是指为航空货物运输提供地面操作服务的场所,航空货运地面操作是航空公司货物运输和物流管理不可或缺的业务组成部分。货物装上飞机准备运往目的地前的货物地面处理称为出港(口)货物地面操作;货物卸下飞机至交付给货主前的地面处理业务称为进港(口)货物地面操作。理论上,航空货站位于机场各业务部门开展货物操作的区域,像旅客候机楼一样,航空货站是货物的候机楼,又称为机场货运站。

　　图 5-22 所示为航空货站设备。

图 5-22　航空货站设备

一、相关定义

（1）货站经营人。在航空货站从事收货、重量核对、装卸、存储、拼装等工作，且对航空货站安全和运营管理负责的法人单位，可以是承运人、机场管理机构或独立的第三方地面服务代理人。

（2）收货。货站经营人为承运人提供地面代理服务时，对到达航空货站且具有运单信息（主要是收发货人、运单号、品名、数量、尺寸/体积等）的货物进行检查的过程。该过程应在安检之前完成。

（3）收货人员。在航空货站收货环节，负责通过目视检查货物和运输文件是否符合航空运输相关规定与要求的人员。

（4）交货人员。托运人、各类代理人（不含地面服务代理人）或其代表，在航空货站负责向收货人员递交货物和相关运输文件的人员。

二、航空货站设施

（1）库区。普货仓库、特种货物（水产品、鲜活易腐品、活体动物、贵重物品、危险品）仓库及其业务用房。

（2）设备。货物装载和储存设备、货物安检设备等（图 5-23）。

图 5-23　货站地面操作设备

（3）商品报关及检验检疫机构。国际航空货站内常设有海关报关及商品检验检疫等机构。

三、航空货站货物地面操作流程

（一）出港（口）货物操作流程

图 5-24 所示为航空货站货物出港（口）操作流程。

（二）进港（口）货物操作流程

图 5-25 所示为航空货站货物进港（口）操作流程。

近年来,各类市场主体不断积极提升航空物流能力,如航空公司加快构建空中运输网络,并加速向物流链条两端延伸,航空货运转型升级步伐逐步加快。而中国航空物流能力的短板也在此过程中显现出来。从航空物流发展规律来看,我国航空物流表面弱在空中,实际弱在地面。尤其海外国际货运地面操作、通关与配送能力的缺失已成为影响航空物流安全与效率的关键,货站建设实际上是集基础设施硬连通、规则标准软连通、物流组织模式变革于一体的综合类项目。既涉及空中航线布局优化,也涉及地面操作环节的自主运营,还延伸到地面配送、通关服务、信息化连通等多种功能。因此,建设航空货站,正是解决货物地面操作、通关与配送短板、延伸航空物流链条、促进行业降本增效的有益尝试。实现集成"空中网 + 地面网 + 货源网",打通地面"最后一公里",提供"一站式"物流产品。

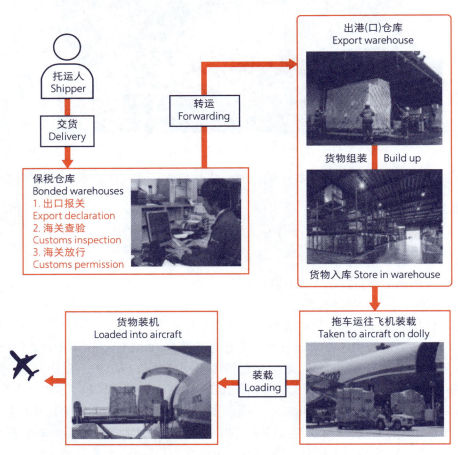

图 5-24 航空货站货物出港(口)操作流程

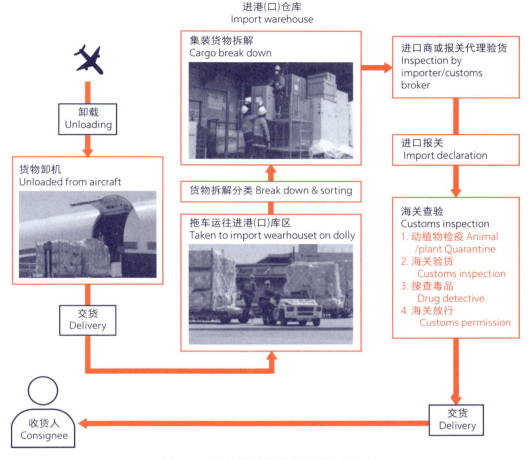

图 5-25　航空货站货物进港（口）操作流程

第三节　航空货运服务未来发展趋势

一、智慧机场建设推动智慧货运服务发展

随着中国民航智慧机场建设的不断推进，兼顾客运和货运，实现"两条腿走路"已成为智慧机场建设的抓手和落脚点，大物流推动大产业，航空运输作为地方经济发展的晴雨表，是发展区域经济乃至全球经济的重要增长点。近年来，我国出现了一批以"货运为先"发展和定位的机场，智慧货运的发展具有重要意义。

二、打造航空智慧物流

（一）加快航空货运向航空物流转型步伐

为深入贯彻习近平总书记关于加快建设现代流通体系、提升产业链供应链水平的重要指示精神,2021年12月,组建中国物流集团有限公司(以下简称中国物流),同步引入中国东方航空集团有限公司、中国远洋海运集团有限公司、招商局集团有限公司作为战略投资者,着力打造产业链条完整、竞争力较强的综合性物流集团。同时,指导中国物流等中央企业不断优化完善物流体系,建设物流大数据平台,加强数字化智能化管理水平。民航局认真贯彻落实党中央、国务院关于提高我国航空货运能力,增强我国物流行业国际竞争力的系列指示批示精神,坚持有为政府与有效市场的统一,充分发挥市场的主导作用,全力推进航空物流发展,支持大型物流企业延伸航空物流链条,支持航空货运企业与上下游企业实现从单一承运人向物流集成商转型,增强"一站式""门到门"一体化物流解决能力,打造服务优质、链条完整、功能完善、竞争力强的航空物流企业。目前,东航物流公司已率先实现混改并成功上市、国货航完成混改股权变更、南航成立货运公司、厦航完成航空货运业务剥离及股权多元化改革、京东货运航空公司得到批准筹建,航空货运向航空物流转型步伐正在加快,民航局将坚持公平竞争,激发市场活力,对具备实力的航空货运、物流企业予以政策支持,优化资源配置,支持其打造为能够与国外航空货运巨头相抗衡的世界级航空物流企业。

(二)加快航空物流数字基础设施改造

1. 智慧安检、电子化运单、口岸联检设施建设

民航局现已启动货运安检集中判图技术标准、航空货运安检信息电子化实施规范和航空货运安检信息电子化放行实施规范的研究制定。2020年12月,民航局印发《推动新型基础设施建设促进高质量发展实施意见》和《五年行动方案》,提出了"物流一张单"的智慧物流发展愿景,提出以提高物流效率为核心,提高货运物流设施自动化水平,推进航空货运与仓储物流、支付结算等一体化发展,打造智慧物流体系。同时,启动国内电子运单规范编制工作,为推进国内电子运单使用提供标准,推进航空货运电子单证、业务流程和数据交换的试行标准。

同时,海关总署积极支持民航业发展,全面实施"两步申报、两段准入"等通关便利化改革,进一步优化海关办事流程,压缩通关时间,降低企业成本,营造透明、可预期的通关环境;深入推进转关作业无纸化改革,支持空运联程转关,有效扩大空港物流辐射范围,为跨境电商等特色产品搭乘空运航班提供便利化服务,促进航空货运与贸易新业态深度融合发展;加大科技设备及物联网技术在海关智慧监管中的应用,运用智能审图等非侵入式查验,推广智能卡口,有效提升海关监管效能;深化国际贸易"单一窗口"建设,持续优化完善"单一窗口"服务功能,在具备条件的城市开展航空物流公共信息平台试点,促进航空物流作业协同和通关效率提升。

2. 自动化仓库、机场冷库冷链设施、特种货物库区建设

2020年8月,国家发改委同民航局联合印发《关于促进航空货运设施发展的意见》,重点就完善提升综合性机场货运设施能力和服务品质、稳妥有序推进专业性货运枢纽机场建设、全面提升航空货运设施使用效能等方面提出多项举措。2021年,民航局启动提升航空物流综合保障能力的试点工作,支持和鼓励行业各单位在机场设施优化与改造、特种货物运输、安检与通关模式的突破和创新等方面开展试点示范工作,为航空物流发展特别是智

慧物流发展探索新路径。

2022 年 2 月,民航局印发《"十四五"航空物流发展专项规划》,明确提出将建设先进完备的保障体系,支持完善基础设施,推进货站、仓库、立体库、停机坪等现有货运设施改扩建;支持完善快递、冷链、医药、危险品等设施设备,推广应用智能设施,支持智能分拣、智能装载、智能仓储等航空物流设施建设,提升航空物流综合保障能力。

3. 全程追踪可视化改造

2022 年 1 月,民航局印发《智慧民航建设路线图》,明确推动物流全流程、全要素数字化,推进多层级航空物流信息服务平台与物流企业信息平台对接,推广电子运单,实现物流各环节可追溯、全过程动态跟踪。同时,民航局积极支持南航货运利用物联网和北斗定位技术对拖斗、拖板、板架等地面容器与全球流转的集装板箱等资产分步实现数字化管理和生产资料的可视化地图调度,推进航空物流的数字化和智慧化转型,目前该项目已被纳入民航局提升航空物流综合保障能力首批试点;支持深圳机场开展航空物流货物轨迹数字化研究与试点,试点货站进出港作业全流程透明化、标准化、数字化,为未来提升航空货运进出港全流程保障时效提供强有力决策数据支撑。

4. 建立多式联运体系

民航局高度重视多式联运建设,积极配合交通运输部等相关部门,对《货物多式联运术语》等国家标准提出反馈意见,参与多式联运运输工具标准和运输规则的制定,加快民航与公路、铁路等物流标准对接;完成《数据治理框架与管理机制》等 5 部标准制定印发工作,加快推进民航业务数据化和数据业务化,提升包括航空物流在内的行业数据的共享、质量及安全水平,为跨行业数据互联互通奠定基础。

(三)加快综合性航空物流信息平台建设

按照"十四五"新基建和智慧民航建设有关要求,民航局已将航空物流公共信息服务板块纳入首个示范项目——中国民航智慧监管服务项目中推进实施,目前该项目已在建设实施。建成后,中国民航智慧监管服务项目物流公共信息模块将具备物流公共服务和物流行业监管能力,实现航空物流公共信息数据共享和交换、物流信息全流程跟踪等。同时,民航局组织编制完成《航空物流信息交换规范》团体标准,包括信息流程、流程数据、数据接口 3 个标准,为航空物流信息的互联互通奠定了基础。经过两年试用,标准已得到进一步进行规范和完善,目前正在积极推动团体标准转化为行业标准。此外,民航局积极支持和引导以枢纽机场为主导,搭建物流综合信息服务平台。目前,深圳机场、广州机场等均已正式上线了物流综合信息服务平台,为航空货运代理人、航司及海关等单位搭建了信息共享、实时传递、一站式物流服务平台,可实现"一站式"办理运单服务、车辆服务、鉴定报告申报服务、园区服务等 10 余项业务,为客户提供更高效、便捷、优质的服务体验。

三、航空电子货运

电子货运(e-Freight)是航空物流未来发展趋势,从交货、收运、安检到装卸、制单、海关申报等各个环节能够实现无纸化、数字化运营,对于构建中国航空物流现代化、实现民航强国有非常重要的意义。

　　航空电子货运信息服务平台的建立是电子货运的基础,把货运全流程涉及的所有单证信息全部电子化,并通过信息平台实现物流信息互联互通,能大大促进航空货运高效运营。具体有以下两个方面。

　　1. 单证运输无纸化(见图 5-26)

电子货运单
eAWB-e-air waybill

电子安检申报单
eCSD- electronic consign
ment security declaration

电子仓单
eHM- electronic
House Manifest

电子危险品申报单
eDGD- electronic
Dangerous Goods
Declaration

图 5-26　单证运输无纸化举例

　　2. 电子信息交互提升效率(见图 5-27)

货物信息预检录
Precheck

货物快速交接提取
quick drop off/pick up

货站自助服务
Self-service Terminal

图 5-27　电子信息交互提升效率举例

　　电子货运将能有效地将人力从航空货运服务中解放出来,大幅改善航空货运作业效率,电子货运不仅取消了传统的纸运单打印和交接程序,还能通过信息系统实现航空公司和代理人之间的电子数据无缝衔接与传递,大大削减重复劳动,从而在提升效率的同时大大节约了成本。

　　从整个行业的发展来看,通过降低运营成本、提升供应链的透明度和一致性,将有助于提升航空运输业的竞争力,电子货运除了对航空公司及其代理企业的成本节约有重要意义,还高度符合当前全球节能减排和绿色环保的主题,更重要的是对航空货运的营销、生产、效率有极大的意义,未来数字化时代的企业竞争是企业信息化的竞争,尤其是具备专业化、国际化特点明显的民航行业,只有不断走在信息化发展的前沿,才能不断提高航空货运企业的竞争力。

　　进入新发展阶段,我国正着力构建以国内大循环为主、国内国际双循环相互促进的新发展格局,这不仅需要我国航空物流业打造优质高效的服务体系,还要求航空物流业加速数字化、网络化、智能化赋能,打造科技含量高、创新能力强的智慧物流体系。

本 章 总 结

　　航空货物运输是使用航空器运输货物的一种运输方式,具有运送速度快、破损率低、安全性好、空间跨度大等特点,是现代物流的重要组成部分。航空物流是为了满足货主需要而对所运的货物、相关服务以及货运信息在运输过程中进行经济高效的规划、实施与控制的过程,是采用航空运输等方式,实现物品"门到门"实体流动以及延伸服务的战略性产业体系,集成融合运输、仓储、配送、信息等多种服务功能,是现代产业体系的重要支撑。

航空货运服务具有服务环节多涉及业务面及参与者广的特点,在未实现智慧货运一站式服务的前提下,航空货运服务主要包括航空承运人、货运代理、物流承包商、机场货站,货主等众多参与者,主要涵盖货物出港(口)和进港(口)服务。

我国各机场积极建设航空货站,是实现集成"空中网 + 地面网 + 货源网",打通地面"最后一公里",提供"一站式"物流产品,解决货物地面操作、通关与配送短板、延伸航空物流链条、促进行业降本增效的有益尝试。

电子货运是航空物流未来发展趋势,从交货、收运、安检到装卸、制单、海关申报等各个环节能够实现无纸化、数字化运营,民航局提出"物流一张单"的智慧物流发展愿景,以提高物流效率为核心,提高货运物流设施自动化水平,推进航空货运与仓储物流、支付结算等一体化发展,打造智慧物流体系。

思 考 题

1. 什么是航空货运?
2. 航空货运具备哪些特点?
3. 航空货物的载运方式有哪些?
4. 航空货物的经营范围包含哪些货物形式?
5. 简述航空货运服务产品有哪些?
6. 特种货运业务包含哪些货物?
7. 简述航空货运服务链及业务。
8. 简述货物集中托运是如何进行的。
9. 简述航空货物的待运条件有哪些。
10. 列举国际航空货运需要准备哪些文件。
11. 简述航空货站是如何运营的。
12. 简述航空货站货物地面操作流程。
13. 简要介绍什么是航空智慧物流。
14. 简要介绍什么是航空电子货运。
15. 简要介绍货运单证无纸化包含哪些方面。

第六章　民用机场安全检查

　　进入民用运输机场控制区的旅客及其行李物品，其他人员、车辆及物品和航空货物、航空邮件等应当接受安全检查。本章在对民航安全检查进行概述的基础上，着重介绍民航安全检查设备、民航安检工作的实施以及民航安检工作的新模式与新技术。

✈ 学习目标

- ● 知识目标
  1. 了解民航安全检查的发展史。
  2. 了解负责对民航安检工作进行指导、检查和监督的职能部门。
  3. 了解民航安检工作的特点、新模式与新技术。
  4. 了解民航安全检查设备、各岗位工作职责和整体流程。
  5. 了解民航航班免检人员范围。
  6. 掌握与民航安全检查相关的基本概念。
  7. 掌握民航安检工作的法律特征、法律依据和基本程序。

- ● 能力目标
  1. 能够识别各类民航安全检查设备。
  2. 能够按规定实施民航安检工作。

- ● 素养目标
  1. 培养学生树立安全意识、法律意识、责任意识和团队意识。
  2. 增强学生以"敬畏生命、敬畏规章、敬畏职责"为内核的敬畏意识。

为了规范民航安全检查工作,防止对民用航空活动的非法干扰,维护民用航空运输安全,依据《中华人民共和国民用航空法》《中华人民共和国民用航空安全保卫条例》等有关法律法规,2016 年 8 月 31 日交通运输部第 19 次部务会议通过了《民用航空安全检查规则》(详见本书附录),自 2017 年 1 月 1 日起施行。

《民用航空安全检查规则》是民航安全检查工作总的指导性规章。在第一章总则中规定:进入民用运输机场控制区的旅客及其行李物品,航空货物、航空邮件应当接受安全检查。拒绝接受安全检查的,不得进入民用运输机场控制区。国务院规定免检的除外(关于免检,详见本章第三节的相关内容)。旅客、航空货物托运人、航空货运销售代理人、航空邮件托运人应当配合民航安检机构开展工作。

第一节　民航安全检查概述

一、民航安全检查的发展史

1. 国际民航安全检查的产生和发展

20 世纪 60 年代末期,劫、炸机事件直线上升(表 6-1),劫机范围迅速扩大。劫、炸机事件成为一个严重的国际性问题,引起了国际社会的高度重视。国际民航安全检查产生于 20 世纪 70 年代初,是反劫机斗争的必然产物。

表 6-1　各年代劫机数据统计表

年份	1947—1959 年	1960—1969 年	1969 年	1970—1979 年	1980—1989 年	1990—1999 年	2000—2009 年	2010 年至今
劫机数 / 起	44	153	87	351	245	200	75	17

国际民航安全检查的发展经历了一个由点到面、由手工到仪器检查的过程,大致可分为四个阶段,如表 6-2 所示。

表 6-2　国际民航安全检查发展的四个阶段

阶段	基本情况	特点
第一阶段	手工检查阶段。从 1970 年开始,首先在美国、日本等国家的主要机场开始实施	整个检查全部用手工,没有任何仪器
第二阶段	手工检查到仪器检查过渡阶段。1973 年,美国率先在主要国际机场使用仪器检查	仪器检查和手工检查并用
第三阶段	仪器检查普及阶段	检查仪器质量提高,组织机构日趋严密和完善
第四阶段	从一般仪器检查到新型多功能仪器检查过渡阶段	危险物品的性质发生变化

2. 我国民航安全检查的产生和发展

早在 20 世纪 50 年代,周恩来总理就指示民航要"保证安全第一,改善服务工作,争取飞行正常"。到了 20 世纪 70 年代末,我国的民航业已经发展到了一定规模,国内航线形成网络,在此期间,劫机活动也殃及到我国的国内航线。另外,随着国际航线不断增多,我国先后加入了《东京公约》《海牙公约》《蒙特利尔公约》。内外部因素共同推动了我国民航安全检查制度的建立。

从体制变化和发展过程来看,我国民航安全检查的发展大致可分为五个阶段,如表6-3 所示。

表 6-3　我国民航安全检查发展的五个阶段

阶段	基本情况	特点
第一阶段	1981 年 4—11 月,由边防检查部门负责对乘坐国际航班的中外籍旅客及其携带的行李物品实施安全检查	时间不长,涉及面不广
第二阶段	1981 年 12 月至 1983 年 6 月,由民航公安保卫部门负责对乘坐民航国内航班的中外籍旅客及其携带的行李物品实施安全检查	安全检查工作虽已全面展开,涉及面较广,但仍是初级阶段,漏洞较多
第三阶段	1983 年 7 月至 1992 年 3 月,武警部队接手民航公安保卫部门负责的国内航班安全检查工作,以武装警卫的形式对所有乘坐飞机的旅客及其携带的行李物品进行安全检查并负责隔离区的安全管理和出(过)港飞机在客机坪停留期间的监护任务	形成了安全检查、隔离区管理、飞机监护等较完整的机场安全管理体系
第四阶段	1992 年 4 月至 2002 年 2 月,由当时的民航总局下属的各机场负责民航安检工作	安全检查设施设备建设得到了加强;安全检查人员的队伍、业务建设上了新台阶;航空安全保卫法律体系日趋完善
第五阶段	2002 年 3 月至今,机场属地化管理,由属地各机场负责民航安检工作。民航行政机关依法对民航安检工作履行行业监管职能	

二、基本概念

1. 民航安全技术检查

民航安全技术检查(简称民航安全检查),是指在民用航空运输机场实施的为防止未经允许的人员、物品、车辆等进入机场控制区,预防非法劫持航空器和其他非法干扰行为的发生,保障旅客、机组、公众等人员及财产、航空器、机场设施设备安全所采取的一种强制性、技术性检查。

2. 民航安全检查工作

民航安全检查工作(简称民航安检工作)是指对进入民用运输机场控制区的旅客及其行李物品,其他人员、车辆及物品和航空货物、航空邮件等进行安全检查的活动。民航安检工作是民航空防安全工作的基础和核心,是民航空防安全工作的生命线。

这里的"其他人员",是指除旅客以外的,因工作需要,经安全检查进入机场控制区或者民用航空器的人员,包括但不限于机组成员、工作人员、民用航空监察员等。

3. 民航安全检查机构

民航安全检查机构(简称民航安检机构)是由民用航空运输机场、公共航空运输企业所设立的从事民航安检工作的专门机构。

4. 民航安全检查员

《安检员(民航安全检查员)国家职业技能标准(2019年版)》(详见本书附录)中明确了民航安全检查员的职业定义:民航安全检查员是对进入民用航空运输机场控制区的人员及其物品、车辆及物品、航空货物、航空邮件等实施安全技术检查的人员。民航安全检查员是确保民航安检工作有效开展的基础和关键。

依据人力资源社会保障部公布的《国家职业资格目录(2021年版)》,"民航安全检查员"职业涉及安全,拟依法调整为准入类职业资格。

三、民航安检工作的指导、检查和监督

由中国民用航空局、中国民用航空地区管理局负责对民航安检工作进行指导、检查和监督。

民航局下辖7个地区管理局,分别是华北地区管理局、东北地区管理局、华东地区管理局、中南地区管理局、西南地区管理局、西北地区管理局和新疆管理局。

四、民航安检工作的法律特征和法律依据

民航安检机构具有行政法规的执行权而无处罚权,这是民航安检工作的重要法律特征。民航安检机构的检查行为带有行政执法的性质,但是民航安检机构只是企业的一个机构,不属于行政机关,所以不具有行政处罚权(不具有行政拘留、罚款和没收的权力)。

民航安检机构实施安全检查工作的法律依据主要包括国际公约、法律、行政法规、部门规章、行业标准、规范性文件等,如表6-4所示。

表6-4　民航安检机构实施安全检查工作的主要法律依据

国际公约	《国际民用航空公约附件17》——防止对国际民用航空进行非法干扰行为
法律	《中华人民共和国民用航空法》 《中华人民共和国反恐怖主义法》
行政法规	《中华人民共和国民用航空安全保卫条例》
部门规章	《民用航空安全检查规则》 《民用航空运输机场航空安全保卫规则》 《民用航空货物运输安全保卫规则》 《中国民用航空安全检查设备管理规定》 中国民用航空局关于发布《民航旅客禁止随身携带和托运物品目录》和《民航旅客限制随身携带或托运物品目录》的公告(详见本书附录)
行业标准	《安检员(民航安全检查员)国家职业技能标准(2019年版)》
规范性文件	《民用航空安全检查工作手册》

五、民航安检工作的特点

民航安检工作要求在较短时间内完成,而且要确保安全。因此,概括而言,民航安检工作具有责任性强、政策性强、时间性强、专业性强及风险性大等特点。

第二节　民航安全检查设备简介

民航安全检查设备实行使用许可制度。用于民航安检工作的民航安全检查设备应当取得"民用航空安全检查设备使用许可证书"并在"民用航空安全检查设备使用许可证书"规定的范围内使用。

一、人身安全检查设备

1. 手持金属探测器

手持金属探测器利用电磁感应的原理,利用有交流电通过的线圈,产生迅速变化的磁场。这个磁场能在金属物体内部感生涡电流,涡电流又会产生磁场,倒过来影响原来的磁场,引发探测器发出报警信号。它主要用于探测人员携带的金属物品。

目前,民航机场较为常见的手持金属探测器有 PD140N,如图 6-1 所示。

2. 通过式金属探测门

基于脉冲磁场的工作原理。当携带金属物品的人员通过金属探测门时,会触发报警。

目前,民航机场较为常见的通过式金属探测门有 HI-PE Multi Zone Plus 型金属探测门(图 6-2),该探测门具有与人体等高的高亮度 LED 显示条,可显示出金属武器在人身体上的位置。

图 6-1　PD140N 型手持金属探测器

图 6-2　HI-PE Multi Zone Plus 型金属探测门

3. 毫米波人体成像安检仪

毫米波人体成像安检仪利用毫米波对平常衣物的穿透能力进行成像,从而确定被检查人衣物下及人体体表是否藏匿嫌疑物品,具有扫描成像速度快、全面检测、安全可靠、隐私保护、自动识别违禁品等特点。毫米波人体成像安检仪不仅可以探测金属,还可以探测非金属,并对物品位置进行自动标识。

部分取得了"民用航空安全检查设备使用许可证书"的毫米波人体成像安检仪,如表6-5所示。

表6-5　毫米波人体成像安检仪

名称	图示
MW1000AA 毫米波人体成像安检仪	
R&S QPS 毫米波人体成像安检仪	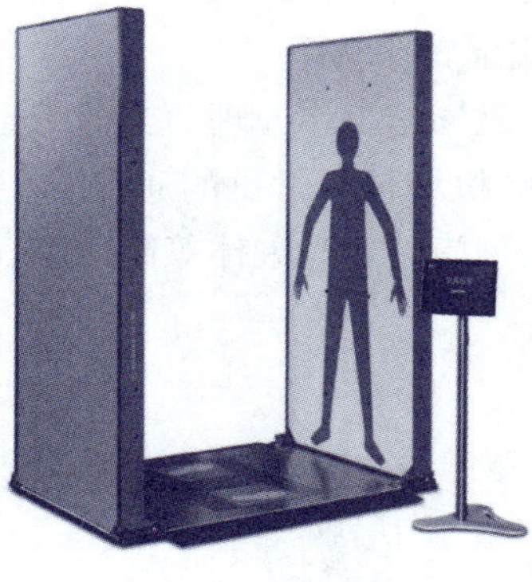

二、行李货物安全检查设备

目前,民航机场使用的行李货物安全检查设备主要有X射线单视角安全检查设备、X射线双视角安全检查设备、X射线计算机断层成像爆炸物探测安全检查设备(CT设备)、车载式X射线安全检查设备等,如表6-6所示。

三、痕量爆炸物安全检查设备

目前,民航机场使用的痕量爆炸物安全检查设备,如表6-7所示。

表 6-6　行李货物安全检查设备

名称	图示
X 射线单视角 安全检查设备	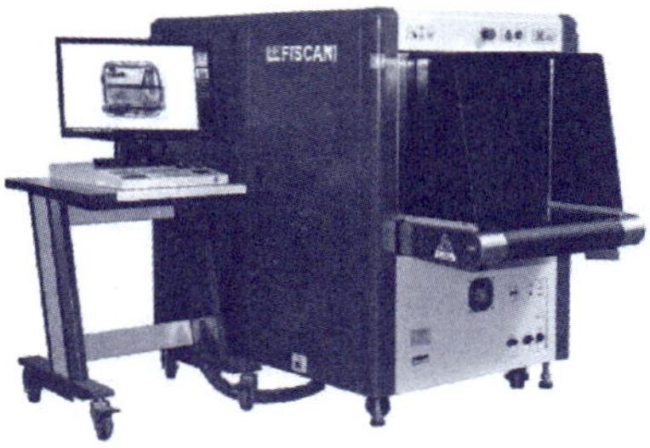
X 射线双视角 安全检查设备	
X 射线计算机断层成像爆炸物探测 安全检查设备 （CT 设备）	

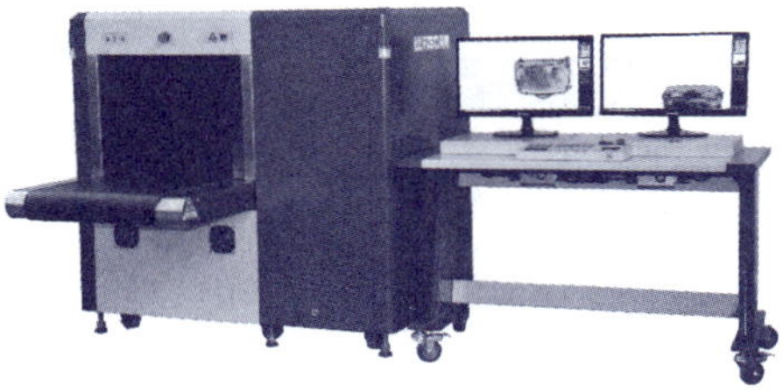

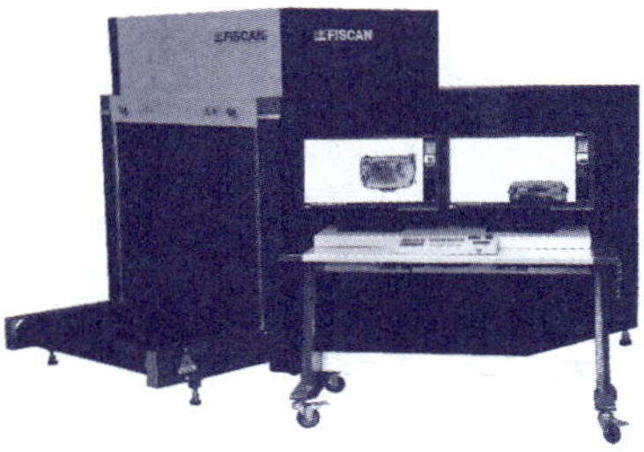

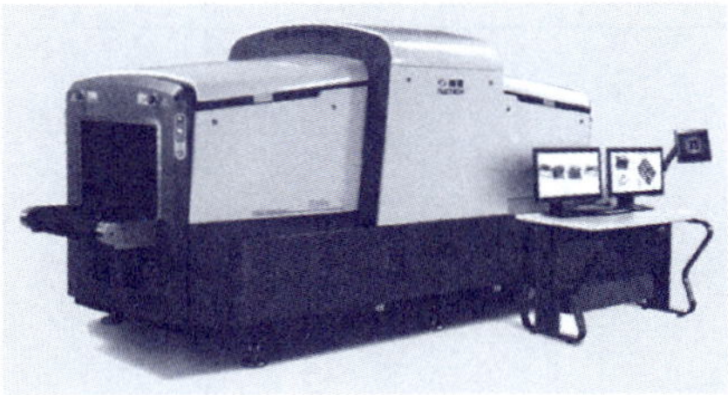

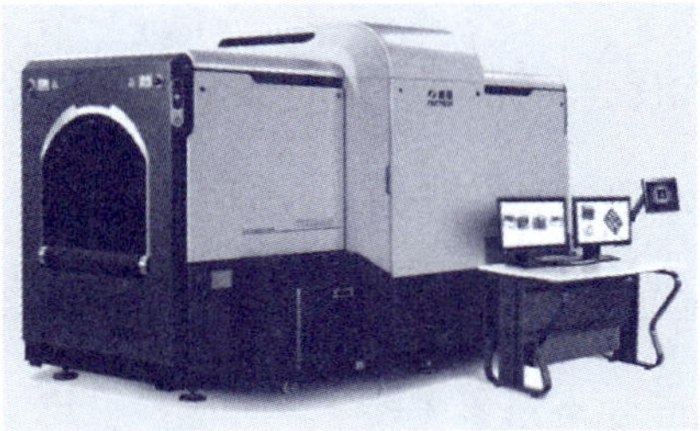

续表

名称	图示
车载式 X 射线 安全检查设备	

表6-7　痕量爆炸物安全检查设备

名称	图示
TR2000DC	
TR3000DE	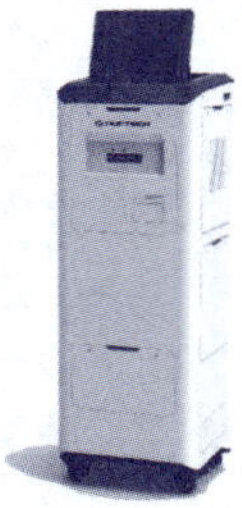
IONSCAN 600	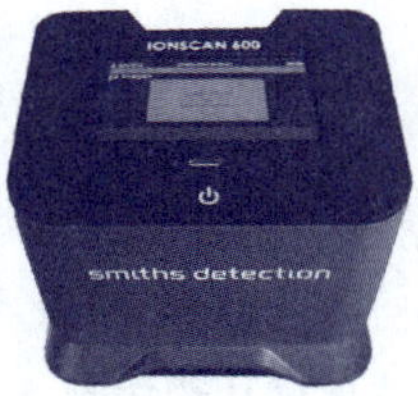

四、液态物品安全检查设备

目前,民航机场使用的液态物品安全检查设备,如表6-8所示。

五、车辆安全检查设备

1. 车底安全检查系统

车底安全检查系统是一套集对车辆底盘进行图像采集、显示、对比、警示于一体的信息管理系统。该系统能有效防止车底藏匿炸弹、武器、生化危险品、毒品、危险人物等进入机场控制区,如图6-3所示。

2. 车底车顶检查镜

车底车顶检查镜主要是用来检查汽车底部、汽车顶部、车轮缝隙等部位,如图6-4所示。

表6-8 液态物品安全检查设备

名称	图示
Insight200M	
EMA-2 Plus	

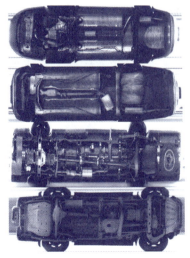

图6-3 车辆底盘实时图像记录效果图

图6-4 车底车顶检查镜

第三节　民航安检工作的实施

一、民航安检工作的基本程序

民航安检工作的基本程序如图 6-5 所示。

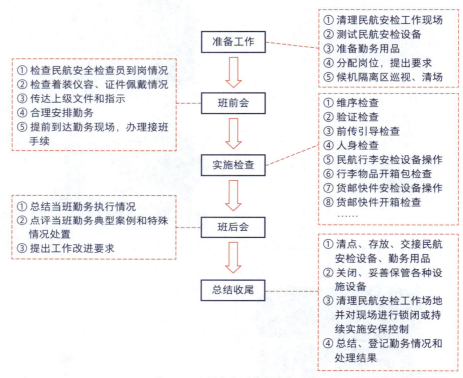

图 6-5　民航安检工作的基本程序

二、民航安全检查各岗位工作职责

1. 维序检查岗位职责

（1）宣传、解释民航安检工作相关法律、法规、规章和政策，接受民航安检工作相关法律、法规、规章和政策咨询。

（2）观察待检区情况，对待检人员进行分类识别和分流疏导，引导待检人员正确使用特殊通道，维持待检区秩序。

（3）提示待检人员做好检查前的准备工作。

2. 验证检查岗位职责

（1）对进入机场控制区的人员进行人、证对照，核实人证是否相符。

（2）核验旅客有效乘机身份证件的真伪及有效性，核验旅客乘机凭证有效性，核验乘机身份证件、乘机凭证姓名一致；采集旅客正面头像和旅客信息录入民航安检信息管理系统，并加注安检验讫标识。

（3）核验机组人员、工作人员和其他人员进入机场控制区的证件真伪及有效性，核录相关信息。

（4）合理控制通行人员验放速度。

（5）按规定处置不符合证件检查验放标准的人员。

3. 前传引导检查岗位职责

（1）提示、协助待检人员将可能影响检查效果的物品取出，做好待检准备。

（2）引导待检人员正确摆放待检行李物品，保证有效检查间隔。

（3）合理控制人员过检速度。

（4）维护民航人身安检设备前秩序。

4. 人身检查岗位职责

（1）引导受检人员有序、有效通过民航人身安检设备。

（2）对通过民航人身安检设备报警人员进行手工人身检查，排除安全疑点；对通过民航人身安检设备不报警的人员进行抽查。

（3）按规定处置发现的民航禁限运输物品及携运人员。

5. 民航行李安检设备操作岗位职责

（1）按照判图分析方法，使用操作功能键对图像进行判读，发现、辨认民航禁限运输物品或可疑图像。

（2）将需要开箱检查的行李物品及重点检查部位准确无误地通知开箱包检查岗位。

（3）对经过开箱包检查的行李物品进行复检。

6. 行李物品开箱包检查岗位职责

（1）确认并复述民航行李安检设备操作岗位的指令，确认箱包归属，控制箱包，进行开箱包检查。

（2）与民航行李安检设备操作岗位确认检查结果，并提示对实施开箱包检查的行李物品进行复检。

（3）通知防爆检查岗位对疑似爆炸物品、爆炸装置或无法确认性质的可疑行李物品进行防爆检查。

（4）按规定处置发现的民航禁限运输物品及携运人员。

7. 防爆检查岗位职责

（1）确认并复述开箱包检查岗位指令，按规范对疑似含有爆炸物、爆炸装置或无法确定性质的可疑行李物品、航空货物、航空邮件进行防爆技术检测。

（2）按规定对行李物品、航空货物、航空邮件进行防爆抽检。

（3）按规定处置疑似爆炸物、爆炸装置检测报警事件。

8. 货邮快件安检设备操作岗位职责

（1）审核航空货物、航空邮件运输文件和安检申报清单，确定航空货物、航空邮件检查方式,安排有序过检。

(2) 按照判图分析方法,使用操作功能键对航空货物、航空邮件图像进行判读,发现、辨认伪报、夹带运输危险品、违禁品和管制器具。

(3) 通知货邮快件开箱检查岗位对可疑航空货物、航空邮件进行开箱检查,提示开箱检查要点。

(4) 对经过开箱检查的航空货物、航空邮件进行复检。

9. 货邮快件开箱检查岗位职责

(1) 控制可疑航空货物、航空邮件,通知航空货物、航空邮件托运人或货运销售代理人到场。

(2) 确认并复述货邮快件安检设备操作岗位开箱指令,对可疑航空货物、航空邮件进行开箱检查。

(3) 发现并依规处置可疑航空货物、航空邮件的危险品、违禁品、管制器具和其他国家法律、法规规定限制运输物品或排除怀疑并确认航空货物、航空邮件安全。

(4) 通知防爆检查岗位对含有疑似爆炸物、爆炸装置或无法确定性质的可疑航空货物、航空邮件进行防爆检查。

10. 机场控制区道口车辆检查岗位职责

(1) 管理、维护机场控制区道口秩序,引导、安排车辆有序受检。

(2) 核验车辆的机场控制区通行证件,检查车辆,确认是否含有民航禁限运输物品。

(3) 按规定对可疑车辆及物品采取处置措施。

三、民航安全检查的流程

旅客、行李物品安全检查的整体流程如图 6-6 所示。

四、民航航班免检人员范围

(1) 国家保卫对象:中共中央总书记;中共中央政治局常委、委员、候补委员;中央书记处书记、候补书记;国家主席、副主席;全国人大常委会委员长、副委员长;国务院总理、副总理、国务委员;中央军事委员会主席、副主席、委员;全国政协主席、副主席;最高人民法院院长;最高人民检察院检察长,免予检查;上述领导人率领的出访代表团全体成员,也免予检查。

(2) 应邀来我国访问(包括过境、非正式访问)的外国副总统、副总理、副议长以上领导人及其率领的代表团全体成员,免予检查。

(3) 应邀来我国访问的外国正部长级官员及我国中央各部正部长率领代表团出访,部长本人免予检查。

(4) 驻华大使馆大使或国际组织驻华代表机构代表夫妇在中国境内机场乘坐民航班机,凭外交身份证和有效乘机凭证,其人身及随身携带的手提行李物品免予检查。

(5) 大军区正职在职负责同志率团出访,本人免予检查。

(6) 香港及澳门特别行政区政府行政长官夫妇,免予检查。

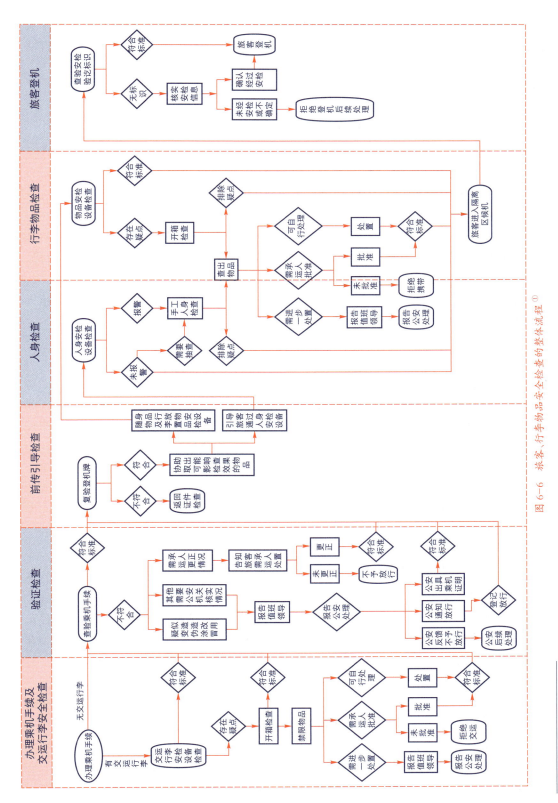

图 6-6　旅客、行李物品安全检查的整体流程 ①

① 资料来源：中国民用航空局职业技能鉴定指导中心. 民航安全检查员（2021 年版）. 北京：中国民航出版社，2021.

（7）随同国家保卫对象乘坐民航班机的首长随身工作人员和我方接待属免检范围外宾的陪同人员，凭中共中央、全国人大常委会、国务院、中央军委有关部、委或省、自治区、直辖市党委、人民政府出具的证明，免予检查。

第四节　民航安检工作的新模式与新技术

近年来，民航公安局紧跟"智慧民航"建设步伐，大力推进安检技术与流程创新，自2022年1月1日起，在全国41家旅客吞吐量达千万级的机场开通旅客"易安检"服务，一度成为社会关注和评议的热点。

"易安检"服务是民航局贯彻以人为本、人畅其行服务理念，以信息加科技为支撑，给旅客提供的更安全、更便捷、更舒适的一种安检模式，特点是查验准、干预少、流程简、速度快、体验新。同时，以"易安检"研究为平台，民航公安局不断开展新技术新流程的研究运用，在大型机场研究运行各类自动化、无接触式安检模式，实现对人身、物品以及大型航空箱货物的精准查验，同时集约安检资源，助力疫情防控，实现了"安全、高效、舒适"的目标。

一、民航安检工作的新模式——"易安检"服务

自2022年1月1日起，为进一步方便旅客乘机出行，全国41家民用机场已正式开通"易安检"服务。该项服务是民航局推出的更加安全、便捷、舒适的新型安检模式，具有查验准、干预少、流程简、速度快、体验新等特点。通过预约该项服务，旅客可使用"易安检"专用通道，体验到较以往更加快捷、高效的安检流程和措施，理想状态下通过安检时间较以往缩短50%以上。

"易安检"服务采取"旅客自愿加入"的方式开展，旅客可通过国家政务服务平台支付宝小程序中的"民航公安服务"进行"易安检"实名注册认证，在航班起飞前48小时内随时预约服务，也可在机场当场注册、即时预约、立等使用"易安检"服务。除支付宝小程序之外，航旅纵横和携程"易安检"服务申请入口也已上线，后续还将开通更多的申请入口。

二、民航安检工作的新技术

（一）民航旅客安全检查

图6-7所示为旅客人身及随身行李安全检查效果图。在图6-7中，集合了民航旅客安全检查目前已经采用的几乎全部先进技术，包括自助验证闸机、毫米波人体成像安检仪、CT和X射线双视角安全检查设备、自动回筐系统、痕量爆炸物安全检查设备（ETD）。

1. 自助验证闸机

自助验证闸机可以实现人脸识别、人证比对等功能，旅客自助刷身份证验证，验证准确性更高，通行效率更高，安全性更高，如图6-8所示。

2. 毫米波人体成像安检仪

2018年3月，中国民航独立拥有了毫米波人体成像安检仪的技术标准，我国成为了全球第三位、亚洲第一位独立拥有此项技术标准的国家。

图 6-7　旅客人身及随身行李安全检查效果图

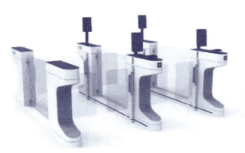 

图 6-8　自助验证闸机

　　将毫米波人体成像安检仪引入中国民航安检工作,正式开启了旅客人身安检的新时代。目前,全国已有近 30 个机场、200 台设备在应用。

　　基于毫米波人体成像安检仪本身的技术优势和特点,能够实现对多种物品的有效探测,更具安全性;同时能够有效降低人工搜身频率,优化旅客体验,助力疫情防控。

　　3. CT 和 X 射线双视角安全检查设备

　　X 射线双视角安全检查设备目前已经在全国各机场得到了较为成熟的使用,而即将正式开启大规模使用的是手提行李 CT 设备。2022 年 4 月,手提行李 CT 设备正式纳入了中国民航安检工作使用范畴,此类设备的最大优势是能够对爆炸物进行自动探测并报警。

　　4. 自动回筐系统

　　自动回筐系统能够提高旅客行李的传输速度,整体提升安检通道的自动化水平。图 6-9 所示为自动回筐系统效果图。

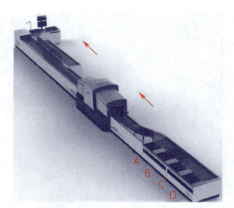

图 6-9　自动回筐系统效果图

自动回筐系统主要能够实现四大功能。

（1）人包绑定。

（2）自动分流。

（3）空托盘识别及回传。

（4）与 CT 和 X 射线双视角安全检查设备进行整合。

自动回筐系统的操作流程如图 6-10 所示。

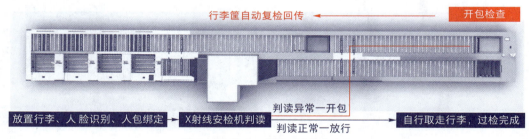

图 6-10　自动回筐系统的操作流程

（二）民航货运安全检查

被装入飞机腹舱的货物，也是安全检查的重要对象。提高货运安全检查的安全性和效率，是新技术运用的重点方向。

1. 更新 X 射线安全检查设备

目前，中国民航已经列出了明确的更新计划，要将全国民航货运安全检查单视角 X 射线设备逐步全部替换成性能更好的双视角 X 射线设备，如图 6-11 所示。

2. 全球首创大型航空箱货物安检 CT

2021 年 9 月 16 日，全球首个航空箱 CT 安检设备试点项目在深圳机场正式开工建设。

该技术设备在国际国内均是首例，得到了国际民航组织航空安保专家组的高度关注，中国民航的安检技术研究能力站在了全球民航安保的前沿。

图 6-12 所示为大型航空箱货物安检 CT 效果图。

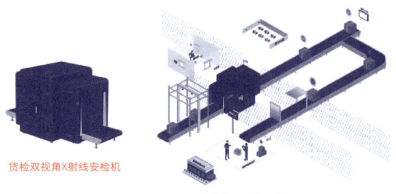

货检双视角X射线安检机

图 6-11　更新 X 射线安全检查设备

图 6-12　大型航空箱货物安检 CT 效果图

三、AI 技术助力民航安检工作

1. AI 辅助判图

在民航安全检查员进行 X 射线图像识别时进行辅助,帮助民航安全检查员检测出危险和违禁物品。

2. AI 质量控制

在民航安检工作后台进行质量控制和培训管理。

本 章 总 结

民航安检工作是民航空防安全工作的基础和核心,是民航空防安全工作的生命线。本章围绕民航安全检查概述、民航安全检查设备简介、民航安检工作的实施以及民航安检工作的新模式与新技术,对民航安全检查做了较为整体性、概括性的介绍。因为民航安检工作涉及公共安全,部分信息受到国家法律保护,所以无法在教材中完整呈现。

思 考 题

1. 简述国际民航安全检查的产生和发展。
2. 简述我国民航安全检查的产生和发展。
3. 什么是民航安全检查？
4. 什么是民航安检工作？
5. 民航安检工作的法律特征是什么？
6. 民航机场使用的行李货物安全检查设备主要有哪些？
7. 简述民航安检工作的基本程序。

第七章　一体化交通系统

　　由于空域和地域的要求限制,机场大多建在离市区较远的地区,旅客从市区抵达机场通常需要花费较长时间,出行十分不便,也会影响民航运输较于其他运输方式的竞争力。因此,根据《国家综合立体交通网规划纲要》中加快建设交通强国,构建现代化高质量国家综合立体交通网的总体目标,机场要推进交通枢纽一体化的规划建设,需要与其他交通运输方式融合发展,实现一体化的国家交通体系。

✈ 学习目标

- **知识目标**

  1. 了解国家综合立体交通网规划纲要的指导思想与发展目标。
  2. 掌握全国123出行交通圈概念。
  3. 掌握全国123快货物流圈概念。
  4. 掌握空地一体化交通概念。
  5. 了解1~2个空地一体化产品。
  6. 了解货邮多式联运概念。

- **能力目标**

  1. 能够根据不同机场的出入交通方式分析归纳出一体化联运方式。
  2. 能够熟悉国际性综合交通枢纽集群的分类及其所包含的机场名字。

- **素养目标**

  培养学生拥有交通强国的自信心与自豪感,并立志成为国家交通运输人才队伍中的光荣一员。

第一节　国家综合立体交通体系

一个国家的交通运输方式主要以公路、铁路、航空、水路为主，还有管道运输方式。由于我国建设发展初期各种交通运输方式之间，无论从行政管理方面还是规划建设方面都是相互独立没有交集的，显然不利于一体化的统筹发展。但随着国家不断地建设发展，人民群众对出行的需求越来越多元化，各自为营的发展模式已无法满足人民群众的需求。

为了进一步满足人民群众的出行需求，2019 年 9 月，中共中央、国务院印发了《交通强国建设纲要》，提出从 2021 年到 21 世纪中叶，我国的交通强国建设分为两个阶段完成。第一阶段到 2035 年基本建成交通强国，国家现代化交通体系基本形成，支撑国家现代化建设能力显著增强，基本形成"全国 123 出行交通圈"（都市区 1 小时通勤、城市群 2 小时到达、全国主要城市 3 小时覆盖）和"全球 123 快货物流圈"（国内 1 天送达、周边国家 2 天送达、全球主要城市 3 天送达）（见表 7-1）。

第二阶段到 21 世纪中叶，全面建成人民满意、保障有力、世界前列的交通强国。基础设施规模、技术装备、科技创新能力、智能化与绿色化水平位居世界前列，交通安全水平、治理能力、文明程度、国际竞争力及影响力达到国际先进水平，全面服务和保障社会主义现代化强国建设，人民享有美好的交通服务。

2021 年 2 月，中共中央、国务院印发了《国家综合立体交通网规划纲要》。国家综合立体交通网连接全国所有县级及以上行政区、边境口岸、国防设施、主要景区等。以统筹融合为导向，着力补短板、重衔接、优网络、提效能，更加注重存量资源优化利用和增量供给质量提升。另外，完善铁路、公路、水运、民航、邮政快递等基础设施网络，构建以铁路为主干，以公路为基础，水运、民航比较优势充分发挥的国家综合立体交通网。

到 2035 年，国家综合立体交通网实体线网总规模合计 70 万 km 左右（不含国际陆路通道境外段、空中及海上航路、邮路里程）。其中，铁路 20 万 km 左右，公路 46 万 km 左右，高等级航道 2.5 万 km 左右。此外，沿海主要港口 27 个，内河主要港口 36 个，民用运输机场 400 个左右，邮政快递枢纽 80 个左右。

国家综合立体交通网主骨架（表 7-1）由国家综合立体交通网中最为关键的线网构成，是我国区域间、城市群间、省际以及连通国际运输的主动脉，是支撑国土空间开发保护的主轴线，也是各种运输方式资源配置效率最高、运输强度最大的骨干网络。

加快构建 6 条主轴。加强京津冀、长三角、粤港澳大湾区、成渝地区双城经济圈 4 极之间的联系，建设综合性、多通道、立体化、大容量、快速化的交通主轴。拓展 4 极辐射空间和交通资源配置能力，打造我国综合立体交通协同发展和国内国际交通衔接转换的关键平台，充分发挥促进全国区域发展南北互动、东西交融的重要作用。

加快构建 7 条走廊。强化京津冀、长三角、粤港澳大湾区、成渝地区双城经济圈 4 极的辐射作用，加强极与组群和组团之间的联系，建设京哈、京藏、大陆桥、西部陆海、沪昆、成渝昆、广昆等多方式、多通道、便捷化的交通走廊，优化完善多中心、网络化的主骨架结构。

　　加快构建 8 条通道。强化主轴与走廊之间的衔接协调,加强组群与组团之间、组团之间的联系,加强资源产业集聚地、重要口岸的连接覆盖,建设绥满、京延、沿边、福银、二湛、川藏、湘桂、厦蓉等交通通道,促进内外连通、通边达海,扩大中西部和东北地区交通网络覆盖。

表 7-1　国家综合立体交通网 2035 年主要指标表

序号	指标		目标值
1	便捷顺畅	享受 1 小时内快速交通服务的人口占比	80% 以上
2		中心城区至综合客运枢纽半小时可达率	90% 以上
3	经济高效	多式联运换装 1 小时完成率	90% 以上
4		国家综合立体交通网主骨架能力利用率	60%~85%
5	绿色集约	主要通道新增交通基础设施多方式国土空间综合利用率提高比例	80%
6		交通基础设施绿色化建设比例	95%
7	智能先进	交通基础设施数字化率	90%
8	安全可靠	重点区域多路径连接比率	95% 以上
9		国家综合立体交通网安全设施完好率	95% 以上

　　纲要中还提到要推进各种运输方式统筹融合发展。统筹综合交通通道规划建设。强化国土空间规划对基础设施规划建设的指导约束作用,加强与相关规划的衔接协调。节约集约利用通道线位资源、岸线资源、土地资源、空域资源、水域资源,促进交通通道由单一向综合、由平面向立体发展,减少对空间的分割,提高国土空间利用效率。统筹考虑多种运输方式规划建设协同和新型运输方式探索应用,实现陆、水、空多种运输方式相互协同、深度融合。用好用足既有交通通道,加强过江、跨海、穿越环境敏感区通道基础设施建设方案论证,推动铁路、公路等线性基础设施的线位统筹和断面空间整合。加强综合交通通道与通信、能源、水利等基础设施统筹,提高通道资源利用效率。

　　推进综合交通枢纽一体化规划建设。推进综合交通枢纽及邮政快递枢纽统一规划、统一设计、统一建设、协同管理。推动新建综合客运枢纽各种运输方式集中布局,实现空间共享、立体或同台换乘,打造全天候、一体化换乘环境。推动既有综合客运枢纽整合交通设施、共享服务功能空间。加快综合货运枢纽多式联运换装设施与集疏运体系建设,统筹转运、口岸、保税、邮政快递等功能,提升多式联运效率与物流综合服务水平。按照站城一体、产城融合、开放共享原则,做好枢纽发展空间预留、用地功能管控、开发时序协调。

　　综合客运枢纽内各种运输方式间换乘便捷、公共换乘设施完备,客流量大的客运枢纽应考虑安全缓冲。加强干线铁路、城际铁路、市域(郊)铁路、城市轨道交通规划与机场布局规划的衔接,国际航空枢纽基本实现两条以上轨道交通衔接。全国性铁路综合客运枢纽基本实现两条以上市域(郊)铁路或城市轨道衔接。国际性和全国性综合交通枢纽城市内轨道交通规划建设优先衔接贯通所在城市的综合客运枢纽,不同综合客运枢纽间换乘次数不超过两次。铁路综合客运枢纽与城市轨道交通站点应一体设计、同步建设、同期运营。

　　综合货运枢纽与国家综合立体交通网顺畅衔接。千万标箱港口规划建设综合货运通道与内陆港系统。全国沿海、内河主要港口的集装箱、大宗干散货规模化港区积极推动铁路直通港区,重要港区新建集装箱、大宗干散货作业区原则上同步规划建设进港铁路,推进港铁协同管理。提高机场的航空快件保障能力和处理效率,国际航空货运枢纽在更大空间范围内统筹集疏运体系规划,建设快速货运通道。

推动城市内外交通有效衔接。推动干线铁路、城际铁路、市域(郊)铁路融合建设,并做好与城市轨道交通衔接协调,构建运营管理和服务“一张网”,实现设施互联、票制互通、安检互认、信息共享、支付兼容。加强城市周边区域公路与城市道路高效对接,系统优化进出城道路网络,推动规划建设统筹和管理协同,减少对城市的分割和干扰。完善城市物流配送系统,加强城际干线运输与城市末端配送有机衔接。加强铁路、公路客运枢纽及机场与城市公交网络系统有机整合,引导城市沿大容量公共交通廊道合理、有序发展。

第二节　机场一体化交通与服务

每个机场由于在国家运输网络中所承担的定位不同、战略规划不同,被划分成了门户级复合枢纽机场、区域级枢纽机场、干线机场和支线机场,很多机场本身也承担着民航运输枢纽中心的战略作用。

枢纽,一方面可以指某件事情某个地区重要的部分,是事物相互联系的中心环节;另一方面指重要的地点或事物关键之处。从枢纽本身的定义可以看出,能够称为枢纽的地方一定相互联系了其他地方同时本身是重要的节点。

衍生到交通枢纽,是国家或区域交通运输系统的重要组成部分,是不同运输方式的交通网络运输线路的交汇点,也是由若干种运输方式所连接的固定设备和移动设备组成的整体,共同承担着枢纽所在区域的直通作业、中转作业、枢纽作业以及城市对外交通的相关作业等功能。

所以无论是国家之间、城市之间,还是城市中某些区域的交通枢纽,都兼顾了“集”和“散”的双重功能,将旅客从四面八方集中到枢纽中,又通过各种形式的交通运输方式将旅客发散到四面八方。

一个国家的交通运输方式有铁路、公路、水路、航空、管道运输。机场交通枢纽中心的建设目的就是将航空运输的旅客与铁路、公路、水路运输有效地衔接起来。每个机场根据所在地区现有的运输和发展需求及在国家运输网络中所承担的功能定位,来最终确定与何种其他交通运输方式连接,为旅客出行提供便捷。

一、空地一体化交通枢纽

航空运输的主场地在天空,但旅客乘坐飞机进入空域前需要使用地面交通才能到达或离开机场,如何将航空运输和地面各类交通的方式有效地连接运行起来是今后航空运输拓展的一个方向。有机场的城市如何连接城市地面交通,没有机场的城市如何与相邻的机场空地相连。空地一体化的设计是目前世界机场建设发展的趋势。

　　初阶的空地一体化是从物理空间上将不同的空地交通运输形式集中在同一地点。例如,航站楼建在车站上,轨道交通在航站楼正下方纵贯穿越,站台就位于航站楼大厅下方,能够真正实现"立体换乘、无缝衔接"的目标。北京大兴机场是目前中国规模最大的空地一体化综合交通枢纽。下面通过案例来了解一下大兴机场空地一体化的交通系统。

【案例】

北京大兴机场空地一体化综合交通枢纽

　　北京大兴机场位于北京市大兴区榆垡镇、礼贤镇和河北省廊坊市广阳区之间。与北京市天安门的直线距离约为 46 km,与首都国际机场的距离约为 67 km,与天津滨海机场的距离约为 85 km,与石家庄正定机场距离约为 197 km,与河北雄安新区距离约为 55 km,与北京城市副中心距离约为 54 km,位于北京南中轴线、雄安和北京城市副中心连线的交叉点。

　　大兴机场定位为"世界级航空枢纽,国家发展新动力源",是落实民航强国战略、服务国家交通强国建设的具体体现,同时肩负着服务雄安新区、京津冀协同发展等国家战略的任务。大兴机场与首都机场相对独立运营,形成适度竞争、优势互补的格局。随着大兴机场的顺利投运,未来将逐步发展成为"国际航空枢纽建设运营新标杆、世界一流便捷高效新国门、京津冀协同发展新引擎"。

　　大兴机场采用滚动发展、分期建设的可持续发展模式,根据大兴机场总体规划,本期以 2025 年为目标年,建设"三纵一横"4 条跑道、70 万 m^2 的航站楼(预留卫星厅)等设施,用地面积 27 km^2,能够满足每年 7 200 万人次旅客吞吐量、200 万 t 货邮吞吐量、62 万架次飞机起降量的需求。远期规划用地面积 45 km^2,满足每年 1 亿人次以上旅客吞吐量、400 万 t 货邮吞吐量、88 万架次飞机起降的需求。

　　大兴机场建设时就规划了"五纵两横"综合交通体系,指的是大兴机场外围集高铁、轨道交通、高速公路等众多交通方式为一体的综合交通路网体系。其中,五纵包括"京开高速、京台高速、大兴机场高速、大兴机场线、京雄城际",两横包括"大兴机场北线高速、廊涿城际轨道联络线"。大兴机场轨道专线能够直达北京中心区域,并且和城市轨道交通网络多点衔接,实现"一次换乘、一站式服务"。

　　通过以上 7 条线路的规划建设,构建了大兴机场外围四通八达的交通网络,最终多种交通方式汇集于大兴机场航站楼下,通过航站楼车道边、停车楼、轨道车站等配套设施的建设,将航空、城轨、铁路、地面交通等多种交通方式集于一体。大兴机场综合交通枢纽将多种交通方式汇集于航站楼前,航站楼、停车楼、轨道、车道边及配套服务设施等各系统有机衔接,在约 500 m 宽、100 m 进深的范围内,航空旅客可以与其他交通工具换乘,实现了"无缝衔接"。多种类型的轨道交通从航站楼下穿越并设站,其中大兴机场快线、京雄城际、廊涿城际轨道联络线本期与大兴机场航站楼同步建成并投入使用,乘坐轨道交通到达航站楼的旅客能通过轨道站厅内的大容量扶梯,直接到达航站楼出港大厅,16 条轨道的贯穿实现飞机、高铁、快轨、高速公路等多交通方式的"零距离换乘"。

这种以机场本身作为交通枢纽建设的核心,打造融合高铁、城际轨交、机场快线、高速公路等多种交通设施的立体交通网络是空地一体化交通的物理环境构建。

二、空海一体化交通枢纽

水路交通运输作为一些沿海城市和国家的地理优势,也是当地居民一种出行的重要方式,一些水上机场更是需要水路运输的接驳来完成地海运输的交接实现一体化交通。因此,沿海机场可以在空地一体化的基础上增加水路运输接口,形成独特的一体化交通枢纽。

 【案例】

香港国际机场海天码头

香港位于祖国大陆南部、珠江口以东,西与澳门隔海相望,北与深圳相邻,南临珠海万山群岛,区域范围包括香港岛、九龙、新界和周围262个岛屿。因此,香港从地理位置上就有着得天独厚的水路运输优势。

香港国际机场位于香港特别行政区新界大屿山赤鱲角,距香港市区34 km,为4F级民用国际机场,世界最繁忙的航空港之一,全球超过100家航空公司在此运营,客运量位居全球第5位,货运量连续18年全球第1位。

受惠于港珠澳大桥开通,坐落在大屿山的香港国际机场成为连通世界和粤港澳大湾区的门户,对大湾区以至整个国家均具有重要战略功能。国家支持香港巩固和提升国际航运中心的地位,香港则将继续支持大湾区邻近机场优势互补,扩大大湾区境内外的航空网络,积极推动多式联运。香港机场管理局正积极推进香港国际机场多式联运中转客运大楼项目。中转大楼的启用,将为经港珠澳大桥往来香港国际机场和澳门、珠海口岸的中转旅客提供双向陆空转乘接驳巴士服务,让中转旅客无须办理香港入境手续,陆空转乘更加便捷。

其中海天客运码头为空海联运提供了很好的参考,节省了旅客中转时间,提高出行便捷度。海天客运码头附属于香港国际机场的跨境渡轮码头,位于机场的东北面,由香港国际机场码头服务有限公司营运,此公司是由珠江船务企业(集团)有限公司及信德中旅国际物流投资有限公司组成的。来自珠江三角洲其他城市及澳门的旅客,经此码头乘搭香港国际机场的航班,无须办理香港的入境手续,可以立即进入机场的管制区域,搭乘航班抵达时也可转搭渡轮离港。码头的前身是赤鱲角码头,为境内码头,提供来往屯门、大澳及沙螺湾的渡轮;码头于2003年开始改作境外服务,原有的渡轮服务则移往东涌新发展码头。海天客运码头由两家公司开设了六条航线。

香港国际机场的海天客运码头提供的快船服务连接了大湾区9个口岸,为中转旅客提供快船服务,方便区内旅客经香港国际机场往来全球超过200个航点,同时为机场、航空公司、船运公司创造了三赢的合作模式。

三、空地联运产品

空地一体化的交通系统除了在物理空间上为出行旅客搭建了一张"看得见的交通网"，还需要有实际可落地性、可操作性的产品来支持。不然，政府和机场花费了大量建设资金投建的交通枢纽中心会变成一个"摆设"，无法起到真正的服务作用。如何让旅客实现航空与铁路、公路一票联购一次办理一步到位的一体化联运产品的落地实践才是旅客最需要的一体化交通带来的便捷，也是机场和航空公司需要花更多精力的地方。

所以，高阶的空地一体化交通系统还要在"看不见的网"上下功夫，打破不同运输方式原有的一些销售系统、现场服务流程的壁垒，让旅客只需一步就可以完成所有购票操作，精简办理流程，如此才能形成硬件和软件相结合的一通到底。

 【案例】

××航空海天一票通产品

以××航空的海天一票通为例，一票包含船票和机票。在码头一站式办理值机手续，行李直挂最终目的地。由大湾区十大码头轻松抵达香港国际机场，无缝衔接该航空公司的航班，飞往世界各地。

旅客选择××航空的海天一票通产品，只需一键操作就完成了船票和机票的连票购买，其托运行李在码头就可以完成值机托运直挂旅客最终目的地，让旅客解放双手轻松畅行。同时该产品已免除了香港离境税，旅客无须额外办理退税，节省了旅客出行预留时间。该产品的快船接驳覆盖了大湾区的十大码头，购买产品的旅客在码头一次性办理值机手续并领取船票，最快30分钟可以从码头直达香港国际机场，无须再转换其他地面交通方式。当旅客到达后，无须再次办理香港入境手续，可以直接从专用通道直达航班登机区。

图7-1所示为海天一票通海空接驳流程。

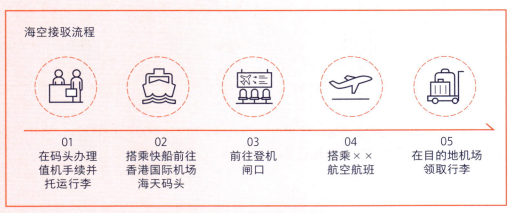

图7-1　海天一票通海空接驳流程

图 7-2 所示为海天一票通空海接驳流程。

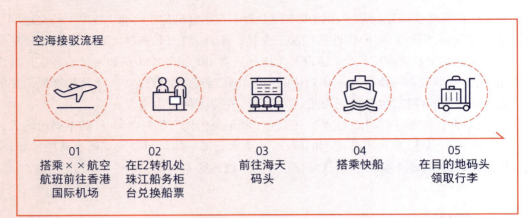

图 7-2　海天一票通空海接驳流程

表 7-2 所示为海天一票通覆盖码头及航程时间表。

表 7-2　海天一票通覆盖码头及航程时间表

城市	出发码头	预计航程
深圳	蛇口邮轮母港	30 分钟
	深圳机场码头	50 分钟
广州	琶洲港澳客运码头	120 分钟
	南沙客运港	70 分钟
	番禺莲花山港	100 分钟
东莞	虎门港澳客运码头	90 分钟
中山	中山港	70 分钟
珠海	珠海九洲港	70 分钟
澳门	氹仔客运码头	65 分钟
	外港客运码头	70 分钟

　　除了海天一票通这样的空地一体化服务产品,对于内陆城市的旅客而言,同样可以实现,如航空公司推出的一些空地联运产品。

【案例】

中国南方航空空地联运产品

南方航空推出的空地联运产品有珠三角跨城接送机服务和空巴联运服务。

一、珠三角跨城接机服务

1. 产品内容

一票联程空地联运产品,包含广州始发/到达中国港澳台地区/国际航班行程,以及珠三角地区与白云机场之间的门对门接送服务。

2. 服务范围

覆盖深圳、珠海、佛山、东莞、江门、中山,包含市辖区和所辖的市、县。

3. 服务车型

豪华轿车:奔驰 C/S/E 系、宝马 5 系、奥迪 A6L、雷克萨斯任一款或以上级别。

舒适轿车:雅阁、帕萨特、迈腾、天籁、君越、凯美瑞等任一款或以上级别。

4. 服务标准

一票一车,不与其他旅客拼车,可携带随行人员,以车型可载人数为限,多人同行的情况下只安排一个上下车点。

5. 接送安排

发车地点和时刻将由地面运输服务商与您联系,请务必保证您所留的电话号码能联系到旅客本人,否则视同放弃接送机服务。

6. 预定方式

在航班查询页面直接输入始发城市(如东莞)和目的地城市(如洛杉矶),即可选择地面行程和航空行程。

7. 适用旅客

除免票、里程兑换客票、无人陪伴儿童、无陪老人客票之外的散客。

8. 适用航班

仅限南航实际承运的中国港澳台地区/国际航班,不包含代码共享航班。

9. 销售时限

请确保在航班起飞前不少于 12 小时进行预订,否则接送机服务不保证提供。

10. 使用流程

(1) 购买产品后,服务商将根据预留的手机号实时发送接送机服务成功预订短信,旅客可根据短信提示填写乘车时间、地点。

(2) 航班出发前 48 小时,旅客如果未填写乘车时间、地点,服务商将再次向旅客发送提示短信,对起飞前 48 小时以内购票的旅客将实时发送提示短信。

(3) 旅客未在规定时限内回复或回复有误,服务商客服人员将致电旅客确认准确的乘车时间、地点。

（4）在票面信息不变更的情况下,旅客如需变更乘车时间、地点,可在航班起飞10小时之前联系服务商;票面信息如发生变更,服务商将重新联系旅客确定乘车时间、地点。

（5）服务商安排车辆及司机后向旅客发送派车短信,包括司机联系电话、车牌号码等。

（6）旅客乘车后,车辆将直达目的地,中途不停靠;旅客如需中止行程,可与地面服务商协商并选择中途安全点下车,本趟次接送服务视为已完成。

11. 退改签规定

按南航现行客规执行;航空段如果签转,地面段运输服务将不再提供。

12. 免责条款

地面运输过程中有关法律责任由实际承运方承担,旅客所有被盗抢、意外伤害、行李丢失等责任均与南航无关。

13. 其他

地面运输段不能累积常旅客里程,也不能用里程兑换地面运输段。

二、空巴联运

1. 产品内容

一票联程空地联运产品,包含广州始发港澳台/国际航班行程,以及珠三角地区三地（中山、江门、顺德）候机楼至广州白云机场的机场大巴运输服务（不含反向）。

2. 预定方式

在航班查询页面直接填入始发城市（如中山）和目的地城市（如洛杉矶）,即可选择地面行程和航空行程。

3. 乘车须知

旅客需凭有效证件在各地乘车点柜台办理乘车手续;珠三角地区座位不设预留,旅客需在乘车点确认车次及时刻;地面运输段与航空段必须按订票顺序使用,跳程使用无效。

4. 适用旅客

除免票、里程兑换客票之外的散客。

5. 适用航班

仅限南航实际承运的港澳台/国际航班,不包含代码共享航班。

6. 退改签规定

按南航现行客规执行;航空段如果签转,地面段运输服务将不再提供。

7. 免责条款

地面运输过程中有关法律责任由实际承运方承担,旅客所有被盗抢、意外伤害、行李丢失等责任均与南航无关。由于旅客自身预留时间不足、实际承运方问题或其他不可抗力原因导致旅客不能正常乘坐后续的南航航班,属于南航免责范围。

8. 其他

地面运输段不能累积常旅客里程,也不能用里程兑换地面运输段。

因为空中产品的服务是由航空公司对外进行销售的,机场本身无法提供,但这并不意味着机场无法参与到空地产品的开发和服务中,由于空地服务最终的实现场地有一部分还是需要在机场完成的。而且产品当中涉及的精简流程没有机场方的参与合作也是无法实现的。所以想要做好空地联运的产品,机场与航空公司需要协同合作,打破彼此之间的一些行政管理壁垒,为旅客的出行带来更多的便利,真正实现空地一体化的交通出行方式,无论在物理硬件环境方面还是软件服务支撑方面,真正做到一体化,一步到位。

第三节 货邮多式联运服务

机场除了旅客运输,还有一块业务无论从其所带来的经济效益还是本身对于国家发展的重要性而言,都是不容忽视的重要组成部分,那就是货邮运输,且货邮吞吐量也是衡量机场生产能力的指标之一。

机场不仅是旅客枢纽中心,还可以是某地区或国家的货物枢纽中心。机场的货运中心想要吸引更多的客户,如果该地区能够提供多式联运的服务,那么自然而然会形成马太效应,聚集更多的货邮资源。马太效应,一种强者越强、弱者越弱的现象,广泛应用于社会心理学、教育、金融以及科学领域。多式联运是指由两种及其以上的交通工具相互衔接,转运而共同完成的运输过程统称为复合运输或者多式联运。《联合国国际货物多式联运公约》对国际多式联运所下的定义是:按照国际多式联运合同,以至少两种不同的运输方式,由多式联运经营人把货物从一国境内接管地点运至另一国境内指定交付地点的货物运输。

货物运输的主要方式是陆、海、空、铁4种,每种方式都有自己的优缺点。海路运输具有货量大,运输成本低的优点。公路运输则具有机动灵活,便于实现货物门到门运输的特点。铁路运输的主要优点是不受气候影响,可深入内陆和横贯内陆实现货物长距离的准时运输。而航空运输的主要优点是可实现货物的快速运输。由于国际多式联运严格规定必须采用两种和两种以上的运输方式进行联运,因此这种运输组织形式可综合利用各种运输方式的优点,充分体现社会化大生产大交通的特点。

一、空陆联运

航空运输与公路运输是发展比较成熟的一种货邮联运形式,根据中华人民共和国交通运输部出台的《空陆联运集装货物转运操作规范》的行业标准,将空陆联运定义为采用航空和公路两种运输方式完成的多式联运,包括陆运转航空和航空转陆运两种形式。

航空运输的“最后一公里”问题是需要依赖公路运输来完成的,我国目前大型航空货运枢纽中心如上海浦东机场和北京首都机场,货物从市区运送到机场再由机场发送到货主手中,主要方式都是通过物流公司的卡车公路运输来完成。

同客运一体化交通一样,空陆多式联运想要得到更好的发展,除了硬件,软件方面同样起着重要作用。货物是一次打包安检还是多次安检、是否可以一次申报、如果出现问题以哪个运输方式的行业标准及规定来裁定等。

传统的操作方式是货物即使在市区进行了安检装箱,到达机场货站后还需要再进行安检而无法直接运到机坪装机,这样其实增加了运输时间,减少了空陆联运的优势。为了解决这个问题,香港国际机场和深圳宝安机场推出了"深港陆空联运"的空陆一体化联运产品。货主的货物只需要在深圳进行一次性的订舱、打板、装箱、安检等操作,通过有全程安全监管追踪溯源设备技术的卡车运输到香港国际机场后无须再次安检直接装机,减少了在机场货站入库的时间,节约了运行成本,提高了深港两地的货运枢纽竞争力。

二、空海联运

空海联运指的是通过航空与海路两种方式进行货物的中转和运输。常见的运输方式由船运至国际中转港口,再通过卡车运输到港口邻近的机场后空运至最终目的地。

空海陆联运适用于本身有港口优势的国家和地区,海陆运输量大,运输成本低,正好可以和航空运输的时效性相互取长补短。原来采用全海陆单一运输的货物通过空海陆联运可以缩短近一半的运输时间。特别是对于一些没有时效性要求的大批量货物的运输,可以采用空海陆联运的方式先通过海运的方式运输保管到仓库,等货主需要的时候再通过陆空运输将货物运送至最终目的地。

 【案例】

香港—东莞国际空港中心,助力空海联运

为了进一步为大湾区提供优质便捷的货运服务,香港机场管理局(以下简称"机管局")将在东莞设立上游"香港国际机场物流园",以及在香港国际机场设立"空侧海空联运货运码头",让内地出口货物可在预先完成安检后无缝运达,再利用香港的国际航空网络,无须重复安检程序直接转运到世界各地。国际空运货物也可套用上述相反路线进口内地。

香港国际机场物流园暨空侧空海联运码头项目首创跨关境安检前置,将香港国际机场货运站的出口集拼、安检、打板,以及进口入区理货、拆板等业务转移至东莞港综合保税区,是全球首个直达空侧的海空联运模式。该项目不仅实现了香港国际机场相关功能和服务延伸到东莞一线,让东莞乃至整个珠三角地区享受国际机场的便利,还扩大了香港国际机场服务范围,强化香港国际机场作为大湾区国际航空枢纽的地位,带动大湾区货物国际通达性的整体提升。

三、空铁联运

空铁联运是航空运输与铁路运输联合的一种货物运输方式,目前在我国处于尝试合作阶段。因铁路运输在中国具有绝对的优势,在中国的交通运输体系中处于骨干的地位。中国是世界上的铁路运输强国,截至2022年年底,全国铁路营业里程突破15.5万 km。其中高铁超过4.2万 km,位居世界第一。到2035年,全国铁路网运营里程将达到20万 km,其中高铁将达到7万 km。空铁联运是综合立体交通网络化的重要组成部分,也是国家双循

环经济发展战略的组成部分,《国家综合立体交通网规划纲要》中明确了综合立体交通网的建设目标,而核心之一是空铁联运。

为此中国民用航空局与中国铁路总公司签署推进空铁联运战略合作协议,双方将在完善空铁联运基础设施、创新空铁联运产品、提升空铁联运服务、扩大空铁联运信息共享、推动空铁联运示范工程5个方面展开合作,促进综合运输服务一体化发展。民航与铁路签署战略合作协议,对于建设综合交通运输体系,更好地服务国家战略具有十分重要的意义,中国的空铁联程运输也将进入新阶段。

 【案例】

中国(四川)自贸试验区创新货运物流"一单制空铁联运"

中铁成都局集团牵头,会同川航、中铁快运,根据"航空＋航班"流程特点,制定"空铁联运"运输办理条件、作业流程等试运规定,系统设计"一次委托、一口报价、一单到底、一票结算"的"一单制"单证,即"空铁联运单"。客户与空铁联运承运人签订运协议并填写"空铁联运单",根据运单约定及时完成货物空铁联运运输,并同步进行"一单制"的内部后台清算。客户无须再联系或接洽承运商,享受全程便捷化物流服务。

实现"班机＋班列"的顺利衔接与联运。该多式联运充分利用铁路高铁车次和航空航班班次较多的特点,对照高铁车次表和航空班次表,锁定试运线路的接驳车次和班次时刻,并对接驳货物目标进行合理划分,拟定适用航班范围。货物到达航空港后,由承运人在规定时间内运至高铁货站,并经高铁班列安检后,装载进入班列车厢启运,从而实现"班机＋班列"货运得及时、准确、便捷的运输衔接。该运行模式一是打破高铁和航空的壁垒,设计了国内首张统一格式的空铁联运单,建立了航空和高铁两大承运人间的货物联运合作的新模式;二是初步建立了"航空＋高铁"联运运单、流程、办理条件等试运标准;三是减少转运中间环节,优化物流服务流程。通过"一次结算、一票到底、一箱到底",实现了全程便捷化服务。

下一步的工作在推动安检互认和大运输行业标准制定,打破不同运输主体安检壁垒。安检作业标准、货物受理条件等标准在各种运输模式中均不相同。一是积极探索航空和高铁安检互认方式,考虑近期采取互认安检的货物清单模式,远期共同商议形成统一安检标准,从而节省货物转运时间,提高运输效率。二是要继续深化"一单制"空铁联运试点。加强成都局集团与西安局集团合作,充分整合各方运输资源,有效完善以航空货站、高铁货站为核心的多式联运枢纽构建模式和作业流程,为规划中的成都天府机场提供实践指导。三是探索开发更多"一单制"空铁联运产品。进一步提高"一单制"空铁联运产品时效性和性价比,充分利用铁路动检车运载能力,同时发挥川航网络货物集散能力,吸引全国乃至全球范围内的货源,开发时效性好、性价比高的"空铁联运"产品。

"十四五"航空物流发展专项规划中指出目前我国存在的问题有主体服务能力仍不强、基础保障能力不足、数字化水平不高、营商环境有待改善这几大问题。其中,就涉及多式联运相关标准等建立的问题。货邮多式联运的痛点不在基础设施的建设,而是每种交通运输方式本身都有自己的法律法规,采用的运输设备标准、安检标准、通关手续等又各不相同。而且没有统一的运控监管平台,各个节点的信息无法共享,其次通关手续与流程也是多式联运中的一个盲点和痛点。如何对多式联运的货物进行监管、单据处理等都有待多部门之间进一步探索与改进创新。未来希望实现打造全链条航空物流业的目标,实现一体式物流,将国内航空物流与铁路、公路等运输方式便捷衔接,推进空铁、公空等联运模式真正落实,实现货运间的无缝衔接。

本 章 总 结

所有的多式联运实际上都会涉及公路运输,所以公路运输管理部门对一体化的交通建设起着关键作用。一体化的交通系统是我国建设交通强国的趋势,要建设中国的综合交通立体网,这张网不仅指交通枢纽基础设施建设,还指看不见的"网"的建设和发展,这张看不见的网包括统一监督平台、统一标准、统一单证、统一流程、数据信息共享等非物理环境的搭建。只有两网相互结合,才能真正实现一票通行、一码通用的一体化交通体系。

思 考 题

1. 国家建设综合立体交通网的目标是什么?
2. 国家综合立体交通网的最终受益者是谁?
3. 航空运输可以和哪些交通运输方式进行联运?
4. 货邮多式联运目前的短板有哪些?
5. 机场一体化的交通可以有哪些方面的改进?

第八章 民用机场应急救援管理

本章介绍民用机场应急救援管理的相关基础知识，主要内容包括民航突发事件的概念和分类分级、民航应急管理的概念以及我国民用机场应急救援管理体制概述；同时重点介绍航空器应急救援处置程序和机场应急救援预案编制原则。

🛩 学习目标

- ● 知识目标

  1. 了解公共突发事件的概念。

  2. 掌握民用机场突发事件的分类分级规定。

  3. 了解应急管理的概念。

  4. 掌握航空器突发事件应急救援相应等级规定。

  5. 了解机场应急救援指挥体系总体架构。

  6. 了解航空器应急救援处置程序。

  7. 了解机场应急救援演练的主要目的。

- ● 能力目标

  1. 具有机场突发事件应急处理的能力。

  2. 能够了解机场应急救援指挥体系构成。

  3. 能够熟悉机场应急救援演练程序。

- ● 素养目标

  培养学生具有民航安全生产责任意识和危机处理意识。

第一节　民用机场突发事件与民航应急管理

一、民用机场突发事件

（一）突发事件

突发事件是"公共突发事件"的简称，与英文中的 emergency 或 public emergency 一词相对应。根据联合国人道主义事务部的定义，突发事件是指突然发生，往往不能预见，需要迅速采取措施减少不利影响的事件。突发事件能直接给公众生命、健康、财产及环境带来现实危险，通常需要采取应急管理措施来干预，所以突发事件和应急管理是一对孪生概念。

2007 年，我国颁布实施了《中华人民共和国突发事件应对法》（以下简称《突发事件应对法》），这部法律的颁布和实施是我国应急管理及应急法制建设的一个重要里程碑。作为一部规范应对各类突发事件共同行为的重要法律，《突发事件应对法》首先以法律条文的形式对"突发事件"给出了明确的定义，其第三条第一款将突发事件定义为："突然发生，造成或者可能造成严重社会危害，需要采取应急处置措施予以应对的自然灾害、事故灾难、公共卫生事件和社会安全事件"。自此以后，"突发事件"作为我国应急管理领域统一规范的用语被更加广泛地使用。

（二）机场突发事件

《民用运输机场突发事件应急救援管理规则（CCAR-139-Ⅱ—R1）》（以下简称《规则》）是机场突发事件分类分级的权威文件，其第三条中规定"本规则所指民用运输机场突发事件（以下简称突发事件）是指在机场及其邻近区域内，航空器或者机场设施发生或者可能发生的严重损坏以及其他导致或者可能导致人员伤亡和财产严重损失的情况"。

在《机场应急管理与应急救援》一书中，作者认为机场突发事件是指突然发生的，危及或者可能危及航空器或机场安全，造成或可能造成机场运行效率丧失或下降、人员伤病亡、财产损失，严重影响机场声誉以及严重危害社会，需要立即采取措施予以应对的事件。通过这个定义，可以把机场突发事件涉及范围，从整体上划分为涉及民航的领域（或称为民航领域）和不涉及民航的领域（或称为公共领域）；相对应地，机场突发事件也可以从整体上分解为民航领域的机场突发事件。

民航领域的机场突发事件是指对航空安全、运行或服务等民航活动产生直接影响的各类事件或情况，例如，航空器失事、航站楼爆炸、航班大面积延误、台风、重大传染病疫情等。公共领域的机场突发事件是指造成或可能造成机场人员伤病亡、财产损失、声誉受损等，但不对航空安全、运行、服务等民航活动产生直接影响的各类事件或情况。例如，基建工地人员高坠、部分区域的公共场所失火、工作人员食物中毒、部分网络安全事件等。

广义的机场突发事件范围既包括民航领域也包括公共领域，狭义的机场突发事件范围仅包括机场突发事件范围即仅包括民航领域的各类事件。在本章节之后内容中，如果无特别指出，"机场突发事件"均为狭义范围，即民航领域的机场突发事件。

（三）机场突发事件的分类分级

大多数机场均直接使用《规则》中关于机场突发事件的定义和分类,其第七条规定如下。

机场突发事件包括航空器突发事件和非航空器突发事件。

航空器突发事件包括以下几种。

（1）航空器失事。

（2）航空器空中遇险,包括故障、遭遇危险天气、危险品泄露等。

（3）航空器受到非法干扰,包括劫持、爆炸物威胁等。

（4）航空器与航空器地面相撞或障碍物相撞,导致人员伤亡或燃油泄漏等。

（5）航空器跑道事件,包括跑道外接地、冲出、偏出跑道。

（6）航空器火警。

（7）涉及航空器的其他突发事件。

非航空器突发事件包括以下几种。

（1）对机场设施的爆炸物威胁。

（2）机场设施失火。

（3）机场危险化学品泄漏。

（4）自然灾害。

（5）医学突发事件。

（6）不涉及航空器的其他突发事件。

目前,各机场一般都以此为基准,结合自身运行实际,形成各自的突发事件分类方案。

二、民航应急管理

（一）应急管理的概念

应急管理（Emergency Management,ER）作为突发事件的孪生概念已广泛地使用于公共管理领域。

关于应急管理最简单的定义是,应急管理是处置和规避风险的学科,它涉及突发事件（风险）的预防与应急准备、监测与预警、应急处置与救援、事后恢复重建等各个阶段。美国在"卡特琳娜飓风"后颁布实施的《后"卡特琳娜飓风"应急管理改革法》将应急管理定义为:"应急管理是政府的职能,该职能是协调、整合所有必要的资源,建立、维持和提高应对各种自然灾害、恐怖袭击或其他人为灾害的能力,以便有效防范、应对各种突发事件,缓解或消除其带来的不利影响。"联合国国际减灾战略提供的《UNISDR 减轻灾害风险术语（2009 年版）》对应急管理的定义是:"对资源和责任的组织与管理,针对突发事件的各个方面,特别是备灾、响应及早期恢复阶段。"

一般认为应急管理有广义和狭义之分。广义的应急管理是指为了应对突发事件,国家和政府在突发事件的各个阶段中,针对每一阶段的特征实行全主体、全威胁要素和全过程的全方位动态管理活动。而狭义的应急管理则是仅指在突发事件的应急响应阶段的动态管理活动。通常所指的应急管理是广义的应急管理,它贯穿于突发事件的各个阶段,是对突发事件进行全方位、全过程的动态管理活动。

（二）民航应急管理

《中国民用航空应急管理规定（CCAR-397）》（本章以下简称《应急管理规定》）第一章第二条中规定，"中国民用航空局、民航地区管理局和企事业单位为履行以下责任和义务而开展的预防与应急准备、预测与预警、应急处置、善后处理等民航应急工作遵守本规定"。

《民用运输机场突发事件应急救援管理规则（CCAR-139-Ⅱ-R1）》（本章以下简称《规则》）第三条中规定，"民用运输机场突发事件是指在机场及其邻近区域内，航空器或者机场设施发生或者可能发生的严重损坏以及其他导致或者可能导致人员伤亡和财产严重损失的情况"。

民航应急管理是指民航各单位在相关法律法规的指导下，针对民航突发事件开展的预防与应急准备、监测与预警、应急处置与救援、事后恢复与重建等活动。其中，民航各单位包括民航管理部门、航空公司、机场、空管、航油、航空器制造及维修企业等。

（三）航空器突发事件应急救援响应等级

《规则》中第八条规定，航空器突发事件的应急救援响应等级分为以下几级。

（1）原地待命：航空器空中发生故障等突发事件，但该故障仅对航空器安全着陆造成困难，各救援单位应当做好紧急出动的准备。

（2）集结待命：航空器在空中出现故障等紧急情况，随时有可能发生航空器坠毁、爆炸、起火、严重损坏，或者航空器受到非法干扰等紧急情况，各救援单位应当按照指令在指定地点集结。

（3）紧急出动：已发生航空器失事、爆炸、起火、严重损坏等情况，各救援单位应当按照指令立即出动，以最快速度赶赴事故现场。

《规则》中第九条规定："非航空器突发事件的应急救援响应不分等级。发生非航空器突发事件时，按照相应预案实施救援。"

第二节　机场应急救援管理体制

应急管理体制通常是指应急管理机构的组织形式，也就是不同层级应急管理机构各自的法律地位、权利分配关系及组织形式等，是"一案三制"应急管理体系建设中最基础的一项工作。

根据《中华人民共和国突发事件应对法》（以下简称《突发事件应对法》），突发事件应对工作要坚持"属地管理"原则，也就是说，在地方政府辖区发生的任何突发事件，地方政府是最终的处置主体。《规则》中也明确规定了："机场应急救援工作应当接受机场所在地人民政府的领导"。因此，按照法规要求，机场应急救援工作是机场所在县级及以上人民政府（县或区、市或地区、省或自治区、直辖区）应急管理工作的一部分。机场应急救援体制需要与地方政府应急管理体制实现紧密对接。

一、机场应急救援组织机构的顶层设计

《规则》第十条规定："机场管理机构应当在地方人民政府统一领导下成立机场应急救援工作领导小组。

机场应急救援工作领导小组是机场应急救援工作的决策机构,通常应当由地方人民政府、机场管理机构、民航地区管理局或其派出机构、空中交通管理部门、有关航空器营运人和其他驻场单位负责人共同组成。

机场应急救援工作领导小组负责确定机场应急救援工作的总体方针和工作重点、审核机场突发事件应急救援预案及各应急救援成员单位之间的职责、审核确定机场应急救援演练等重要事项,并在机场应急救援过程中,对遇到的重大问题进行决策。"

机场应急救援工作领导小组是机场应急救援工作的最高决策机构,成员范围既包括地方政府、民航管理部门,也包括机场管理机构及驻场单位。

目前,我国机场普遍存在两种"领导小组"组长设置方式。

一是将"领导小组"组长设置为机场主要负责人。这样设置的好处是明确了机场方作为机场管理机构的权限,提高机场在应急救援工作的权威性,切实履行《规则》中"机场管理机构……负责机场应急救援工作的统筹协调和管理"的要求;但是,"领导小组"中还有地方政府、民航管理部门乃至武警的负责人,这实质上已经超出了机场管理机构的职权范围,机场主要负责人也很难协调相关单位的领导,并且也不太符合《规则》中"机场应急救援工作应当接受机场所在地人民政府(以下统称地方人民政府)的领导"的要求。

二是将"领导小组"组长设置为当地政府(一般为市或省一级)的领导,大部分机场均采用这种设置方式。这样的好处是能有效调用地方的资源和力量,体现了地方政府应急救援工作的领导;但是,这样虽然解决了"地方政府"的问题,但又弱化了机场作为"机场管理机构"的综合协调和管理职能,增加了机场履行《规则》中"在地方人民政府领导下、民用航空管理部门指导下,机场管理机构……同时负责发生突发事件时机场应急救援工作的统一指挥。参与应急救援的单位和个人应当服从机场管理机构的统一指挥"的难度。因此,一些机场增设了"机场应急管理委员会",作为统筹管理和协调机场"内部"单位各项应急管理工作的顶层机构,履行机场管理机构在应急管理工作中的职责权限。

在应急救援领域,机场应急管理委员会是机场应急救援工作领导小组在机场"内部"的落实与细化,接受其统一领导;在其他领域,机场应急管理委员会是机场相关工作应急管理环节的最高决策机构,与相关领域的领导机构如运管委、网络安全领导小组、公共卫生领导小组等,是协作关系,仅负责相关领域内与应急活动有关的工作和事项。

机场应急救援指挥体系由各级指挥官及指挥机构组成,负责组织指挥机场各项应急处置工作。指挥官主要包括总指挥、现场总指挥及各单位指挥官;指挥机构主要包括总指挥部、现场指挥部及各单位指挥部门(一般为运控部门)(图8-1)。

总指挥统筹负责总指挥部的工作,向现场总指挥、各单位指挥官下达指令。总指挥部在总指挥的组织下开展工作,向现场指挥部、各单位指挥部门下达指令,负责对接上级指挥机构。

163

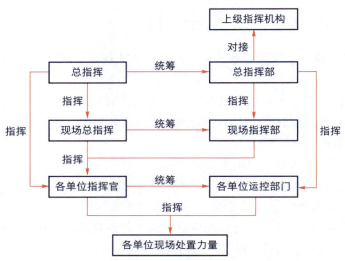

图 8-1　某机场应急救援指挥体系总体架构

现场总指挥对总指挥负责,统筹负责现场指挥部的工作,向各单位指挥官下达指令。现场指挥部在现场总指挥的组织下开展工作,向各单位指挥官下达指令。

各单位指挥官对总指挥、现场总指挥负责,统筹负责本单位只会部门工作,直接指挥本单位现场处置力量开展工作;各单位指挥部门在总指挥部、本单位指挥官的指挥下开展工作,向本单位现场处置力量下达指令。各单位现场处置力量由本单位指挥官、指挥部门直接指挥。原则上,总指挥、现场总指挥、总指挥部、现场指挥部直接向各单位现场处置力量下达指令。

图 8-2 所示为某机场应急救援保障单位构成。

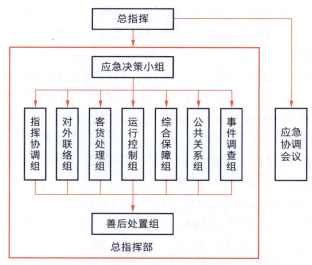

图 8-2　某机场应急救援保障单位构成

二、机场应急救援保障单位的主要职责

（一）机场应急救援工作领导小组 / 机场领导主要职责

（1）确定机场应急救援工作的总体方针和工作重点、审核机场突发事件应急救援预案及各应急救援成员单位之间的职责、审核确定机场应急救援演练等重要事项。

（2）机场应急救援工作领导小组成员，机场股份公司董事长、总经理、分管领导、值班领导根据应急相应等级和职责分工，担任总指挥及现场总指挥，组织成立总指挥部及现场指挥部。

（3）机场公司其他领导协助总指挥、现场总指挥开展工作。

（二）机场应急救援指挥中心 / 机场运行控制中心职责

（1）负责日常应急救援管理工作，包括预案体系建设与编制、应急救援演练的计划与组织实施、各单位应急就晕工作的检查等。

（2）负责突发事件信息的接收、研判和通报，以及机场应急救援综合应急预案的启动和行动指令的发布。

（3）负责确定应急救援集结点、航空器停放位置、社会救援队伍集合区及未受伤人员安置区。

（4）负责收集、汇总、记录突发事件处置的关键信息，跟踪监督应急处置工作的开展情况，为现场总指挥决策提供处置建议。

（5）落实总指挥、现场总指挥的有关指令和决策，协助开展对内、对外的组织协调和指令发布工作。

（6）负责应急救援指挥部的运作，提供视频、音频、网络、办公以及后勤保障等服务保障工作。

（7）负责手机并提供机场受突发事件影响需关闭区域的相关航行通告的原始资料。

（8）负责应急救援工作结束后的总结分析，组织开展后续改进工作，向有关上级部门报送总结材料。

（9）机场值班领导根据相应等级，担任前期现场总指挥或现场总指挥。

其他应急救援保障单位主要包括机场空中交通管理部门、机场消防部门、机场医疗救护部门、航空器营运人或其代理人、机场地面保障部门、机场公安部门、机场安全生产管理机构和海关、检疫单位等其他主场单位。

第三节　航空器应急救援处置程序

本节将重点介绍应急救援处置流程和机制，主要针对航空器应急救援活动。

一、应急救援处置时序及阶段

根据处置时序和应急指挥体系建立情况，应急救援处置分为事发处置、事中处置和后

期处置 3 个阶段。

（1）事发处置阶段是指从事件发生到指挥体系搭建完成的时段，各应急救援保障单位根据各自职责和预案，自主、快速、有序地展开先期处置工作。

（2）事中处置阶段是指从指挥体系搭建完成至响应终止的时段，各应急救援保障单位在总指挥和现场总指挥的统筹指挥下，开展应急处置工作。事中处置阶段根据处置场所，分为总指挥部、处置现场以及联动现场 3 个场景。其中，航空器应急救援的处置现场一般指飞行区，联动现场一般是指航站楼和综合区 / 办公区。

（3）后期处置阶段是指从响应终止至后期处置工作完成的时段，各应急救援保障单位根据总指挥或现场总指挥额指令，完成各自负责的后期处置活动。

二、事发处置阶段的处置流程

（一）信息处置

按照相关规章内容的要求和规范，航空器应急救援信息处置工作应包括信息接收、信息研判、信息报告 3 项活动，并于先期处置、响应启动工作并行展开，贯穿整个处置活动。

（二）先期处置

按照相关规章内容的要求和规范，机场各应急救援保障单位应当在航空器突发事件发生后，根据各自职责和预案，自主、快速、有序地开展各项先期处置活动，对事件进行早期的控制与处置。

机场先期处置工作应包括发布行动指令、实施行动指令和开展先期处置措施 3 项活动，并与信息处置、响应启动工作并行展开。

（三）响应启动

按照相关规章内容的要求和规范，机场在实施先期处置的同时，需启动相应的机场应急响应等级，以有效调用机场整体力量和资源支持应急救援活动。

机场响应启动工作应包括发布响应等级、实施分级响应和设立指挥机构 3 项活动，并与信息处置、先期处置工作并行展开。

三、事中处置阶段的处置流程

根据处置活动开展地点的不同，事中处置阶段的活动分别归类于总指挥部、处置现场以及联动现场 3 个场景。

（一）总指挥部

总指挥原则上在总指挥部开展指挥活动，无须前往事件现场；若需前往事件现

场的，应授权相关人员负责总指挥部的运作。组成总指挥部的工作组及应急救援保障单位的领导，不得随意离开总指挥部，因工作需要前往事件现场的，应经总指挥批准后前往。各专项工作组或各单位在牵头领导或单位的组织下，根据总指挥、决策小组的指示，开展以下应急工作。

（1）开展应急组织指挥工作。

（2）监控事件动态，收集事件信息。

（3）建立外部协调联络机制。

（4）部署应急救援活动。

（5）部署客货处置工作。

（6）部署机场运行调整工作。

（7）信息发布与媒体沟通。

（8）部署综合保障工作。

（9）部署事故／事件调查工作。

（10）部署后期处置工作。

（二）处置现场（现场指挥部）

航空器突发事件发生在飞行区内的，各应急救援保障单位在现场总指挥的组织指挥下，根据突发事件的具体情况，有序开展现场应急救援保障工作，包括空中阶段和地面阶段。

（三）联动现场

航空器应急救援活动的联动现场主要是航站楼和综合区／公共区，相关区域的应急救援保障单位在总指挥和区域管理部门的组织指挥下，根据突发事件具体情况，有序开展处置工作。

四、后期处置阶段处置流程

现场处置工作结束后，各单位在总指挥、现场总指挥的统筹指挥下，按照本单位应急处置职责和处置工作需求，完成以下全部或部分后期处置活动。

（一）响应终止

当满足以下条件时，可以终止响应行动。

（1）现场救援工作结束或航空器遇险状态解除。

（2）上网人员已经得到有效救助与管理。

（3）现场已经得到清理或移交航空器营运人／代理人接收。

（4）机场运行正在恢复。

（二）后期处置

总指挥／现场总指挥在发布响应终止指令时，需部署落实以下全部或部分后期处置活动。

（1）信息报送。

（2）运行恢复。

（3）抢修恢复。

（4）善后处置。

（5）危机公关。

（6）事件调查。

（7）总结评估。

第四节　机场应急救援预案体系建设

一、机场应急救援预案体系构成

根据当前我国唯一一份关于应急预案编制的国家标准——《生产经营单位生产安全事故应急预案编制导则（GB/T 29639—2020）》（以下简称《编制导则》），应急预案是指针对可能发生的事故，为最大程度减少事故损害而预先制订的应急准备工作方案。

应急预案的体系建设与编制是"一案三制"应急管理体系建设的龙头和枢纽，是应急管理法制、体制和机制的集中体现，是应急管理日常工作中最核心、最关键、最重要的一项活动。

根据《民航应急预案管理办法》（以下简称《预案管理办法》）和《编制导则》，生产经营单位应急预案分为综合应急预案、专项应急预案和现场处置方案。其中，综合应急预案是指生产经营单位为应对各种生产安全事故而制订的综合性工作方案，是本单位应对生产安全事故的总体工作程序、措施和应急预案体系的总纲；专项应急预案是指生产经营单位为应对某一种或者多种类型生产安全事故，或者针对重要生产设施、重大危险源、重大活动防止生产安全事故而制订的专项性工作方案；现场处置方案是指针对具体场所、装置或设施，根据不同生产安全事故类型所制定的应急处置措施。

此外，《预案管理办法》中还规定生产经营单位应当在编制应急预案的基础上，针对工作场所、岗位的特点，编制简明、实用、有效的应急处置卡。机场应急救援预案作为典型的生产经营单位生产安全事故应急预案，应当按照《预案管理办法》和《编制导则》的要求，搭建起"综合应急预案—专项应急预案—现场处置方案—应急处置卡"的预案体系框架。

图8-3所示为机场层面的应急救援预案体系。

二、机场应急救援预案编制

（一）编制程序

《编制导则》中详细阐述了应急预案的编制程序，以下是相关内容的节选。

4.　应急预案编制程序

4.1　概述

生产经营单位应急预案编制程序包括成立应急预案编制工作组、资料收集、风险评估、应急资源调查、应急预案编制、桌面推演、应急预案评审和批准实施8个步骤。

4.2　成立应急预案编制工作组

结合本单位职能和分工，成立以单位有关负责人为组长，单位相关部门人员（如生产、技术、设备、安全、行政、人事、财务人员）参加的应急预案编制工作组，明确工作职责和任务分工，制订工作计划，组织开展应急预案编制工作，预案编制工作组中应邀请相关救援队伍以及周边相关企业、单位或社区代表参加。

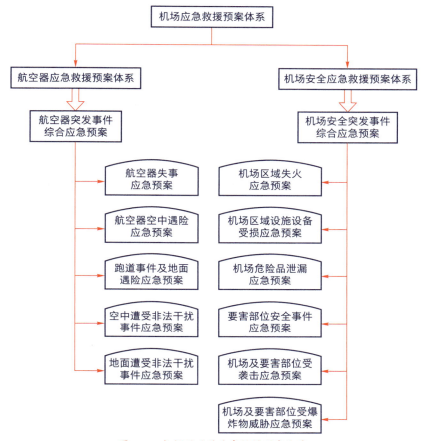

图 8-3　机场层面的应急救援预案体系

4.3　资料收集

应急预案编制工作组应收集下列相关资料：

a）适用的法律法规、部门规章、地方性法规和政府规章、技术标准及规范性文件；

b）企业周边地质、地形、环境情况及气象、水文、交通资料；

c）企业现场功能区划分、建（构）筑物平面布置及安全距离资料；

d）企业工艺流程、工艺参数、作业条件、设备装置及风险评估资料；

e）本企业历史事故与隐患、国内外同行业事故资料；

f）属地政府及周边企业、单位应急预案。

4.4　风险评估

开展生产安全事故风险评估，撰写评估报告（编制大纲参见本导则附录 A），其内容包括但不限于：

a）辨识生产经营单位存在的危险有害因素，确定可能发生的生产安全事故类别；

b）分析各种事故类别发生的可能性、危害后果和影响范围；

c）评估确定相应事故类别的风险等级。

4.5　应急资源调查

全面调查和客观分析本单位以及周边单位和政府部门可请求援助的应急资源状况,撰写应急资源调查报告(编制大纲参见本导则附录B),其内容包括但不限于:

a) 本单位可调用的应急队伍、装备、物资、场所;

b) 针对生产过程及存在的风险可采取的监测、监控、报警手段;

c) 上级单位、当地政府及周边企业可提供的应急资源;

d) 可协调使用的医疗、消防、专业抢险救援机构及其他社会化应急救援力量。

4.6 应急预案编制

4.6.1 应急预案编制应当遵循以人为本、依法依规、符合实际、注重实效的原则,以应急处置为核心,体现自救互救和先期处置的特点,做到职责明确、程序规范、措施科学,尽可能简明化、图表化、流程化。应急预案编制格式和要求参见本导则附录C。

4.6.2 应急预案编制工作包括但不限下列:

a) 依据事故风险评估及应急资源调查结果,结合本单位组织管理体系、生产规模及处置特点,合理确立本单位应急预案体系;

b) 结合组织管理体系及部门业务职能划分,科学设定本单位应急组织机构及职责分工;

c) 依据事故可能的危害程度和区域范围,结合应急处置权限及能力,清晰界定本单位的响应分级标准,制定相应层级的应急处置措施;

d) 按照有关规定和要求,确定事故信息报告、响应分级与启动、指挥权移交、警戒疏散方面的内容,落实与相关部门和单位应急预案的衔接。

4.7 桌面推演

按照应急预案明确的职责分工和应急响应程序,结合有关经验教训,相关部门及其人员可采取桌面演练的形式,模拟生产安全事故应对过程,逐步分析讨论并形成记录,检验应急预案的可行性,并进一步完善应急预案。桌面演练的相关要求参见AQ/T9007。

4.8 应急预案评审

4.8.1 评审形式

应急预案编制完成后,生产经营单位应按法律法规有关规定组织评审或论证。参加应急预案评审的人员可包括有关安全生产及应急管理方面的、有现场处置经验的专家。应急预案论证可通过推演的方式开展。

4.8.2 评审内容

应急预案评审内容主要包括:风险评估和应急资源调查的全面性、应急预案体系设计的针对性、应急组织体系的合理性、应急响应程序和措施的科学性、应急保障措施的可行性、应急预案的衔接性。

4.8.3 评审程序

应急预案评审程序包括以下步骤:

a) 评审准备。成立应急预案评审工作组,落实参加评审的专家,将应急预案、编制说明、风险评估、应急资源调查报告及其他有关资料在评审前送达参加评审的单位或人员。

b) 组织评审。评审采取会议审查形式,企业主要负责人参加会议,会议由参加评审的专家共同推选出的组长主持,按照议程组织评审;表决时,应有不少于出席会议专家人数的三分之二同意方为通过;评审会议应形成评审意见(经评审组组长签字),附参加评审会议的专家签字表。表决的投票情况应当以书面材料记录在案,并作为评审意见的附件。

c)修改完善。生产经营单位应认真分析研究,按照评审意见对应急预案进行修订和完善。评审表决不通过的,生产经营单位应修改完善后按评审程序重新组织专家评审,生产经营单位应写出根据专家评审意见的修改情况说明,并经专家组组长签字确认。

4.9 批准实施

通过评审的应急预案,由生产经营单位主要负责人签发实施。

(二)总体要求

相关法规、标准等规范性文件已经就应急预案编制的总体要求进行了较为详细和具体地阐述。在熊康昊等著的《机场应急救援管理与应急救援》一书中,将预案编制额总体要求总结为三大点十小点,其中三大点包括完备性、有效性和可操作性。

(1)完备性:包括预案体系完备、应急活动完备、应急流程完备和应急保障完备。

(2)有效性:包括符合法规标准要求、落实到具体部门或岗位和有足够的应急资源。

(3)可操作性:包括与其他预案兼容或一致、可读性和准确性。

三、机场数字化应急预案管理系统构建

随着数字技术的不断发展,推进机场应急预案数字化,是新时代建设四型机场的重要环节,也是提升机场应急能力的必然发展趋势。机场数字化应急预案系统应兼顾应急预案管理及模板开发、事件态势的预测预警、应急处置方案动态生成、指令及信息的上传下达、应急预案推演及评估等功能,而且需包含知识库、案例库等基础数据,并设置外部系统接口以便于对接和交互访问,同时可集成到现有应急指挥平台中,最终达到为决策者提供辅助决策支撑的目标。

系统架构采用分层设计,主要包含基础层、数据层、支撑层、应用层以及展现层(图8-4),完全实现结构化、模块化设计,支持基础信息配置,支持业务流程的灵活调整与可定制。

(1)基础层主要包括网络系统、主机系统、存储系统、安全体系、系统软件等内容。

(2)数据层将所有相关的数据进行分区,其中包含基础数据区、业务数据区、应用分析数据区。基础数据区包括资源信息库、组织机构库、基础代码库等基础数据;业务数据区包括机场信息、人员信息、车辆信息、设备信息、航空器信息、危险品信息、应急器材信息、应急救援重点单位信息、外部救援力量信息等业务数据;应用分析数据区包括统计分析库、综

图8-4 机场数字化应急预案管理系统的组成

合查询库、评估预测库、监控预警库等分析结果数据。

（3）支撑层主要包括开发工具、工作流引擎、消息中间件等。

（4）应用层是机场数字化应急预案管理系统，包括应急资源管理、应急预案管理、应急处置、应急演练评估、单兵系统和系统管理等功能模块。

（5）展现层采用不同的访问对象，提供不同的服务，展示不同的内容，这些内容通过计算机终端浏览器或移动终端进行展示。

第五节　机场应急救援演练

一、机场应急救援演练一般规定

《民用运输机场突发事件应急救援管理规则》第五十二条中规定："机场管理机构及其他驻场单位应当根据应急救援预案的要求定期组织应急救援演练，……"。

第五十三条中规定："应急救援演练分为综合演练、单项演练和桌面演练三种类型。综合演练是由机场应急救援工作领导小组或者其授权单位组织，机场管理机构及其各驻机场参加应急救援的单位及协议支援单位参加，针对模拟的某一类型突发事件或几种类型突发事件的组合而进行的综合实战演练。"

第五十四条中规定："机场应急救援综合演练应当至少每三年举行一次，未举行综合演练的年度应当至少举行一次桌面演练，机场各参加应急救援的单位每年至少应当举行一次单项演练。"

根据《生产安全事故应急演练基本规范》（AQ/T9007—2019），应急演练是针对可能发生的事故情景，依据应急预案而模拟开展的应急活动。

应急演练的目的主要包括以下几个方面。

（1）检验预案。发现应急预案中存在的问题，提高应急预案的针对性、实用性和可操作性。

（2）完善准备。完善应急管理标准制度，改进应急处置技术，补充应急装备和物资，提高应急能力。

（3）磨合机制。完善应急管理部门、相关单位和人员的工作职责，提高协调配合能力。

（4）宣传教育。普及应急管理知识，提高参演和观摩人员风险防范与自救互救能力。

（5）锻炼队伍。熟悉应急预案，提高应急人员在紧急情况下妥善处置事故的能力。

应急救援演练分为综合演练、单项演练和桌面演练3种类型。

① 综合演练是由机场应急救援工作领导小组或其授权单位组织，机场管理机构及其各驻机场参加应急救援的单位及协议支援单位参加，针对模拟的某一类型突发事件或几种类型突发事件的组合而进行的综合实战演练。

② 单项演练是由机场管理机构或参加应急救援的相关单位组织，参加应急救援的一个或几个单位参加，按照本单位所承担的应急救援责任，针对某一模拟的紧急情况进行的单

项实战演练。

③ 桌面演练也称为指挥所推演,是由机场管理机构或参加应急救援的相关单位组织,各救援单位参加,针对模拟的某一类型突发事件或几种类型突发事件的组合以语言表达方式进行的综合非实战演练。

机场应急救援综合演练应当至少每三年举行一次,未举行综合演练的年度应当至少举行一次桌面演练,机场各参加应急救援的单位每年至少应当举行一次单项演练。

应急救援演练计划制订完毕并经应急救援领导小组同意后,应当在演练实施两周前报送民航地区管理局。机场管理机构在举行应急救援演练时,原则上应当采取措施保持机场应急救援的正常保障能力,尽可能地避免影响机场的正常运行。如果由于应急救援演练致使本机场的正常保障能力在演练期间不能满足相应标准要求的,应当就这一情况通知空中交通管理部门发布航行通告,并在演练后,尽快恢复应急救援的正常保障能力。

演练工作应当坚持指挥与督导分开的原则。在演练时,应当在演练指挥机构之外另设演练督导组。演练督导组应当由民航地区管理局在收到演练计划后召集。综合演练督导组应当由民用航空管理部门、地方人民政府及其有关部门、机场管理机构、相关航空器营运人、空中交通管理单位人员及特邀专家组成。对于演练督导组提出的情况,指挥中心及相关救援单位应当做出响应。

应急救援演练结束后,演练组织者应召集各参演单位负责人进行总结讲评。在总结讲评活动中,演练督导组应当就演练的总体评价、演练的组织、演练计划、演练人员和设备等方面提出综合评价意见。

二、机场应急救援虚拟演练平台构建

机场应急救援虚拟演练是依托于虚拟现实平台,仿真模拟各类机场事故现场,通过人机交互的操作,使相关人员得到全面培训和指导。可减少实际应急救援演练的资源消耗,提升整个机场应急救援水平和能力。

机场应急救援虚拟演练平台利用 VR(虚拟现实)、GIS(地理信息系统)和数字孪生机场技术等,构建突发事件应急模拟综合演练和单项演练各项场景,对事件进行模拟仿真和分析,演练平台可模拟多种协同角色,包括消防、医护、警察等,各角色均可在同一空间内的不同区域按预案进行救援事件处置。演练平台可实现全过程记录,以可视化方式全程记录事件处理的经过,包括事件发生起因、协同响应时间、救援资源配备、进场路线选择、事件处理过程、救援结果评测等,每次模拟演练均可以实现全过程复盘回放,以可视化方式进行事件处置总结,分析预案优化方向,对协同机制查漏补缺。

【案例】

上海浦东国际机场"敬畏 2020"应急救援综合演练

2020 年 10 月 16 日上午,"敬畏 2020"浦东国际机场应急救援综合演练在浦东机场 6

号货机坪举行。中国民用航空局和上海市政府相关领导观摩督导。

中国民用航空局相关领导指出，本次综合演练旨在全面检验我国民航机场应急救援体系建设成果，检视机场应急救援决策、指挥、手段和能力。要高水平开展演练，高标准实施督导，高质量观摩学习，高效率提升能力。要始终秉持"以民为本、生命至上"的理念，努力践行当代民航精神，敬畏生命、敬畏规章、敬畏职责，全面提升民航应急能力，在建设国家应急体系中凸显民航担当。

上海市政府相关领导指出，开展机场应急救援综合演练，是践行"人民城市人民建、人民城市为人民"重要理念的具体实践，是加快上海国际航运中心建设、提升机场应急救援能力的重要举措，是民航局与上海市合作的又一重要成果。要坚持人民至上、生命至上，坚持实战要求、一流标准，坚持查找差距、补足短板，以更高要求、更严标准、更好水平为城市安全有序运行做出贡献。

这是中国民航史上规模最大、科目最全、涉及单位最多、复杂程度最高的机场应急救援综合演练，出动了2架运输客机、3架直升机、100多台救援车辆、800余名参演人员。

根据《中华人民共和国突发事件应对法》和《民用机场管理条例》，按照民航局关于全国运输机场应急救援演练年度计划，检验浦东机场应对突发事件应急救援处置能力，浦东机场举行这次应急救援综合演练。14家参演单位共进行了12个科目的演练。

整个演练的模拟情景为：一架从东南亚某国飞往上海浦东的国际航班进入上海管制区后，机场问询热线收到匿名电话，声称在这架飞机上安装有炸弹。机组获悉后在空中实施排查，在行李架上找到一件无人认领的行李。机场接报后，立即与机场公安分局互通信息，启动集结待命，组织机场各单位做好地面处置准备，同时向市应急联动平台申请支援。由于天气原因，航空器在落地时偏出跑道，同时后货舱冒烟起火，前货舱有液体泄漏。机组随后执行货舱火警处置和紧急撤离程序。机场和市政府救援力量立即开展航空器灭火、人员救治与转运、未受伤人员安置与疫情防控、航空器搜排爆、危险品处置、航空器搬移等救援行动。

在观摩台现场看到，当航空器模拟偏出跑道后，导致机上多名人员受伤，其中一名危重伤员。机场总指挥立即升级救援等级为"紧急出动"。旅客和机组人员通过滑梯紧急撤离后，机场消防立即实施灭火救援工作，后货舱实施灭火，前货舱实施稀释、灭火剂覆盖隔离，机身和油箱冷却等。随后，来自上海市公安局警务航空队的两架直升机载着排爆专家飞抵现场。

机场急救开展受伤人员的检伤分类和现场救治工作；武警协助担架队搬运人员。经应急救援总指挥部同意后，对需要转送的伤员实施转运，边检、海关启动快速通关程序。东海救助局第一飞行队的一架救助直升机飞抵，接走了一名重伤人员，仅用10多分钟就可将伤员送到上海市区的华山医院。

经过进一步排查，发现机上无人认领的行李属于一名携带象牙制品而"不敢承认"的旅客，声称机上有炸弹的匿名电话也是假警，相关处置随后展开。

本 章 总 结

　　民航安全工作是民航持续发展的基石,应急救援工作作为民航安全保障的最后一道防线,对避免发生重大事故、减少财产损失和人员伤亡起到至关重要的作用。本章对民用机场在应急救援体系构建、指挥体系机制设计、应急预案体系建设和应急演练策划等工作进行了简要介绍。

思 考 题

1. 民用机场突发事件包括哪些?
2. 航空器突发事件应急救援响应等级有哪些?
3. 机场应急救援工作领导小组的主要职责是什么?
4. 应急救援演练分为哪 3 种类型?

第九章　机场评价指标

评价指标是指评价时所依据的具体的、可观察的、可测量的评价内容。这些指标从不同维度考核员工或企业的工作成果。民航业作为一个能体现国家综合实力的行业,需要各类指标来统计、评价某一报告期内生产经营情况是否达到或超过预期目标。这些评价指标有的用来反映生产结果,有的用来评价日常服务与工作。无论是评价类还是结果类指标,我们都可以从指标反映出的结果来判断机场发展的程度及运营能力,以此为依据取长补短,激励行业发展。本章主要学习从不同维度对民用航空运输机场进行评测的各类指标。

✈ 学习目标

- **知识目标**

  1. 掌握机场服务对象。
  2. 了解中国民用机场服务质量评价指标。
  3. 掌握机场三大生产性指标。
  4. 掌握机场的成本分类。
  5. 掌握机场的收入分类。
  6. 了解"碳达峰"和"碳中和"的概念。
  7. 了解机场所承担的环境保护及社会责任。

- **能力目标**

  1. 能够熟练区分机场的航空性业务收费项目和非航空性重要收费项目。
  2. 能够掌握不同的评价指标维度,并能对具体项目进行评价分析。

- **素养目标**

  1. 培养学生养成多角度的思维习惯。
  2. 培养学生树立责任意识和低碳环保意识。

第一节　机场服务性指标

机场本身具有直接面向民航旅客服务的特征,是民航全服务链中非常重要的一个环节。作为提供民航服务最主要及重要的物理场所,民航旅客大部分直接面对面式的服务体验均来自机场。提升服务品质是中国民航深化改革的重要内容,也是中国民航要推进高质量发展的目标。民航发展质量高不高、发展效益好不好、归根结底由人民群众说了算。只有人民群众对民航服务的满意度提升了,对机场的满意度提升了,民航高质量的发展才是全面的。

一、机场服务对象

很多人会认为机场的服务只是单一地为乘坐飞机的旅客提供,其实不然,机场作为一个复杂的系统,所服务的对象远远不止旅客这一类群体。

航空公司作为机场的重要客户,为机场带来了最重要的旅客流、货流及资金流。航空公司在机场需要设立办公室,机场将场地租赁给航空公司获得收入。航空公司的旅客在机场从值机到候机再到登机都需要使用到机场的设施设备,航空公司也需要向机场当局缴纳相对应的服务费用。此外,机场本身还会有专门的航班地面保障代理服务,为在机场没有设立服务点的航空公司提供航班地面保障服务。因此无论从哪个方面来看,航空公司都是机场非常重要的客户及服务对象。

此外,在机场为旅客提供各类其他服务的驻场单位同样是机场本身的服务对象,从负责旅客乘机安全的安检部门,到国际航班涉及的海关、检验检疫、边防检查,这些联检单位均在机场设立不同数量的办公室。驻场单位还包括提供各类商业服务的商家,他们既为机场的服务对象提供服务,也是机场的服务对象。机场需要为驻场单位提供办公所需要的各种资源。

总体来说,旅客以及接送人员、航空公司及其工作人员、驻场单位及其工作人员都是机场的服务对象。因此,机场在提供服务时就需要以不同的服务对象需求来制定服务标准及内容。

二、机场服务指标

服务是一种较难评价的内容,它不像一些生产性的商品可以通过数据直接评价好坏,而是掺杂了主观和客观的因素。同一个工作人员提供的同一标准的服务对于有些旅客的体验而言是很愉悦的服务过程,但对于其他旅客可能就会有完全不同的服务体验。而且影响服务的因素具有不确定性且在一定程度上依赖于工作人员个体,所以在制定服务指标的时候就需要更加科学、合理且具有实用性、可操作性的指标来依据。

为了进一步提升机场的服务水平与民用机场旅客服务质量,持续开展好机场服务质量评价工作,促进我国机场整体服务质量和国际竞争力的不断提高,由中国民用机场协会指导建立了《民用机场旅客服务质量》团体标准。民用机场应建立健全服务质量管控体系,实行标准化、规范化管理,为旅客及航空公司提供优质的服务。

民用机场旅客服务质量包括通用服务质量、旅客服务质量、管理支持体系三大部分。

(一)通用服务质量指标

通用服务质量包括员工服务规范、地面交通服务、引导服务、航站楼环境及系统和旅客服务设施六部分内容,即为一级指标。每个一级指标下设二级指标、三级指标、四级指标和标准。通用服务的各级指标反映的是作为机场所需提供的通用服务范围有哪些,同时将行业发展方向智慧机场的相关服务指标也列入在内,与时俱进。通用服务所包含的二级、三级、四级指标如表9-1所示。

表9-1　通用服务所包含的二级、三级、四级指标

指标级别	内容
二级指标	服务目标、职业道德、服务技能、首问责任、收看责任、服务礼仪
	出发区域、到达区域、多航站楼之间联络、智慧交通
	信息引导、互联网＋机场服务、公共信息导向系统、问询服务
	航站楼舒适度、航站楼清洁度、航站楼旅客运输系统、航站楼动力能源系统、航站楼其他弱电系统
	洗手间服务、饮水设施、两舱及商务旅客(VIP)服务、充电服务
三级指标	仪容仪表、行为规范、服务语言
	交通方式及秩序、设施设备、交通服务中心、公共交通专线巴士、出租车、网约车、停车场(楼)、场区道路布置、信息引导、管理平台(陆侧交通指挥中心)、管理系统
	公众广播系统、航班信息显示系统、公共信息显示系统、公众告示 设置要求、内容要求、总体要求、基本要求、平面布置图或综合信息索引、导向标志、位置标志、无障碍标志、警示标志、商业标志、可移动标志、临时标志、公告、问询柜台、流动问询、电话问询
	楼内空气质量、楼内噪声、视觉环境、绿化、座椅、地面、墙面、设施、垃圾处理、虫害控制、管理、运行状况、开放时间、故障应急、无障碍电梯、供水、供电、空调与供暖、节能设施、故障响应 楼宇自控、离港控制、闭路电视监控、时钟、电信通信、维修要求 清洁度、消毒、提示牌、两舱休息室服务、商务旅客(VIP)服务
四级指标	着装要求、配饰要求、仪容要求、发型要求、举止要求、手机使用要求、声音要求、语言要求、电话礼仪
	交通方式、交通秩序、下客点、楼前监控、车道／人行道、辅助设施 服务设施、服务功能、人员服务规范和技能、车站、车辆配置、发车间隔及准点率、购票支付和价格、工作人员、排队时间、上客点 开放及等候时间、停车收费、停车秩序、停车位、标志标线、环境与安全、停车管理系统、停车泊位引导系统、出租车管理系统

续表

指标级别	内容
四级指标	使用要求、规范性、系统应急、信息质量完好率、信息内容、紧急维修、集合点、网站手机移动端、自助查询终端、服务监督
	航班信息查询、机场引导服务、乘机流程、交通方式、航空知识宣传、餐饮购物、航空公司服务、安检联检、特殊旅客服务、特情服务、服务技能、通风设施完好率、照明、景观、楼内文明施工、质量、拜访、收集清运、自动扶梯和直梯、自动步道、捷运系统、紧急维修、故障停用警示牌、故障处理响应、系统应急、洁具、清洁用品、无障碍设施、环境

(二) 旅客服务质量指标

旅客作为机场的重要服务对象之一,涉及的服务内容繁多且服务链条长,因此设立的指标也较多。旅客服务质量共设立了 11 个一级指标,包括办理乘机手续、联检服务、安检服务、离港和到港服务、中转经停服务、行李服务、商业服务、特殊旅客服务、辅助项目服务、航班正常保障和航班延误后服务。

11 个一级指标按照民航旅客服务链会涉及的服务内容进行梳理,同时涉及智慧服务方面的要求,为机场服务旅客提供了可参照、可落地、可实施的标准规范,二级、三级、四级指标内容如表 9-2 所示。

表 9-2　旅客服务质量二级、三级、四级指标

指标级别	内容
二级指标	柜台值机、自助值机(楼内)、场外值机(线上)、城市航站楼值机、联检设施、开放时间、流程时间和效率
	安检通道、安检设施设备、安检工作规范、旅客等待安检时间
	旅客登机、旅客到达、中转服务、经停服务、行李出港、行李进港、行李中转、行李查询、行李装卸、手推车、行李打包
	零售、餐饮、广告、酒店与旅游咨询、服务中心、金融服务、快递及邮政服务
	视障旅客、老年旅客、儿童旅客、携带婴儿旅客、携带人体捐献器官旅客、突发疾病旅客
	楼内售票、航空保险、医疗救护、失物招领、临时身份证办理、娱乐电视、电讯信息、计时休息室、更衣室及淋浴间、公安执勤
	资源保障、信息共享、协调联动、地面运行指挥协调、不正常天气保障、程序预案、信息发布、综合服务规范
三级指标	柜台设置、开始办理时间、排队等候时间、辅助设施、服务规范、自助值机、自助行李交运、服务规范、办理占比、信息告知
	行李服务、交通、信息告知
	配置、通道分类、验证柜台、一米线、开关闭时间、安检须知、遗失物品、物品暂存、自弃物品、信息告知

续表

指标级别	内容
三级指标	工作人员到岗、登机操作、摆渡车服务、客梯车服务、人员与设备、引导、中转流程、联程中转服务、非联程中转服务、操作规范
	行李处理系统、行李监控、行李差错率、行李交运、行李安检、行李提取转盘、超规行李与团体行李提取处、行李提取状态、行李提取等待时间、行李巡视、无人认领行李、查询机构、查询系统、不正常行李(含无人认领行李及晚到行李)
	适用性、便利性、位置、环境氛围、开放时间、价格与收银、证照管理、监督电话、店面规划、品牌及品类、商品销售、自助零售设施、环境、点餐及价格、餐品质量、点位、内容、完好性、银行服务、货币兑换
	行动障碍旅客、视觉障碍旅客、听觉障碍旅客、无成人陪伴儿童服务
	娱乐设施、公用电话、移动电话服务、Wi-Fi
	运行指挥协调、机位分配、一般延误处置程序和预案、大面积航班延误应急处置手册
四级指标	头等舱公务舱柜台、通用柜台、通程联运值机柜台、服务柜台、国际与地区航班、国内航班、通程联运航班、信息告知
	一米线、隔离带、公告提示、显示屏、信息告知
	工作要求、通用设备、功能配备、设备配置、组织登机、登机便捷性、车辆配置及车况、中转服务柜台、非联程中转休息区
	行李运输业务通知、手提行李标准把控、超规行李托运柜台、团体行李托运柜台、行李保管、安检设施设备完好率、数量、分配、清洁度、收件行李、末件行李、处理和赔偿、旅客等待时间、回应及赔偿、完好率、就餐环境、后厨环境、制定程序和预案、预案有效性、手册制定、手册内容、演练

(三)管理支撑体系指标

管理支撑体系下设 5 个一级指标,分别为服务质量管理体系、客户意见及服务改进管理、文化氛围、服务品牌建设和员工幸福。好的评价管理都需要有更好的管理系统来支撑,这样整体才可以有可持续发展的动力,同时是人文机场建设的体现。表 9-3 所示为服务质量管理体系二级、三级、四级指标。

表 9-3 服务质量管理体系二级、三级、四级指标

指标级别	内容
二级指标	体系建设、组织机构、质量方针和目标
	服务需求与调研、服务评价与监督、服务改进与提升、客户意见征求、客户关怀服务
	文化彰显、人文关怀、文化推介、树立中国服务品牌、服务产品、品牌完善与提升
	员工休息、员工就餐、员工通勤、员工住宿、员工工作、员工技能水平与服务能力

续表

指标级别	内容
三级指标	体系架构、服务评价、内部监视和测量、频次、满意度得分、客户关怀室设置、关怀服务
	动线流程空间规划、空间环境、旅客服务丰富性、旅客服务规范性
	规划、设计、开发、营销
	共享休息室、周边道路、停车便利、公共交通、办公环境和设施、业余文化活动、服务培训、员工岗位评估、职业发展
四级指标	统一性、特色性、人性化

我国民用机场服务质量评价体系能够对机场服务进行多维度、多视角的全流程综合评价，既与国际接轨，又符合中国国情，同时高度关注旅客的现场服务感受和服务体验。既充分考虑了服务对象的需求，又考察了机场服务与行业标准的符合性，能够最大限度地保证评价的客观、公正、全面、科学，有效促进了我国机场服务水平的整体提升。同时机场通过对照指标体系、自查等方式对旅客服务全流程进行全面梳理，对不达标的服务及时整改，抓痛补短，切实提高旅客服务质量水平。

三、服务质量监督与管理体系

（一）服务质量监督

各行各业都有自己的质量监督系统，服务业作为需要及时了解被服务者的感受和需求的行业，就更加需要重视服务过程的及时反馈与监督。质量监督就是为了确保在过程中所有的操作是服务行业规定的要求的，其最终的目的是保护消费者的权益不受侵害，同时可以通过过程中的质量监督获得服务反馈，查漏补缺，提高行业服务质量，最终为消费者提供更好的服务。

从宏观层面来看，质量监督手段有政府行政监督、行业监督及社会监督。中国民用航空局内设运输司，负责管理民航消费者投诉工作。中国民航局每月公布公共航空运输旅客服务投诉情况通报，通报中包括当月民航局消费者事务中心共受理旅客的投诉数量、投诉类型、受理情况等进行统计公告。国内机场被消费者投诉的类型及数量、投诉受理数量、各机场被投诉受理情况、处理情况、调解情况都会进行通报。以此监督各机场对于消费投诉的处理效率，也起到了行业监管的作用。

社会监督一般以机场客服热线为主，除了航空公司会有自己的客服热线处理消费者投诉，各地机场也有自己的客服热线受理投诉，但对于消费者来说如果能有一个统一的受理平台是最便捷的，于是民航局推出了12326监督热线。

 【案例】

"12326"民航服务质量监督电话正式开通

　　每年的 3 月 15 日是国际消费者权益日,"12326"民航服务质量监督电话于当天正式开通。今后,旅客在乘机出行过程中向航空公司、机场投诉后没有得到满意答复,就可以拨打"12326"民航服务质量监督电话进行反映。

　　"12326"民航服务质量监督电话以原有的民航投诉电话为基础,主要功能是督促航空公司和机场等妥善处理旅客投诉,"12326"电话不是航空公司和机场投诉电话的替代者,而是监督者,航空公司和机场的投诉电话仍是消费者投诉的第一渠道。该监督电话的开通是中国民航进一步提高投诉管理水平、提升服务质量的一项重要举措,是维护旅客合法权益的有力保障,将不断增强人民群众对民航真情服务的获得感。

　　投诉管理是民航服务的重要环节,是民航与旅客沟通的桥梁,是民航高质量发展的重要内容。近年来,中国民航持续提升民航服务质量,连续 4 年开展服务质量专项行动。2018 年民航航班正常率达到80.13%,创自 2010 年以来历史最高;32 家千万级机场实现国内航班旅客乘机全流程电子化,"无纸化"乘机旅客突破 2.25 亿人次。同时,采取切实措施规范机票退改签服务、推广空中 Wi-Fi、提升老弱病残孕等特殊旅客服务水平、规范机场餐饮同城同质同价。2019 年,在深化去年 8 项便民服务措施基础上,民航局党组又确定了 9 项便民服务举措,其中之一就是开通"12326"民航服务质量监督电话,进一步加强投诉管理工作。

　　"12326"开通后,航空公司、机场等相关企业要继续履行好"首问责任制",认真对待旅客投诉,耐心细致解释、合法合理解决。民航局消费者事务中心要聚焦"质量监督",督促航空公司、机场严格按照法定时限处理旅客投诉,提升答复质量,提高投诉满意度,确保旅客能找得到门、找得到人、找得到答案。"12326"的开通只是开始,其建设运营仍在路上,还有很大的提升空间,要通过进一步完善投诉管理流程、加强人员队伍建设、提供更多投诉渠道、不断强化技术支撑、加强对突发事件的应对能力等措施,持续完善"12326"相关功能和管理制度,高标准、高质量地把"12326"电话开通好、建设好、运营好,进一步提升其应用性、可靠性、实用性,更好地满足人民群众出行需要。

　　"12326"电话由民航局消费者事务中心承担运营工作,积极协调各方力量,扩充电话线路,增加接听席位。"12326"电话正式开通后,将进一步提升全民航投诉咨询受理与调解能力,规范工作流程,提高工作效率和质量。据了解,随着"12326"电话功能的不断完善,下一步,民航局消费者事务中心还将逐步丰富官网、手机 App、微信等多种投诉渠道,完善相关服务功能,形成统一的综合性、智能化的民航服务监督平台,为消费者提供快速咨询、投诉举报、航班延误取消原因确认等"一站式服务"。

(二) 客户服务管理系统的探索

　　客户服务管理系统(Customer Service Management System,CSMS)是机场践行管理支撑

体系指标的探索。服务虽然是抽象的,但服务管理是具体的、实际的,可以像安全管理 SMS 体系一样建立起一套体系化的管理工具进行规范化管理。但由于目前各地机场均在探索实践阶段,因此每个机场的实际落地成果会有所差别,但目标都是一致的,构建客户服务管理系统,助力民航高质量发展。

【案例】

海口美兰国际机场"服务管理体系"探索实践案例

海口美兰国际机场在实际工作中,为了使服务质量目标化、服务方法规范化、服务过程标准化、服务改进创新化,并使服务品质进入良性循环,形成了美兰特色的五星机场服务品牌,搭建服务管理体系。美兰国际机场服务管理体系总体思路为"一二三四三",一个中心,两个兼顾,3 项重点,4 个环节,3 项基础。一个中心指"以客户为中心";两个兼顾指兼顾内、外单位的适应性;3 项重点指服务培训管理、顾客关系管理、服务产品,是整个体系的特色部分;4 个环节指"服务需求与分析、服务策划与提供、服务评价与监察、服务改进与提升",具体的核心部分;3 项基础指"组织架构体系、服务标准体系、服务文化体系",是体系运行的保障。体系运行以顾客为中心,闭环管理,服务创造利润为原则,达到持续提升机场运行服务品质及顾客满意目标。近两年,美兰国际机场以四型机场建设为导向,以服务管理体系为抓手,通过健全 3 项服务管理基础,优化 4 项服务核心环节,着力打造 3 项服务重点的方式,促进服务管理体系落地实施,稳步提升机场服务质量。

第二节　机场生产性指标

根据中国民航局每年发布的全国民用运输机场生产统计公报,公报中统计了当年我国境内运输机场数量,完成多少人次的旅客吞吐量、多少吨的货邮吞吐量、多少次的飞机起降架次,以此统计每个机场当年的生产完成情况。同时,对比上一年的生产数据,判断国内各地区民航运输发展情况。

在每年的生产统计公报中,民航局会对外公布我国境内运输机场(港澳台地区数据另行统计)数量。根据 2022 年的统计数据,我国共有 254 个境内运输机场,完成旅客吞吐量 52 003.3 万人次,完成货邮吞吐量 1 453.1 万吨,完成飞机起降 715.2 万架次。

对于机场而言,最重要的生产任务就是保障航空器的起飞或降落和完成进/出港旅客和货邮的运输,因此飞机起降架次、旅客吞吐量、货邮吞吐量被称为机场三大生产性指标。这也是考量一个机场生产能力高低及完成度的重要依据。

一、飞机起降架次

飞机起降架次指报告期内在机场进出港飞机的全部起飞和降落次数,包括定期航班,非定期航班,通用航空和其他所有飞行的起飞、降落次数。起飞和降落各算一次。

此外,除了生产统计公报中的飞机起飞架次,民用运输机场常用的有关飞机起降的指标还有高峰日起降架次、高峰小时起降架次等,这些指标是用来评价每个机场跑道的容量和接收飞机起降的极限能力。

(一)高峰日起降架次

高峰日起降架次指一个机场报告期(一般按一年计算)内飞机起降最多一天的起降架次数。将机场当年365天的起降架次数值按从大到小的顺序排列,排在第一位的数值就是该机场当年的高峰日起降架次。

(二)高峰小时起降架次

高峰小时起降架次指报告期内典型高峰小时起降架次,典型高峰小时起降架次是指报告期(一般按一年计算)内机场每小时的飞机进出港的起降架次数值按大小排列(以整点小时计算),排在第30位的高峰值的起降架次就称为该机场的典型高峰小时起降架次。

每个机场由于跑道数量布局、塔台管制程序、飞行区等级的不同,跑道导航设备的等级不同,会有自己的极限容量。高峰日和高峰小时的起降架次指标就能够准确地反映出各个机场最繁忙的起降时间,方便机场管理方根据繁忙时刻提早准备高峰运行预案。

二、旅客吞吐量

旅客吞吐量指报告期内进港(机场)和出港的旅客人数,以人为计算单位。其中,成人和儿童按一人次计算,婴儿不计人次。

三、货邮吞吐量

货邮吞吐量指报告期内货物和邮件的进/出港数量,以千克和吨为计算单位。其中,货物包括外交信袋和快件。在汇总时,以吨为单位,保留一位小数。

四、其他机场生产指标

一般常用的机场运输生产业务的指标还有进港旅客、出港旅客、过站旅客、出港客座率、出港载运率、高峰日旅客吞吐量、高峰小时旅客吞吐量、机场旅客货邮流量流向、民用航空地面事故、机场放行正常率、机场航班地面航行时间、机场平均滑行时间等相关生产数据。这些指标数据从各个角度反映了机场的生产能力,同时是机场竞争力高低的一方面体现。表9-4和表9-5所示分别为2021年、2022年全国民用运输机场吞吐量排名,港澳台地区数据另行统计。

表 9-4 2021 年全国民用运输机场吞吐量排名

机场	旅客吞吐量/人次				货邮吞吐量/t				起降架次			
	名次	本期完成	上年同期	比上年同期增减/%	名次	本期完成	上年同期	比上年同期增减/%	名次	本期完成	上年同期	比上年同期增减/%
合计		907 482 935	857 159 437	5.9		17 827 978.1	16 074 918.9	10.9		9 777 362	9 049 212	8.0
广州/白云	1	40 249 679	43 760 427	-8.0	2	2 044 908.7	1 759 281.2	16.2	1	362 470	373 421	-2.9
成都/双流	2	40 117 496	40 741 509	-1.5	7	629 422.2	618 527.7	1.8	4	300 862	311 797	-3.5
深圳/宝安	3	36 358 185	37 916 059	-4.1	3	1 568 274.5	1 398 782.5	12.1	3	317 855	320 348	-0.8
重庆/江北	4	35 766 284	34 937 789	2.4	8	476 723.1	411 239.6	15.9	6	280 577	274 659	2.2
上海/虹桥	5	33 207 337	31 165 641	6.6	10	383 405.5	338 557.1	13.2	10	231 261	219 404	5.4
北京/首都	6	32 639 013	34 513 827	-5.4	4	1 401 312.7	1 210 441.2	15.8	5	298 176	291 498	2.3
昆明/长水	7	32 221 295	32 989 127	-2.3	11	377 225.4	324 989.8	16.1	7	279 471	274 433	1.8
上海/浦东	8	32 206 814	30 476 531	5.7	1	3 982 616.4	3 686 627.1	8.0	2	349 524	325 678	7.3
西安/咸阳	9	30 173 312	31 073 884	-2.9	9	395 604.5	376 310.9	5.1	8	256 965	255 652	0.5
杭州/萧山	10	28 163 820	28 224 342	-0.2	5	914 063.0	802 049.1	14.0	9	238 269	237 362	0.4

表 9-5　2022 年全国民用运输机场吞吐量排名

机场	旅客吞吐量 / 人次				货邮吞吐量 /t				起降架次			
	名次	本期完成	上年同期	比上年同期增减 /%	名次	本期完成	上年同期	比上年同期增减 /%	本期完成	上年同期	比上年同期增减 /%	
合计		520 032 909	907 482 935	-42.7		14 530 525.4	17 827 978.1	-18.5	7 151 916	9 777 362	-26.9	
广州 / 白云	1	26 104 989	40 249 679	-35.1	2	1 884 082.0	2 044 908.7	-7.9	266 627	362 470	-26.4	1
重庆 / 江北	2	21 673 547	35 766 284	-39.4	8	414 775.4	476 723.1	-13.0	188 586	280 577	-32.8	8
深圳 / 宝安	3	21 563 437	36 358 185	-40.7	3	1 506 955.0	1 568 274.5	-3.9	235 693	317 855	-25.8	2
昆明 / 长水	4	21 237 520	32 221 295	-34.1	10	310 122.2	377 225.4	-17.8	193 788	279 471	-30.7	5
杭州 / 萧山	5	20 038 078	28 163 820	-28.9	5	829 831.4	914 063.0	-9.2	190 400	238 269	-20.1	6
成都 / 双流	6	17 817 424	40 117 496	-55.6	7	529 873.1	629 422.2	-15.8	159 812	300 862	-46.9	9
上海 / 虹桥	7	14 711 588	33 207 337	-55.7	15	184 538.1	383 405.5	-51.9	122 668	231 261	-47.0	14
上海 / 浦东	8	14 178 386	32 206 814	-56.0	1	3 117 215.6	3 982 616.4	-21.7	204 378	349 524	-41.5	4
西安 / 咸阳	9	13 558 364	30 173 312	-55.1	14	206 288.5	395 604.5	-47.9	125 857	256 965	-51.0	12
成都 / 天府	10	13 275 946	4 354 758	204.9	29	81 664.9	19 853.7	311.3	120 270	37 103	224.2	16

第三节 机场经营性指标

伴随着中国社会经济的不断发展,中国民航业对机场经营管理的模式也发生着翻天覆地的变化。2003 年,中国民航局出台了重大改革方案,将 93 个机场移交地方政府管理。这就意味着民航局对机场的管理实施政企分开的模式,将管理与生产经营独立分开。民航局对机场主要履行行业监管职能,不再干预机场日常的生产经营活动。机场移交地方政府管理后,原则上以省(区、市)为单位组建机场管理公司,实行企业化经营。

企业一般是以经营为目的以实现投资人、客户、员工、社会大众的利益最大化为使命。机场实行企业化经营后,就需要考虑除生产性指标之外的以企业经营为导向的指标。我国目前已有几家机场进入资本市场运作,成立了股份有限公司。对于这些上市机场而言,经营性指标就更加重要了。

企业的成本和收入是反映经营状况的两大重要指标,控成本,提收入,企业才能有更高的利润空间。对于机场而言,同样可以用成本和收入这两大指标来判断经营状况的好坏。

一、机场的成本指标

成本,从广义上理解是为了做某件事情或者达成某项目标而需要前期投入的资源。成本也是商品经济的价值范畴,是商品价值的组成部分。人们要进行生产经营活动或达到一定的目的,就必须耗费一定的资源。这个被消耗掉的资源就是成本。在会计学中,成本是指企业为生产产品,提供劳务而发生的各项耗费,如材料耗费、薪资支出、折旧费用等。

由于机场本身的特殊性,区别于一般企业,机场属于资产密集型企业。前期需要大量的资金投入进行基础设施的建设,且因为各个地方对机场的经营管理模式各不相同导致每个机场的成本构成也有所区别。因此,机场的成本可划分为通用的运行类成本与资本类成本。

(一)运行类成本

运行类成本是指机场在进行日常生产活动中所需要投入的资源,因此发生的相关费用。其中可将该活动是否与机场主要业务活动相关区分为主营业务成本和管理费用。

机场的主营业务指与飞机起飞或降落、停场服务、飞机引导、飞机守护、客桥服务、旅客服务等相关业务。在这些生产活动过程中,会使用到机场的跑道、滑行道、停机坪、候机楼等设施设备,使用过程中产生的水电费、维修养护费、人工费用等是机场的主营业务成本。管理费用主要指相关活动的管理人员的人工成本、办公费、差旅费等。

(二)资本性成本

资本性成本是指企业为筹集和使用资金而付出的代价。从广义上讲,企业筹集和使用任何资金,不论短期的还是长期的都要付出代价,这个代价就是企业的资本性成本。对于机场而言,如果建设和日常运营的资金来源于各类贷款融资、发行债券,就会有相关利息的产生,从而发生了财务费用。

此外,机场的日常生产活动需要大量的设施设备来完成,这些设施设备在使用过程中会产生折旧费用,一个企业的硬件设施设备越多,产生的折旧费用也越多。因此,折旧费用也是机场的一类成本构成。

二、机场的收入指标

机场的收入即收费,取决于一个机场的收费项目和定价标准。每个国家的收费项目、分类、定价各不相同。根据中国民用航空总局和中华人民共和国国家发展和改革委出台的中国民用机场收费改革实施方案,将中国的民用机场收费分为了航空性业务收费、非航空性业务重要收费和非航空性业务其他收费。同时按照民用机场的业务量,将全国的机场划分为3类,即一类1级机场、一类2级机场;二类机场;三类机场,每个类别使用不同的收费标准。一类机场,是指单个机场换算旅客吞吐量占全国机场换算旅客吞吐量的4%(含)以上的机场。其中,国际及港澳地区航线换算旅客吞吐量占其机场全部换算旅客吞吐量的25%(含)以上的机场为一类1级机场,其他为一类2级机场。二类机场是指单个机场换算旅客吞吐量占全国机场换算旅客吞吐量的1%(含)~4%的机场。三类机场是指单个机场换算旅客吞吐量占全国机场换算旅客吞吐量的1%以下的机场。具体分类目录见表9-6。

表9-6 机场分类目录

机场类别	机场
一类1级	北京首都、上海浦东、广州白云、北京大兴
一类2级	深圳宝安、成都双流、上海虹桥
二类	昆明、重庆、西安、杭州、厦门、南京、郑州、武汉、青岛、乌鲁木齐、长沙、海口、三亚、天津、大连、哈尔滨、贵阳、沈阳、福州、南宁
三类	除上述一、二类机场以外的机场

(一)航空性业务收入

中国民用运输机场的航空性业务收费项目主要包括五大类,即起降费、停场费、客桥费、旅客服务费及安检费(表9-7)。

表9-7 航空性业务收费项目

项目	内涵
起降费	机场管理机构为保障航空器安全起降,为航空器提供跑道、滑行道、助航灯光、飞行区安全保障(围栏、保安、应急救援、消防和防汛)、驱鸟及除草,航空器活动区道面维护及保障(含跑道、机坪的清扫及除胶等)等设施及服务所收取的费用
停场费	机场管理机构为航空器提供停放机位及安全警卫、监护、守护、泊位引导系统等设施及服务所收取的费用

续表

项目	内涵
客桥费	机场管理机构为航空公司提供旅客登机桥及服务所收取的费用
旅客服务费	机场管理机构为旅客提供航站楼内综合设施及服务、航站楼前道路保障等相关设施及服务所收取的费用。包括航班信息显示系统、电视监控系统、航站楼内道路交通(轨道、公共汽车)、电梯、楼内保洁绿化、问询、失物招领、行李处理、航班进离港动态信息显示、电视显示、广播、照明、空调、冷暖气、供水系统;电子钟及其控制、自动门、自动步道、消防设施、紧急出口等设施设备;饮水、手推车等设施及服务
安检费	机场管理机构为旅客与行李安全检查提供的设备及服务以及机场管理机构或航空公司为货物和邮件安全检查提供的设备及服务所收取的费用

(二)非航空性业务重要收入

非航空性业务重要收费包括机场头等舱和公务舱休息室出租、办公室出租、售补票柜台出租、值机柜台出租及地面服务收费(表 9-8)。

表 9-8　非航空性重要收费项目

项目	内涵
机场头等舱和公务舱休息室出租	机场管理机构向航空公司或地面服务提供方出租头等舱、公务舱,用于向头等舱、公务舱旅客或常旅客提供候机服务所收取的费用
办公室出租	机场管理机构向航空公司或地面服务提供方出租办公室,用于工作人员日常办公使用所收取的费用
售补票柜台出租	机场管理机构向航空公司或机票业务经营商出租售补票柜台,用于办理售票、补票、改签等票务业务所收取的费用
值机柜台出租	机场管理机构向航空公司或地面服务提供方出租值机柜台,用于办理旅客交运行李、换取登机牌等登机手续所收取的费用
地面服务收费	机场管理机构或地面服务提供方向航空公司提供包括一般代理服务、配载和通信、集装设备管理、旅客与行李服务、货物和邮件服务、客梯、装卸和地面运输服务、飞机服务、维修服务等服务所收取的费用

(三)非航空性业务其他收入

由于各个机场管理模式及服务各不相同,因此每个机场设立的非航空性业务种类也不同,针对这一块的收入由机场管理机构或服务提供方遵照国家有关法律法规执行。

经营性指标虽然由于每个机场的管理模式及属性的区别,有些机场会特别重视经营数据的好坏,有些机场则不太关注。但从机场长远的可持续发展来看,还是有必要降本提收的,多拓展非航业务的收入。

第四节　机场社会性指标

一、环境类

（一）噪声

从生理学观点来看，凡是干扰人们休息、学习和工作以及对人们所要听的声音产生干扰的声音，即不需要的声音，统称为噪声。当噪声对人及周围环境造成不良影响时，就形成噪声污染。物理学上，噪声指一切不规则的信号（不一定要是声音），如电磁噪声、热噪声、无线电传输时的噪声、激光器噪声、光纤通信噪声、照相机拍摄图片时画面的噪声等。

对于机场的生产运行而言，所产生的最大噪声来源主要集中在航空器的运行，如航空器的发动机运行时所发出的声音、起飞降落时的声音。其次的噪声来源是机坪各种工作车辆工作时发出的噪声。这些噪声无论是对长期暴露在机场的工作人员，还是居住在机场航线和周边的居民都会带来一定程度的影响，且长久暴露在高噪声的环境中对人的精神和心理都会有一定的危害，因此必须得到重视。

机场飞机噪声的特点主要有 4 个方面：一是噪声极高，喷气式飞机起飞噪声的声功率级高达 150dB 以上，相当于数十万辆客车噪声的总和；二是噪声影响范围广，呈明显的立体空间扩散特点，波及范围常常可达数十平方千米；三是噪声源为三维运动，具有非稳态特性；四是噪声影响具有时空的间断性，即对一架飞机来说，只在起、落点（机场）附近造成短时的较大噪声影响。因此对机场噪声的评价应该结合这 4 个方面来进行。

我国机场噪声控制是近些年才开始的，由于国外航空事业的发展较早，在机场噪声控制方面积累了丰富的经验，借鉴国外飞机噪声监测要求，同时考虑我国环境管理需求和现实条件，根据不同机场类型（枢纽机场、干线机场、其他机场）和环境管理目的（常规监测、环保监督性监测、居民投诉监测、建设项目环评及竣工验收监测等），各机场可选择进行长期监测或短期监测。

机场噪声监控系统在发达国家及我国香港和台湾地区的机场已普遍应用，特别是用于位于城市敏感目标密集处的机场，据统计，世界上前 100 个最繁忙的机场中约 85% 建立了噪声监测与管理系统。通过该类系统可以了解机场周围区域飞机起降、飞越产生的噪声是否满足环保标准规定，了解机场减噪计划执行情况，重点掌握敏感目标、特征点的影响声级及其变化趋势，通过长期、稳定测量，生成季度报告、年度报告，为民航和地方有关部门提供有关数据信息，及时为机场限制高噪声飞机起降、采用优先跑道与航线、实施减噪飞行程序等提供指导。

根据机场周围区域各类城乡用地按噪声敏感性差异，将机场周围用地分为以下四种类型，见表 9-9。

根据不同的用地分类，飞机噪声年均昼夜等效声级限值（见表 9-10），其中 Ⅰ、Ⅱ 类用地内噪声敏感建筑物处飞机噪声最大声级（Lmax）不得超过 90dB（A）。

表9-9 机场周围用地分类

用地类型	具体内容
Ⅰ类用地	对飞机噪声敏感的城乡用地,包括居民住宅、教育科研、医疗卫生及其他类似用地
Ⅱ类用地	对飞机噪声较敏感的城乡用地,包括行政办公、文化艺术、商业服务及其他类似用地
Ⅲ类用地	对飞机噪声较不敏感的城乡用地,包括工业生产、物流仓储、体育娱乐、公园广场及其他类似用地
Ⅳ类用地	对飞机噪声不敏感的城乡用地,包括农业生产、矿业生产、交通设施、公用设施及其他类似用地

表9-10 飞机噪声年均昼夜等效声级限值 　　　　单位:dB(A)

土地利用类型	Ⅰ类	Ⅱ类	Ⅲ类	Ⅳ类
年均昼夜等效声级,YL_{dn}	57	62	67	—

机场噪声是一个社会性的综合性问题,当然民航相关政府部门和企业是要起到重要作用,来减轻噪声污染,承担相应的社会责任,努力实现绿色低碳航空的发展目标。但是由于噪声缓解和解决涉及物理、航空等多学科领域,单凭机场一方是无法有效缓解和改善的,因此需要政府、飞机制造企业、科研院所等多方通力协作来达到民航运输经济的发展与环境保护的平衡。

(二) 大气环境

2020 年 9 月 22 日,中国国家主席习近平在第七十五届联合国大会一般性辩论上宣布:中国将提高国家自主贡献力度,采取更加有力的政策和措施,二氧化碳排放力争于 2030 年前达到峰值,努力争取 2060 年前实现碳中和。

通俗来讲,碳达峰指二氧化碳排放量在某一年达到了最大值,之后进入下降阶段;碳中和则指一段时间内,特定组织或整个社会活动产生的二氧化碳,通过植树造林、海洋吸收、工程封存等自然、人为手段被吸收和抵消掉,实现人类活动二氧化碳相对 "零排放"

2019 年 9 月 25 日,习近平总书记出席北京大兴国际机场的投运仪式,对民航工作做出重要指示,要求建议以 "平安、绿色、智慧、人文" 为核心的四型机场,为中国机场未来发展指明了方向。其中,绿色机场是指在全生命周期内实现资源集约节约、低碳运行、环境友好的机场。

为了实现国家的碳中和及绿色机场建设发展的目标,同时承担起相应的社会责任。机场作为资源消耗及二氧化碳排放的一部分,也需要有相应的指标来评估统计消耗及排放情况。

(三) 资源消耗

机场和航空公司都需要向民航局提交一定周期内的资源消耗及二氧化碳排放量统计表。统计的指标是指直接用于保障航空运输生产所产生的资源消费量及二氧化碳排放量。

机场的资源消耗量指标包括传统能源、可再生能源与水。其中传统能源指航空煤油、煤炭、煤油、柴油、汽油、液化石油气、电力、煤气、天然气、外购热力及其他。可再生资源指生物燃油(航空)、生物燃油(地面)、太阳能、风能。水包括市政水和非市政水。

此外,机场还需要统计各功能区域电力消费量。统计的指标内容是指直接用于保障航空运输生产所产生的电力消费量,统计范围包括机场自身以及各驻场单位(不包括航空公司驻场部分)。

航站区统计的范围包括航站楼、货运区、机务维修区。公共区域的统计范围包括公共停车场、污水处理厂、公共道路照明设施及集中供热、制冷和供暖为主的暖通系统。飞行区的电力消耗统计范围是该区域内的目视助航设施、照明设施、控制交通管制设施、远机位电力设备所产生的耗电量。

二、社会效益类

根据相关的国际航空运营经验,一个航空项目发展 10 年后,给当地带来的效益产出比为 1∶80,技术转移比为 1∶16,就业带动比为 1∶12。一个大型枢纽机场的功能可以辐射到与航空相关的旅游业、服务业、金融业、物流业、房地产业等领域,从而形成一个较大的产业链。例如,法国戴高乐机场所服务的地区创造了法国 GDP 的 30% 左右;阿联酋迪拜机场为空港经济圈带来近 90 万的人口进驻;而美国孟菲斯国际机场的建立,更将孟菲斯从一个以棉花种植为主的农业小镇发展成为全球最重要的航空货运中心和全球著名的“航空大都市”,产生的经济效益占美国总 GDP 的 8% 左右。

机场运营所带来的空港经济,特别是以机场为中心,建立在机场周边的临空经济区是能够带动当地的经济发展和产业结构调整。

机场所产生的社会效益最显著的就是创造了就业岗位,特别是拉动了机场所在区域的就业率。例如,我国新建成的顺丰鄂州机场,给超过 20 万人提供了工作岗位。美国的孟菲斯地区的就业每 3 个岗位中就有一个是由孟菲斯航空城所提供的。所以,无论是对国家和地区所产生的 GDP 贡献占比,还是创造的就业岗位,都体现了机场本身所承担的社会责任和产生的社会效益。

第五节　国际评价指标

与民航相关的国际组织和机构主要有国际民航组织(ICAO)、国际机场协会(ACI)、航空运输研究协会(ATRS)等。有些会对全球范围内的民用运输机场进行评价,有些只会对每个地区的个别主要枢纽机场进行评价研究。

其中,最权威的是国际民用航空组织(ICAO),于 1944 年为促进全世界民用航空安全、有序地发展而成立。国际民用航空组织总部设在加拿大蒙特利尔,负责制定国际空运标准和条例,是 193 个缔约国(截至 2022 年)在民航领域中开展合作的媒介。2013 年9 月 28 日,中国在加拿大蒙特利尔召开的国际民航组织第 38 届大会上再次当选为一类理事国。

国际民航组织的评价体系从 11 个方面和 57 个指标对机场与航空公司进行绩效评价。

其中包括机场的交通业务、物理设施、机场航空收费、机场飞机,航站楼旅客与地面交通处理效率、航空收费、非航空特许收入、操作与维护成本、航线服务质量、机场设施与服务质量和其他财务指标,而有些国际组织和机构会从机场的成本绩效、财务绩效、生产效率绩效来进行评价。

目前,国际上并没有统一的评价指标体系,不同的组织和机构建立的评价体系从评价对象到指标都不同,因此无法简单地得出每个机场的好坏,毕竟采用的评价标准不一致,评价出的结果相互之间就不具可比性。

本 章 总 结

民用运输机场的各类指标,由于机场本身的管理模式、所有权归属等不同各有不同的侧重范围。但无论是生产类指标,还是服务、经营、社会效益类指标,虽然维度不同,但宗旨都是考量机场在一定周期内的各方面绩效表现。民用运输机场在合理的指标和评价体系下,行业才能得到提升、改进与发展。

思 考 题

1. 机场的三大生产性指标是什么?
2. 机场的航空性收入有哪些?
3. 机场的非航空性收入有哪些?
4. 机场的服务对象有哪些?
5. 机场的服务指标可以从哪些维度进行评价?
6. 机场为什么要考虑对生态环境的影响?

第十章　临空经济及典型案例

　　本章内容主要从临空经济的基本概念出发,进一步引出临空经济要素、产业概况、发展模式等,通过介绍我国临空经济发展历程、产业分布,以及上海虹桥临空经济区、北京首都机场临空经济区、北京大兴机场临空经济区 3 个典型案例,了解我国临空经济的发展现状及未来发展趋势。

✈ 学习目标

- **知识目标**

  1. 掌握临空经济的概念。

  2. 了解临空经济构成三要素及如何协同发展。

  3. 了解临空经济产业群的构成。

  4. 了解临空经济区发展的核心驱动力有哪些。

  5. 了解临空经济发展主要有哪些模式。

  6. 了解航空性收入和非航空性收入的范围及对机场的意义。

  7. 了解我国临空经济发展概况。

  8. 通过上海虹桥临空经济区、北京首都国际机场临空经济区、北京大兴国际机场临空经济区 3 个典型案例,了解我国临空经济的发展现状及未来发展趋势。

- **能力目标**

  具备一定的临空经济研究和分析问题的能力。

- **素养目标**

  做到心怀"国之大者",树立从大局看问题、从长远看问题、从战略上看问题的意识。

第一节 临空经济概述

一、临空经济的定义

临空经济（Airport Economy）又称为"临空经济区经济""空港产业""临空产业""机场经济"及"航空城"等,是一个依托国际枢纽型机场的客流、物流和信息流优势而发展起来的一种区域经济形态,依靠大型枢纽机场的吸引力和辐射力,促使资本、劳动力、技术、知识、管理等生产要素向机场及其周边聚集,形成由航空运输业、航空运输服务业和具有航空指向性的产业为主的,具有巨大影响力的新型区域经济形态。

二、临空经济要素

（一）临空经济三要素

依据伦敦、汉堡、纽约等国际大型港口城市的发展历程来看,随着经济全球化进程的加快,国际产业转移活动日趋频繁,以港口为核心的综合交通体系的开发和建设,带动了相关产业的兴起和发展,产业的兴起又促进了港口城市的繁荣,城市作为载体,为各种产业及港口提供物质基础和发展空间,城市文化也是港口经济发展的重要条件,由此形成了联动发展的港口－产业－城镇复合系统（Port–Industry–City Composite System,PICCS）。航空港作为民用航空机场和有关服务设施构成的整体,具备了运输港口的所有功能,属于空运港口,故临空经济主要由空港、产业、城市3个要素构成。

（二）三要素协同发展

航空港是推动临空产业与城市建设的引擎,拥有机场资源、航线资源、运力运行资源、信息资源和管理资源五大航空运输基础资源。在它的作用下,带动相关产业兴起并发展,同时,航空港所在城市则包容并推动空港和产业发展。"以港促产、依港建城、以产兴城、产城强港",使空港、产业、城市在良性互动中自我提升,共同促进经济发展。

三、临空经济产业群

临空经济是由于机场对周边地区产生的直接或间接的经济影响,呈现资金、技术和劳动力的聚集,因此产生了集聚效应和扩散效应的新经济模式。临空经济包含航空经济全产业链（包括空中部分和地面部分）。

从产业链条来看,上游主要包括航空制造及营销推广。其中,航空制造又包括核心零部件、整机制造及航空维修等;营销推广又分为机场营销推广与飞机营销推广。上游企业主要包括日发精机、中航工业等,企业数量较多且盈利能力较强。

中游主要包括航空运营部分,分为机场使用和飞机使用两大类。机场使用主要包括机场运营以及航空地勤服务;在飞机使用中,根据应用领域的不同又分为客货运航空运营及通用航空运营。中游企业主要包括各大机场集团以及航空公司。

下游则主要是航空服务应用及航空器最终的回收翻新环节,下游企业数量及规模均相对较小。同时,机场作为航空运输和城市的重要基础设施,是综合交通运输体系的重要组成部分。在许多发达国家,大型城市机场的周边区域已经成为由复合的交通体系、综合性的产业集群所构成的"城区",称为空港大都市或航空城,这种经济格局极大地带动了机场所在区域的经济发展。纵观孟菲斯、法兰克福、仁川、史基浦等世界著名空港城市,皆以临空经济或空港大都市模式作为经济发挥模式及格局。

因此,临空经济区是一个以机场为中心,通过航空运输服务业辐射到周边特定区域的商业综合体,产业包括交通运输业、旅游业、服务业、零售业、物流业、制造业、加工业等,还包括教育、文化、艺术、健康、医疗、休闲、美容等现代服务行业。图 10-1 所示为临空经济产业构成。

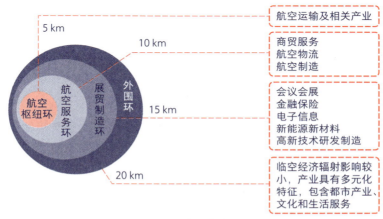

图 10-1　临空经济产业构成

四、临空经济区核心驱动力

(一)服务型及航空出行需求高的产业特点驱动临空经济发展

空港大都市的功能布局包含各类经济园区、商务园区(Business Park)、物流园区(Logistic Park)、产业园区(Industrial Park)等。商务园区吸引产业包括航空物流(航空快递、保税物流、物流贸易、采购与分拨中心、物流加工基地等)、航空商务(航空公司地区总部、航空货代贸易公司)等有特色的产业。以空港经济为特征的时间成本敏感性产业,如航空快递、时尚产业等。

我国的临空产业主要包括信息服务业、现代物流业、服装服饰业、食品生活用品等生产性及服务性产业,这些产业都有航空出行需求高的共同特征。

(二)临空经济发展受多因素影响,形成不同类型的核心驱动力

临空经济的发展是将本地的各种要素进行优化配置与临空经济发展层次结合的过程,受到所在区域发展水平、产业结构、地理区位、资源禀赋及政府政策等因素的影响和制约。对全球范围内发展比较成熟的临空经济发展现状的研究表明,大部分临空经济区均会以高科技产业、总部经济、物流产业、会展旅游、商贸作为主导产业。表 10-1 所示为临空经济发展驱动力类型。

表 10-1 临空经济发展驱动力类型

驱动类型	案例	主要业态
会展博览型	欧海尔机场 / 戴高乐机场	展览中心、文化中心、航空博物馆、样品会场
高科技产业型	得克萨斯达拉斯机场	信息、通信等科技产业园区
商务物流型	韩国仁川机场	商务会展中心、综合娱乐、博彩酒店、购物休闲区
旅游消费型	荷兰史基浦机场	酒店、商贸、体育休闲娱乐、高端商业办公
多元综合发展	阿联酋迪拜机场	商业城、物流城、住宅城、企业园区

五、临空经济发展模式

根据前瞻产业研究院发布的《2018—2023 年中国临空经济发展模式与投资战略规划分析报告》分类,当前我国临空经济发展模式主要有航空带动模式、物流带动模式、产业链推动模式、产业集群模式与园区发展模式 5 种。

(一)航空带动模式

以航空运输服务业与航空工业为主,带动产业链协同发展。航空运输服务业主要指以航空公司为核心的航空运输服务产业链;航空工业主要指的是集研发、制造、销售及维修于一体的完整航空制造产业链。

航空运输服务业对临空经济区的经济发展业有着非常明显的促进作用。例如,可以吸引大量的航空公司入驻,航空服务链条上的其他企业也会随之发展,进而加大对航空运输的需求,激发航空工业的发展潜力,并带动临空经济区的整体发展。

同时,通过发展航空服务产业,提升全产业链服务,包括地面运输、空中运输、地下轨道运输,以及无人驾驶、无人机应用、通航服务等,出行旅游有多条线路可供消费者预定或选择,个性化旅游,多元出行方式,便捷交通,优越的乘机体验,都在不断推动产业链发展。通过加强产业与金融的结合,推动航空企业和制造业企业加快向服务型与创新型企业升级。

同时,作为航空运输服务站点的民用机场建设将有助于推动临空产业群发展,包括旅游、文化、制造与维修、金融、商业、生活服务等产业发展,有助于推动企业升级,服务价值提升,进一步拓展服务功能,整合资源,围绕"互联网 + 商业服务 + 更多服务"为消费者提供高品质、多元化服务。

(二)物流带动模式

航空服务通过推动航空快递及航空货运等航空物流服务发展,带动整个物流产业链发展,进一步拓展服务功能,整合资源,围绕"互联网 + 商业服务"为消费者提供高品质、多元化服务。物流业作为临空经济发展的重要内容,其对临空经济的发展意义重大。以航空物流业为核心,将公路、铁路、海洋、集装箱运输等运输方式结合,形成集运输、仓储、包装、流通加工、航空货运大通关信息处理等的现代化空港物流,同时带动融资租赁、保税维修、航空材料、航空金融等全产业链发展,企业产品从一个城市很快配送到另一个城市,企业物流配送服务的提升推动了金融服务的发展。

（三）产业链推动模式

产业链即产供销，指从原料到消费者手中的整个产业链条，是各个部门之间基于一定的技术经济关联，并依据特定的逻辑关系和时空布局关系客观形成链条式关联关系形态。这就要求临空经济在发展阶段必须围绕临空主导产业构筑完整的临空产业链，并且通过临空产业链条的协调运作，实现以临空主导产业带动其相关配套产业的发展模式。

（四）产业集群模式

随着机场规模的扩大和枢纽地位的加强，越来越多的航空公司在机场的空港区内以及空港区附近设立分公司等机构，不仅极大地增加了对飞机导航、客货运输、地面运输、客货代理、航材航油供应等航空运输服务的需求，还加大了对飞机发动机及飞机零部件等的需求，以及对飞机发动机及飞机零部件维修的需求。国际大型飞机制造商和航材供应商纷纷在机场周围设立航空零部件支援中心、技术服务中心和各类航空培训中心，从而逐渐引发航空制造及维修业向机场聚集，并与航空运输业共同发展成为临空经济的航空产业集群。同时，随着临空经济的发展，原有的临空产业链得到了进一步的延伸与拓展，企业间专业化分工与协作的增强促使网络型企业组织结构出现，这种基于产业链的临空产业集群是全球工业分工和区域协作的必然结果。

（五）园区发展模式

临空经济区的园区通过加速产业集聚，促进"低、散、小"企业的集约化进程，形成专业信息、专业人才、资本等要素的聚集，实现临空经济区内重点产业集群的培育。当前，国际产业正向中国转移，扩大招商引资、提高开放合作水平是必要的前提。园区成了内引外联、对外开放和招商引资、产业集群发展的平台。在对园区企业引进和管理时，实现临空经济区内产业的调整和布局的优化。

同时，临空经济的园区发展模式还可以产生市场竞争优势，在园区内大量企业的集聚，使得企业具有更强的新陈代谢能力，对外部的刺激反应更灵敏，迅速将市场需求信息或者新技术转化成产品或服务并推向市场，形成专精优势的国际竞争力。给临空经济区带来品牌形象效应，让园区内企业共享无形的优势资源。

六、航空性收入与非航空性收入

对于机场来说，临空经济带来经济效益，增加机场收入，尤其是非航空性收入。航空性收入包括起降费、停场费、客桥费、安检费等，收费标准按照民航局相关文件规定，实行政府指导定价；非航空性收入是指延伸的商业服务，包括两舱休息室出租、办公室租赁、值机柜台出租、地面服务费、免税零售、有税零售、餐饮、酒店、广告、贵宾服务、库区及装卸设备租赁等其他机场公共服务构成，收费标准实行市场调节价和航空性业务相比，非航空性业务的盈利空间更大，并且业务类型更为多元化，可以为机场创造更多的经济效益。

机场作为航空出行的重要载体，承担着飞机起降、旅客服务等重要服务功能。在过去，机场行业被视为单一的公共交通基础设施，主要功能是提供航空运输设施设备及相关服务，相对独立，商业化程度低，收入来源主要是与航班运行服务相关的航空性收入，非航空性收入很少，但随着我国市场经济的飞速发展，商业模式不断发展完善呈多样化趋势，产业链上下游的联系也越来越密切，机场巨大的客流量带来的商业价值日益受到重视，作为交通枢纽的大型机场，其商业模式也正在逐渐发生变化，由单一的交通枢纽功能逐渐向"交通枢纽＋商业＋服务业＋物流业＋X"多功能、多中心发展。

第二节　我国临空经济发展现状

一、我国临空经济发展历程

由于经济实力和技术水平的限制，我国临空经济建设相较于西方国家整体起步较晚。1992 年我国最早的临空经济区成立，至今已有三十多年的历史，我国临空经济发展经历了初现临空经济区、发展辅助产业、出现示范临空经济区等阶段。

从 1992 年一直到 2005 年，均处于初创阶段。在临空经济区形成初期，机场的主要功能是小批量的客、货运输，机场邻近地区仅发展起了与航空运输紧密相关的辅助产业；自 2006 年至今，我国临空经济区从小规模的单一工业园、物流园区向共备科研、教育、旅游和商务、会展等多功能的复合功能区发展方向转化，并逐步进化成为具有自增强功能的地域经济综合体。

截至 2021 年 7 月，我国已明确并进行建设的临空经济区达 67 个，包括郑州、南京、北京等在内的 17 个国家级临空经济区，有望在 2035 年进入成熟期。图 10-2 所示为中国临空经济发展历程。

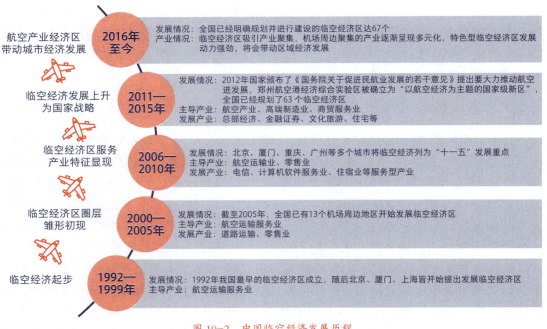

图 10-2　中国临空经济发展历程

二、我国临空经济区主要分布

从全国临空经济区规划和建设数量来看,临空经济区规划建设总量不断增加。目前全国明确规划并进行建设的空港经济区有近 70 个,其中华东地区临空经济区布局量位居全国六大地区前位,占比达到 29.89%,东北地区临空经济区数量最少,仅占 6.9%。

三、国家级临空经济示范区申报条件

我国对于申报设立临空经济示范区包括航空港经济综合试验区、航空经济示范区有 4 点硬性条件。

(1)符合区域发展总体战略,新型城镇化战略和优化经济发展空间格局的总体要求,符合全国主体功能区规划和相关土地利用总体规划、城乡规划,资源环境承载能力较强,行政区划清晰明确。

(2)原则上,在直辖市、省会城市、计划单列市,或者其他区位优越、物流便利、开放性经济发展水平较高的大城市布局。

(3)所在地机场年货邮吞吐量应在 10 万吨以上或年客流量 1 000 万人次以上,空域条件较好,现代交通运输体系较为完善,便于开展联程联运和陆空衔接,有一家以上的基地航空公司或若干家大型物流公司入驻,适当考虑通用航空基础好,航空制造业发展潜力大的地区。

(4)所在机场周边现有产业园区基础良好、特色突出,产业结构合理,临空指向性强,基础设施和管理服务体系比较完善,周边货运集疏运网络系统与机场货运能力匹配,有利于承接与集聚发展相关产业。

截至 2021 年 7 月,我国满足以上 4 点硬性条件及申报成功的临空经济示范区共有 17 个。出于优化布局、集约节约、保护耕地等原则的考虑,除郑州之外,我国临空经济示范区面积均在 150 km² 以内。郑州临空经济示范区主要包括"一核领三区"的总体布局,以郑州新郑国际机场为核心,规划了北部城市综合服务区、东部临港型商展交易区、南部高端制造区,其面积分别达到 54.08 km²、98.5 km²、92.8 km² 以及 170.5 km²。

第三节 临空经济区典型案例

一、上海虹桥临空经济示范区——长三角联动发展的桥头堡

上海虹桥临空经济示范区是由国家发改委、中国民航局批准在上海长宁区建立的临空经济示范区。目标是在未来逐步建设成为国际航空枢纽和全球航空企业总部基地。上海市长宁区人民政府将作为临空经济示范区规划建设管理主体,落实推进示范区各项建设内容。

上海虹桥临空经济示范区规划范围北起天山西路到苏州河区域,东临淞虹路至外环

线区域,南至沪青平公路,西迄七莘路,占地面积 13.89 km²,其中虹桥机场运营作业区占地 7.15 km²。

(一)发展前身——总部经济形成的总部簇群

在经济全球化背景下,总部经济快速发展,企业管理和生产职能发生空间分离,由于特有的优势资源吸引企业总部的集群布局发生了变化,总部类型呈现多样化发展,如生产总部、研发总部、营运总部等。21 世纪初,上海市政府出台《上海市鼓励设立外国跨国公司地区总部的人的认定工作》大力推动了上海总部经济的发展,2010 年,上海成功举办世博会使上海的"总部效应"更加明显,这些对信息、商务、研发环境有类似要求的总部型企业通常会入驻同一地区,催生了一批总部经济相对集聚的楼宇或园区。由于长三角腹地的吸引力较强,入驻上海的企业总部数量呈现西部多于东部的现象,同时上海的总部经济形成两个簇群:CBD(Central Business District,中央商务区)总部及空港总部,总部经济发展催生的园区经济发展为虹桥临空经济打下了基础。

目前,总部企业集聚已成为上海临空示范区的一张特色名片。示范区内汇集了联合利华、博世、江森自控等一批跨国公司地区总部,入驻经商务委认定的总部型企业 32 家,其中跨国地区总部 23 家。总部经济已成为临空区域发展的经济"压舱石",占示范区经济总量约 30%。

(二)发展条件——区域优势、品牌优势、文化优势、资源优势

因机场、高铁、磁悬浮、地铁、城际巴士等多种交通方式的综合,上海虹桥成为综合交通枢纽,也使得周边地区成为战略性节点地区,上海西部地区成为新的经济增长区域。围绕枢纽的产业布局开始蓬勃发展,与枢纽相关联的商务活动会在虹桥机场周边集聚,虹桥枢纽周边地区形成以商务区为核心的机场西翼中心和以临空经济园区为核心的机场东翼中心的双核心经济结构,从而构成以虹桥枢纽为中心的大虹桥经济区域,并逐渐成为上海经济发展的西部核心,虹桥临空经济区逐渐呈现。图 10-3 所示为虹桥枢纽中心。

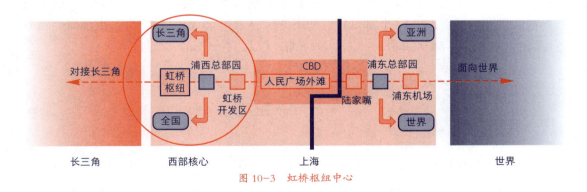

图 10-3　虹桥枢纽中心

(三)市场支撑——长三角一体化发展

以中国最大城市上海为中心的长三角地区,是我国经济最活跃的地区,包含的产业有电子信息、物流、汽车、纺织、石油和钢铁,在长三角一体化发展战略之下,上海将更好地发挥中心城市的功能,同时借助于长三角城市群的腹地来推动现代服务业的发展。上海的优

势是金融贸易、现代服务业、高科技、文化等产业,而其他的长三角城市则可以相对更多地发展制造业,尤其是在长三角下游地区,沿江的城市港口条件都非常好,在发展出口导向型的制造业方面相对于上海来说,具有更加便宜的劳动力和土地。因此,不同的城市之间完全可以形成更好的产业分工,在临空经济指向下,长三角能向临空转移的优势产业包括:ICT(Information and Communications Technology,信息与通信技术)、高新技术、服装食品制造等产业的商务总部。

(四)产业定位——总部型

(1)虹桥临空经济区产业定位:信息服务业、现代物流业、高技术产业。

(2)产业定位指导思想:吸引重点产业领域的跨国公司(地区)以及国内企业总部、营运中心、研发中心入驻。

(3)重点发展产业。

① 信息服务业:积极引入国际知名企业;推动通信服务业、IT 供应链向知识密集型过渡;逐步引入具有综合业务的企业。

② 现代物流业:强化建设航空物流所需基础性设施;积极引入国际知名航空物流第三、第四方物流公司总部;鼓励物流公司与经济区企业建立战略合作关系。

③ 高新技术产业:鼓励技术创新、建立优势产业的技术竞争力;积极引入具有国际知名的技术研发机构、知名企业的研发中心。

(4)临空产业企业定位:总部型。

外环以西:以现代物流为主的产业集聚区。

南临空:以信息服务为主的现代服务集聚区。

北临空:以高技术产业为主的高端企业总部与高科技企业集聚区。

在长三角产业链、价值链融合发展的框架下,更多地区总部和行业头部企业正汇集临空。

虹桥临空经济示范区充分发挥自身综合优势,着力推动产业结构转型调整,园区总部经济、航空经济、数字经济三大高地态势渐显,大健康、人工智能、时尚创意等高端服务业同样活力迸发。

"一园多区、一区多核"的临空产业格局为示范区从空间布局上奠定了发展潜力,示范区的北部片区打响"大健康"和"总部高地"两大品牌,依中部片区形成人工智能和流量经济新地标,东片区打造全球航空企业总部基地和高端临空服务业集聚区。一批主题鲜明、相融共生的特色产业园区也正分片布局。

相较全国其他同类示范区面积大多在 80 km² 以上,上海虹桥临空经济示范区最"袖珍",但也是经济密度最高的园区,2020 年单位面积 GDP 产出达到了 40 亿元/km²。

围绕示范区国际航空枢纽、全球航空企业总部基地、高端临空服务业集聚区、全国公务机运营基地和低碳绿色发展区五大功能定位,示范区近年来入驻的航空企业数达到了 146 家,区域航空经济比重 90% 以上。其中包括东航、海航、春秋、机场集团等一批航空龙头企业已扎根虹桥临空,涵盖了航空产业链上的民航运营、货航运营、公务机运营、航空维修、航空物流、航空培训等多种业务类型。

与此同时，上海国际航空仲裁院、上海市航空学会、英国皇家航空学会等航空功能性机构，亚联公务机有限公司上海分公司、尊翔公务航空、美捷公务航空、子午线公务航空等公务机运营企业也相继落户示范区，加上亚洲公务航空会议及展览会（ABACE）已连续多年在虹桥机场举行，示范区的全国公务机运营基地建设已初具规模，集聚效应正初步显现。

（五）发展目标——数字、人文、精细

1. 打造上海数字经济产业引领区

2022年4月，位于东临空片区、面积为2.74平方千米的"虹桥临空数字经济产业园"，入选了上海市第二批14个特色产业园区之一。临空示范区的战略、区位、流量以及平台等综合优势，使得携程、爱奇艺、科大讯飞、联影智慧医疗、百秋电商等一批行业龙头企业纷至沓来。

目前，示范区内重点数字经济企业已超700家，涵盖"互联网＋"旅游、生鲜、家庭服务、汽车、消费金融、教育、房产等多个细分领域。"虹桥临空"已成为上海乃至长三角地区的互联网产业政策创新策源地、风险投资高地和成熟互联网企业、TMT综合体入驻的理想之地。

围绕数字经济，示范区还将重点打造人工智能、数字制造、数字健康、数字创意、数字出行五大产业生态。借助获评"上海市服务贸易示范基地"的契机，包括携程智慧出行园、苏河汇全球共享经济数字贸易中心、虹桥临空跨国公司（总部）科创园等在内，一批标杆园区已入选虹桥商务区全球数字贸易港重要承载平台，临空园区数字贸易产业基础和资源优势逐步凸显。

下一步，临空示范区正以成为"上海数字经济产业引领区"为目标，加快集聚优质数字企业，集中力量推动一批具有行业影响力、资源配置力、创新驱动力的龙头企业，培育一批具备核心技术支撑和良好发展潜力的隐形冠军、瞪羚企业和独角兽企业，深度打造经济高密度、创新高浓度、主体高能级、功能强辐射、环境高品质的数字经济产业新高地。

顺应服务业创新发展大趋势，示范区还积极布局了新兴高端产业。一批优质银行系科创基金、航空产业投资基金落户，助推临空示范区在虹桥国际开放枢纽和虹桥全球数字贸易港建设中拓展长板，壮大临空经济高质量发展新动能。

2. 打造产城融合的人文环境

历经多年开发建设，虹桥临空经济示范区已形成天山西路发展轴、北部临空园区片区、南部机场东片区等"一轴两翼"的总体发展格局。目前，示范区"北翼"东临空建设基本完成，已从单一产业园区逐渐发展为富有活力的现代城区；"南翼"机场东片区完成大量基础设施建设，未来5年间将逐步形成新的发展结构。

3. 打造精细管理示范区

目前，临空园区正聚焦"精品园区、无违园区、绿色园区、平安园区、智慧园区"五大建设目标，以"低碳绿色发展区"建设为目标全面推动精细管理示范区，已建成的天会广场（原凌空SOHO）、中山国际、融真、建滔等优质办公楼宇，按照服务半径分级设置了会议

会展、体育休闲、星级酒店、购物中心、保税仓库等功能配套,打造了园区衣食住行全程无忧的办公和生活环境。与此同时,积极打造满园春色、移步换景的"大园林"格局。目前,示范区绿地面积占比已达 50% 以上,拥有音乐、体育、极限运动、郊野休闲四大主题公园,还有 6.25 km 生态绿道、4.2 km 水道,点、线、面不同层次的园区生态景观和绿色空间错落有致。

在世界范围内,产业园区的产城融合都是永恒命题。近年来,虹桥临空经济区不断完善综合交通体系,提升城区宜居宜业品质,未来计划建成 6 600 余套人才公寓。结合城市运行"一网统管",园区正与中国电信共同打造临空"智慧园区"项目,建设有"城市大脑"之称的大数据平台,在园区街面、楼面、水面遍布各类神经元感知系统,实现数据研判、决策治理的一体化运行。

二、北京首都国际机场临空经济区——将打造 4 个千亿级产业集群

北京首都国际机场临空经济示范区位于北京市主城区东北部、顺义区境内,规划范围北至机场北线、六环路,南至京平高速,东至六环路,西至高白路、榆阳路,规划面积为 115.7 km²。顺义区人民政府作为示范区规划建设管理主体。北京首都国际机场定位是大型国际航空枢纽,亚太地区的重要复合枢纽,服务于首都核心功能。

2022 年 8 月 25 日,首都国际机场临空经济区发布《"十四五"时期首都国际机场临空经济区发展建设规划》(以下简称《规划》)提出,要构建高端临空产业体系,围绕主导产业,布局建设 35 个重量级项目,总投资 1 396 亿元。同时,整理可利用土地 267 公顷、楼宇资源 140 万 m²,为产业扩容升级提供空间。在立足自身优势发展的同时,首都国际机场临空经济区对"两区"建设乃至整个北京发展的支撑作用越来越明显。

《规划》明确,首都国际机场临空经济区将打造形成"一港,即首都国际机场空港;一带,即温榆河生态带;三组团,即综保区组团、空港组团、国门组团"的空间结构,以首都国际机场为中心,涵盖首都国际机场、天竺综合保税区、北京中德国际合作产业园、新国际展览中心等功能区域。

同时,《规划》明确经济区产业功能布局是:"一生态圈、七功能区",即涵盖第一国门临空产业生态圈,综保区组团布局航空物流枢纽区与国际服务贸易区、空港组团布局产融创新复合区、国际商务会展区和航空资源集聚区、国门组团布局临空国际消费区和国际科技合作区七大功能区的经济区产业功能布局(图 10-4)。

在构建高端临空产业体系上,首都国际机场临空经济区将围绕主导产业,制定完善临空经济示范区综合性产业促进政策,全面加快首都国际机场临空经济高质量发展。

《规划》提出的 4 个千亿级产业集群聚焦航空服务、跨境贸易、科技服务、商务会展等,在联动的政策体系上,首都临空经济区将利用《区域全面经济伙伴关系协定》(Regional Comprehensive Economic Partnership,RCEP)实施契机,在航材共享、飞机维修、保税展示、汽车平行进口等领域创新试点,完善特色口岸便利化措施,促进首都国际机场临空经济高水平开放。

图 10-4　首都国际机场临空经济核心产业布局

　　未来,首都国际机场临空经济区将充分借助世界级航空枢纽的引领带动作用,建设辐射区域更广、集聚效应更强、服务功能更优、运行效率更高的综合性物流枢纽,在全国物流网络中发挥关键节点、重要平台和骨干枢纽的作用,打造"通道＋枢纽＋网络"的便捷高效的物流运行体系。4个千亿级产业集群可以带动相关的一系列产业,如依托于相关的货物、贸易、人才的流动可以实现高新技术产业的发展。其次,跨境贸易可以发展跨境金融和科技数字金融等,从而充分发挥北京金融管理中心的作用。

　　与此同时,持续释放的政策红利也会吸引更多企业入驻,从而产生集聚效应。从成本上看,首都国际机场临空经济区尤其是天竺综合保税区,无论是在财政、税收还是海关等都具有一定优势。从产业集群来看,资源聚集和产业集聚后能起到降本增效的作用。从市场上看,入驻首都国际机场临空经济区的企业不仅拥有京津冀协同的大市场,依托当地优异的航空枢纽作用还可将市场向全国延展。

　　目前,首都国际机场所在地的顺义区已吸引了1.2万余家中外企业入驻,聚集了世界500强投资项目近90个,总部型企业70余家,外资企业500余家,高新技术企业近200家。在航空枢纽建设、高端临空产业集聚、港产城融合发展方面均处于全国领先水平。航空业直接关联企业数量占北京地区航空企业总数的2/3。航空资源和航空企业总部集聚度全国领先,多年来税收总收入、劳均产出率位居全国前列。

　　综上,北京首都国际机场临空经济区已发展成为我国目前规模最大、航空服务企业数量最多、开放水平最优、国际化程度最高的机场临空区,大型国际航空枢纽地位稳固,航空全产业生态链条较为完整,临空产业体系基础扎实,城市功能逐渐完善,综合竞争力排名全国领先。

三、北京大兴国际机场临空经济区进入全面建设

　　2019年10月25日,北京市和河北省正式批复《北京大兴国际机场临空经济区总体规划(2019—2035年)》,这标志着北京大兴国际机场临空经济区迈入实质性建设阶段,对疏解北京非首都功能、优化京津冀世界级城市群发展格局、促进区域全面协调可持续发展具有重要意义。

(一) 临空经济区包含三大功能区

北京大兴国际机场临空经济区总体定位为国际交往中心功能承载区、国家航空科技创新引领区、京津冀协同发展示范区,包括服务保障区、航空物流区和科技创新区 3 个功能片区(图 10-9)。到 2025 年,建成直接为大兴国际机场服务的生产生活配套设施,初步形成京冀共建共管、经济社会稳定、产业高端、交通便捷、生态优美的现代化绿色临空经济区。

临空经济区总面积约 150 km² (其中北京部分约 50 km²、河北部分约 100 km²),包括服务保障区、航空物流区和科技创新区 3 个功能片区。航空物流区重点承载航空物流、电子商务、综合保税、国际会展、航企服务等功能;科技创新区重点承载航空导向的研发创新、科技孵化、高端制造、科技金融等功能;服务保障区重点承载航空科教、特色金融、休闲娱乐、科技创新服务等功能。

临空经济区坚持与雄安新区、首都国际机场临空经济区、中关村国家自主创新示范区、天津滨海新区等合理分工、互补错位、联动协同发展的原则,构建面向全球市场的临空指向性强、航空关联度高的高端高新产业集群,重点发展航空物流、航空科技创新、综合服务保障业,着力推动空港型综保区、跨境电商综合实验区、中国(河北)自由贸易试验区和自由贸易港建设,打造高水平开放基础平台。

值得一提的是,临空经济区大兴片区明确构建"1+2+2"的产业发展体系,即以生命健康为引领产业、以枢纽高端服务和航空服务保障为基础产业、以新一代信息技术和智能装备为战略储备产业,如图 10-5 所示。

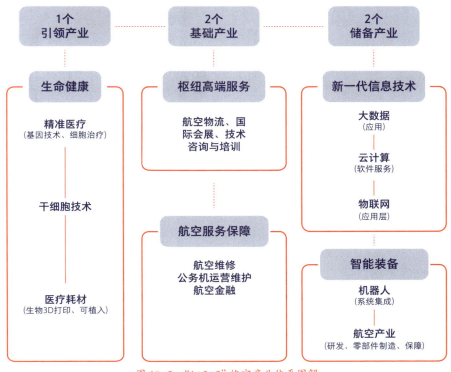

图 10-5　"1+2+2"临空产业体系图解

"1+2+2"临空产业体系具体分析如下。

"1"是生命健康产业,重点引进提供国际前沿医疗服务为主的专科医院群和生命健康产业集群;积极引进从事精准医疗、干细胞技术、基因技术、细胞治疗和医疗耗材等前沿领域研究与服务的企业,并提供政策支持和应用场景;与大兴生物医药基地、亦庄生物医药产业园和昌平生命科学园形成互动发展。

第一个"2"是航空服务保障和航空枢纽高端服务两大基础产业,航空服务保障产业重点发展航空总部、航材、航油、航食、航空维修、航空金融、设备租赁和公务机运营维护等航空运输服务保障产业链。航空枢纽高端服务业重点发展航空物流、国际会展、技术咨询与培训等产业。

第二个"2"是新一代信息技术和智能装备两大新兴产业,这两大产业作为储备产业,是战略留白区域的重点发展方向。

图 10-6 所示为产业布局。

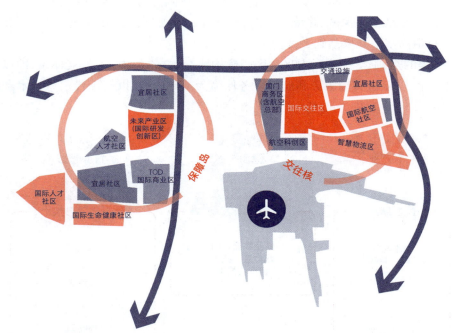

图 10-6　产业布局

(二) 自贸区、综保区顺利推进

重点功能区是临空经济区建设的关键。2019 年 8 月 31 日,中国(河北)自由贸易试验区大兴机场片区挂牌成立,成为我国首个跨省级行政区域设立的自贸试验区。大兴机场片区总面积为 19.97 km²,其中北京片区面积为 9.97 km²。

为加快自贸试验区建设,目前第一批制度创新清单已落地过半,为自贸试验区发展提供制度支撑。下一步,将尽快推动河北自贸试验区大兴机场片区(北京大兴)第一批制度清单全面落地,并推动第二批制度清单研究工作;结合国家服务业扩大开放综合示范区的获批、北京自贸试验区的获批和综合保税区的申请,并根据临空经济区产业发展需求,成熟一批、推出一批产业创新政策。

另一大重点功能区——北京大兴国际机场综合保税区也正推动建设。2019年,京冀两地联合报请国务院设立北京大兴国际机场综合保税区。北京、河北、首都机场集团两地三方拟搭建共同平台,推动综合保税区的建设和管理,为全国建设跨行政区域的综合保税区,提供可借鉴、可推广的经验。

(三)一批重大项目落地开建

位于北京自贸区范围内的自贸区创新服务中心项目建设加快实施,"这一项目未来将重点服务生命健康产业及金融服务产业落地,用地约10.88公顷,建筑面积约7万平方米,总投资4.4亿元。"大兴片区管委会规划建设处相关负责人介绍道。尽管项目仍在建设中,但已吸引了中国银行、中国工商银行、中国农业银行等金融机构,以及上海细胞存储与转化、何氏眼产业集团项目等生命健康产业项目入驻。

自贸区创新服务中心项目只是临空经济区重大项目顺利推进的一个缩影。除了这一项目,位于临空区东片区的综保区一期也正在建设,总占地面积约2.95 km²,其中北京部分约1.04 km²,一期将建设市政道路、外围配套市政能源管线和场站等,为综保区封关运行提供必备的基础设施保障。

此外,物流企业顺丰将在非保物流区内建设占地约21公顷、建筑面积约21万 m²的高质量物流项目,顺丰项目规划综合实施方案已获批。

临空区发展服务中心也已开工建设。该项目位于机场红线内,距航站楼西北侧1.2 km,占地4公顷,建筑面积18万 m²,总投资20亿元,是2022年北京冬奥会重点配套项目。

(四)建城市航站楼方便京津冀旅客出行

2020年9月16日,大兴国际机场固安城市航站楼启用,这是大兴国际机场首座跨省异地城市航站楼。从航站楼出发,仅用40分钟便可到达大兴国际机场。根据规划,未来大兴国际机场还将与多地进行空轨联运,在河北雄安新区、北京城市副中心和北京丽泽商务区建立城市航站楼,将大大缩短京津冀旅客飞向全国乃至世界的时间成本。2020年年底,京雄城际铁路将全线开通,从大兴国际机场去往雄安新区,将有高铁相连,用时仅30分钟。未来京昆高铁、京港澳高铁、京九高铁都会在雄安新区汇集,通过空铁联运,大兴国际机场将从北京和雄安新区两地辐射到河北、天津、河南等省市。

依托大兴国际机场,北京与河北建立起临空经济区、自贸试验区、综合保税区。截至2020年8月,中国(河北)自由贸易试验区大兴机场片区已入驻市场主体153家。承担着国际贸易、保税加工、国际物流、保税服务等重要职能的大兴机场综合保税区市政基础设施已完成近半。在大兴国际机场综合保税区,京冀双方还将以共享共建共管为原则,建立统一的管理和运营体制,共同完成产业规划研究,联合举办招商推介活动,并制定统一入区标准。

图10-7所示为北京大兴国际机场俯瞰图。

209

图 10-7　北京大兴国际机场俯瞰图

本 章 总 结

　　临空经济是依托国际枢纽型机场的客流、物流和信息流优势而发展起来的一种区域经济形态,是全球产业重新分工与要素资源重新组合的"战略节点",已经成为继"港口经济""铁路经济""公路经济"之后 21 世纪国家与地区新的经济增长极,当今世界经济正在创造一个以航空、数字化、全球化和以时间价值为基础的全新竞争体系,临空经济已成为国家和地区经济增长的发动机。

　　随着我国机场从数量和规模上的不断升级,依托机场规划和发展临空经济成为各个机场城市推动区域经济发展的新抓手。中国临空经济区的发展已进入深度开发阶段——航空都市的规划建设,以航空枢纽为依托,引导高端制造业、现代服务业集聚发展,构建以航空运输为基础、航空关联产业为支撑的产业体系,建设现代产业基地、区域物流中心、科技创新引擎和开放合作平台,成为推进区域经济升级、加速区域一体化的新引擎、新动力。

　　现代化临空经济区围绕核心机场,大力发展临空产业,打造航空新城,打破传统机场片区偏离城市、交通不畅、产业低端等发展困局。以枢纽机场为核心打造综合交通枢纽成为当代临空经济区建设的新标配,航空枢纽港融合航空、高速公路、高铁、城市地铁、公交等多种交通功能于一体,加速区域交通一体化,使得机场服务客群从传统的本地客群扩大到更大范围的腹地客群。依托枢纽机场的"客流、货流"核心要素资源,推动发展航空制造业、航空运输业、航空物流业等临空关联产业,以及本地核心产业与航空产业耦合产生的临空制造业、临空高科技产业和临空现代服务业,将临空经济区发展成为区域高端制造业、高新技术产业和现代服务业的集聚区。

思　考　题

1. 如何理解临空经济？
2. 临空经济还有哪些别称？
3. 简述临空经济产业概况。
4. 简述中国临空经济发展历程。
5. 论述虹桥临空经济区产业特色。
6. 论述首都国际机场临空经济区的产业特色。
7. 简述北京大兴国际机场临空经济"1+2+2"产业体系。
8. 长三角包含哪些省份和城市？如何依托临空经济一体化协同发展？
9. 京津冀是指哪些省份和城市？如何依托临空经济一体化协同发展？
10. 临空经济未来发展趋势是怎样的？

第十一章　智慧机场概述

本章内容主要从《中国民航四型机场建设行动纲要》出发,介绍四型机场的定义、内涵和建设目标及主要任务,明确智慧机场建设是四型机场建设的关键支撑和必要途径,也是未来中国机场建设的方向,从而引出智慧机场相关知识内容,并列举大兴国际机场智慧机场建设和运行案例,来深入理解智慧机场对中国智慧民航建设的重要意义。

✈ 学习目标

- ● 知识目标

  1. 掌握四型机场的概念和内涵。
  2. 了解四型机场建设的指导思想、建设目标和主要任务。
  3. 了解四型机场建设导则的相关内容。
  4. 掌握智慧机场的概念。
  5. 了解智慧机场建设的主要内容。
  6. 了解智慧机场信息技术应用的基本情况。
  7. 了解什么是"出行一张脸""运行一张图"。
  8. 通过北京大兴国际机场智慧技术应用案例,深入了解智慧机场建设的作用和意义。
  9. 了解智慧民航建设的相关政策及核心任务。

- ● 能力目标

  具备推动机场运行服务数字化转型、构建民航业数据资源融合应用生态体系的能力。

- ● 素养目标

  树立互联网思维及大数据分析的理念,积极践行数字中国战略。

第一节　中国民航四型机场建设

一、背景和意义

2020 年，中国民航局出台《中国民航四型机场建设行动纲要(2020—2035 年)》，(谋划未来 15 年四型机场建设的目标、任务和路径。

近年来，中国民航取得了举世瞩目的成就，特别是机场建设始终保持了快速发展态势。截至 2021 年年底，我国境内运输机场(不含香港、澳门和台湾)248 个。从机场旅客吞吐量规模来看，我国共计有 29 个机场旅客吞吐量达 1 000 万人次，年旅客吞吐量为 200~1 000万人次运输机场有 32 个，200 万人次以下 187 个。年货邮吞吐量为 1 万吨以上的运输机场 61 个，在全球最繁忙机场的前 30 名中，我国有北京首都、上海虹桥、广州白云、成都双流、深圳宝安、重庆江北 6 个机场。同时，郑州、重庆、西安、三亚机场以及郑州、杭州、广州、重庆机场分别进入 10 年来全球客运量和货运量增长最快的前 10 名机场。

依靠大量投入的基础设施建设，民航业在产业发展速度与规模上取得了一定成绩，但是许多深层次的矛盾并没有得到很好的解决并逐步显现，制约了行业的发展。这主要体现在：与民航发展需求增量的矛盾、与机场运行安全的矛盾、与城市规划建设的矛盾、与旅客出行需求的矛盾、与环境生态保护的矛盾等。这些矛盾充分表明，传统的单一依靠加强基础设施建设，依靠挤压早已饱和的运行资源的发展模式已难以适应行业发展的需要，亟须转变发展方式，从过去注重数量、总量、增量的量优式发展，转向注重质量、效率、效益的质优式发展。

2019 年 9 月 25 日，习近平总书记出席北京大兴国际机场投运仪式，对民航工作作出重要指示，要求建设以"平安、绿色、智慧、人文"为核心的四型机场，为中国机场未来发展指明了方向。为贯彻落实习近平总书记关于建设四型机场指示要求，加强顶层设计，更好地推进四型机场建设，民航局出台了《中国民航四型机场建设行动纲要(2020—2035 年)》。

四型机场建设是落实习近平总书记重要指示的直接体现，是新时代民航机场高质量发展的必然要求，是民航强国建设的重要组成部分，也是推进行业治理体系和治理能力现代化的重要抓手，对未来机场建设发展意义重大。

二、指导思想

以习近平新时代中国特色社会主义思想为指导，全面贯彻党的二十大精神，坚持稳中求进总基调，践行新发展理念，落实习近平总书记对民航工作的重要指示批示精神，按照"一加快，两实现"新时代民航强国战略进程部署和"一二三三四"民航总体工作思路，完善和提升我国民用机场治理体系和治理能力，推进机场全面深化改革，全力构建现代化国家机场体系，实现发展方式从规模速度型向质量效率型转变、发展动力从要素投入驱动向创新驱动转变,满足人民对民航运输的美好需要,推进新时代民航高质量发展和民航强国建设,为世界民航机场建设与发展贡献中国智慧、分享中国方案。

三、定义与内涵

1. 定义

四型机场(Four Characteristics Airport)是以"平安、绿色、智慧、人文"为核心,依靠科技进步、改革创新和协同共享,通过全过程、全要素、全方位优化,实现安全运行保障有力、生产管理精细智能、旅客出行便捷高效、环境生态绿色和谐,充分体现新时代我国机场高质量发展的内涵。

2. 内涵

(1) 平安机场(Safe Airport):是安全生产基础牢固,安全保障体系完备,安全运行平稳可控的机场。

(2) 绿色机场(Green Airport):在全生命周期内实现资源集约节约、低碳运行、环境友好的机场。

(3) 智慧机场(Smart Airport):是生产要素全面物联、数据共享、协同高效、智能运行的机场。

(4) 人文机场(Humanistic Airport):是秉持以人为本,富有文化底蕴,体现时代精神和当代民航精神,弘扬社会主义核心价值观的机场。

"平安""绿色""智慧""人文"4个要素相辅相成、不可分割。平安是基本要求,绿色是基本特征,智慧是基本品质,人文是基本功能。要以智慧化为引领,通过智慧化手段加快推动平安、绿色、人文目标的实现,硬实力逐步转向提升软实力。

四、建设目标

(1) 2020年是四型机场建设的顶层设计阶段。要按照新时代民航强国建设目标,明确四型机场建设的目标、任务和路径,为全行业描绘四型机场建设蓝图。

(2) 2021—2030年是四型机场建设的全面推进阶段。"平安、绿色、智慧、人文"发展理念全面融入现行规章标准体系。保障能力、管理水平、运行效率、绿色发展能力等大幅提升,支线机场、通用机场发展不足等短板得到弥补,机场体系更加均衡协调。示范项目的带动引领作用充分发挥,多个世界领先的标杆机场建成。

(3) 2031—2035年是四型机场建设的深化提升阶段。机场规章标准体系健全完善,有充分的国际话语权。建成规模适度、保障有力、结构合理、定位明晰的现代化国家机场体系,形成干支结合、运输通用融合、军民融合、一市多场等发展模式,安全高效、绿色环保、智慧便捷、和谐美好的四型机场全面建成。

五、主要任务

四型机场建设行动纲领围绕建设平安机场,严守安全生命线;建设绿色机场,实现可持续发展;建设智慧机场,推动转型升级;建设人文机场,实现和谐发展的四型机场内涵,提出了包括：确保机场运行安全；确保机场空防安全；确保机场建设安全；加强薄弱环节风险防范；提升应急处置能力；坚持节约使用资源；确保机场低碳高效运行；实现机场与周边环境和谐友好；加快信息基础设施建设，实现数字化；推进数据共享与协同，实现网络化；推进数据融合应用，实现智能化；切实保障信息安全；树立"中国服务"品牌；实施机场服务品质工程；实施机场服务便捷工程；打造特色鲜明文化载体；提升机场治理体系和治理能力，夯实法治基础；加强科技供给，夯实技术基础；持续推进基础设施建设，夯实硬件基础；补齐发展短板，夯实协同基础 20 个主要任务。

六、四型机场建设导则

2020 年 10 月 13 日，民航局发布《四型机场建设导则》，明确四型机场的建设目标、基本原则、建设要点和实施步骤，指导国内各机场开展四型机场建设。《四型机场建设导则》以《中国民航四型机场建设行动纲要(2020—2035 年)》为指导，全面借鉴国内外机场在建设、运营中的先进理念、经验及优秀成果，研判未来民航发展趋势，充分吸收智慧城市、智慧交通、智慧能源、生态城市、海绵城市、平安城市等相关领域的创新做法，借鉴交通、电力等行业建设经验，广泛听取多领域专家的意见和建议，多次组织专家论证会议而最终形成。

1. 四型机场建设目标

对机场从规划、设计、施工到运营进行全方位优化，提升机场治理体系和治理能力现代化水平，打造一个规划建设科学有序、安全根基扎实牢固、资源保障可靠有力、业务运行协同经济、航旅服务优质便捷、交通衔接顺畅高效、信息系统集成共享、环境友好绿色低碳，符合新时代民航高质量发展要求，满足人民群众美好出行需求的现代化机场。

2. 四型机场建设原则

四型机场建设必须坚持政策导向、坚持创新驱动、坚持统筹协调、坚持多元共享、坚持开放合作、坚持因场因时施策和坚持全生命期管理 7 个原则。

3. 四型机场建设要点

平安机场建设应围绕空防安全、治安安全、运行安全和消防安全等民航安全的基本要求，贯彻执行"安全第一、预防为主、综合治理"的安全方针，着力航空安全防范、业务平稳运行、应急管理、快速恢复 4 种安全能力建设；绿色机场建设应重点围绕资源节约、低碳减排、环境友好、运行高效等内容开展；智慧机场建设应实现全场业务网联化、可视化、协同化、智能化、个性化、精细化，为平安、绿色、人文机场建设提供技术支持、搭建技术平台；人文机场建设应围绕文化彰显和人文关怀两个层面，着力于理念、形象、空间、服务 4 个系统的建设。

智慧机场建设是四型机场的关键支撑和必要路径，智慧机场的建设持续提升机场的安全保障能力、运行保障效率和服务保障水平。

第二节 智慧机场概况

一、智慧机场的概念

智慧机场是一种多元化的概念,是将现代信息技术运用到机场的各领域中,结合智能技术进行管理与运行,为旅客提供便捷、安全、智能、舒适、人性化的空间环境,使旅客感受到更好的出行服务体验。

智慧机场建设是中国机场建设的未来方向,充分利用各种信息技术手段推动机场各领域的建设发展,从而打造出一个高安全性能、高服务质量、高质出行体验的综合机场。

智慧机场具有高度的感知、互联和智能能力,可实现实时、精准、充分地获取机场服务和管理信息并加以梳理、分析、加工和利用,基于"大数据+AI"为核心实现稳定、高效、智能的资源和服务。

二、智慧机场建设内容

机场是一个涉及多项复杂业务的庞大基础服务设施,包含空侧、航站楼、陆侧等功能区。从物理空间角度上分析,"智慧机场"包含智慧航站楼、智慧陆侧、智慧空侧的建设。

从业务领域来区分,智慧机场建设的涵盖范围分为生产、经营、管理、安全、服务五方面,"智慧机场"建设要从各领域、全方位开始推进。其中,服务领域就提及了个性化体验,以及旅客在航站楼内部的商业体验。智慧机场一直处于革新与发展状态,提升旅客在航站楼内部的体验感与趣味性,也起到了推动"智慧机场"服务领域建设的作用。图11-1所示为机场功能区实景。

图 11-1 机场功能区实景

三、智慧机场的技术应用

1. 移动互联

机场可以通过整合硬件和数据资源,基于移动技术设计机场服务综合解决方案,通过以下功能为旅客提供统一的服务信息。

(1)航班动态查询。旅客可以通过手机等移动设备获取航班的动态信息,同时机场可以通过多种途径向旅客针对性地推送航班进程信息等。

(2)机场地图。机场地图可以展示航站楼的基础设施及商户位置,并提供路线指引,地图指引可以有效节省旅客在乘机过程中的可控时间。

(3)机场服务。机场可以通过移动技术向旅客提供机场各种特色服务,例如,现场问讯、行李寄存、失物招领、机场乘机流程等,帮助旅客快速查找机场各项服务,及时解决问题,减轻工作人员的工作强度。

2. 大数据

利用专业数据综合分析航班延误各种因素,既可以促进航空公司、机场之间的有序竞争,也为旅客出行决策提供了准确、方便的途径。

通过大数据,机场可以分析旅客的个性化需求,向旅客推送个性化的服务广告,如推荐服务产品、提供误机解决方案、推荐目的地交通景点等信息。同时,大数据可以分析和预测客流量、帮助机场提高旅客休息室使用率、改善停车拥堵情况等,为旅客提供更优质的服务。

3. 物联网

物联网是指通过各种信息传感器、射频识别技术、全球定位系统、红外感应器、激光扫描器等各种装置与技术,实时采集任何需要监控、连接、互动的物体或过程,采集其声、光、热、电、力学、化学、生物、位置等各种需要的信息,通过各类可能的网络接入,实现物与物、物与人的泛在连接,实现对物品和过程的智能化感知、识别和管理。

物联网是一个基于互联网、传统电信网等的信息承载体,它让所有能够被独立寻址的普通物理对象形成互联互通的网络。

在我国民航业,物联网技术已经在许多领域得到部分实际应用。例如,飞机飞行状态监控系统,货物、登机牌的条形码或二维码读写系统,旅客会员卡、电子登机牌识别系统,安防方面的录像监控系统,门禁管理系统,执勤或电子支付的刷卡系统,节能低碳方面的楼道照明感应灯系统等。这些应用在航空运输企业对飞机、货物、旅客、电力等物或人的管理中发挥积极作用。

总体来说,相对于市政交通、电力、金融、零售等行业初步成型的技术、标准体系和商业模式,民航业物联网的应用还比较零碎、分散,技术未成体系,市场未成规模,可发展、提升的空间很大。

4. 室内室外定位技术

(1)基于位置的服务(Location Based Services,LBS)是围绕地理位置数据而展开的服务,其由移动终端使用无线通信网络或卫星定位系统,基于空间数据库获取用户的地理位置坐标信息,并与其他信息集成以便向用户提供所需的与位置相关的增值服务。

（2）全球定位系统（Global Positioning System,GPS）。GPS 是一种以人造地球卫星为基础的高精度无线电导航的定位系统,它在全球任何地方以及近地空间都能够提供准确的地理位置、车行速度及精确的时间信息。

LBS 在机场内的应用形式非常广泛,可以为机场运行的各个方面提供帮助并带来管理水平的提升。机场需要重点关注各项应用如何组合,形成一个互动、完善的服务体系,使得信息能够在机场的各利益相关方之间畅通流转,促进各方高效、协同运行,为旅客及各驻场单位主动提供各类服务,以实现"智慧型机场"的目标,同时提高非航空性收入。

5. 地理信息系统

地理信息系统（Geographic Information System,GIS）是一种采集、处理、传输、存储、管理、查询检索、分析、表达和应用地理信息的计算机系统,是分析、处理和挖掘海量地理数据的通用技术。

机场为了向旅客提供高质量的服务,需要构建可信、可靠的室内地理信息与位置平台,并且通过移动应用终端向旅客推送的个性化与智能化信息服务,为航空旅客提供快速、便捷、高效、个性化的航空信息服务,为机场管理与运行、航空公司等提供一体化的服务体系和辅助决策。

图 11-2 所示为智慧机场服务领域。

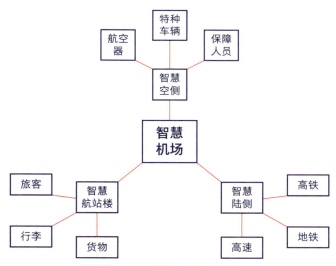

图 11-2　智慧机场服务领域

四、智慧机场解决方案

图 11-3 所示为智慧机场解决方案。

基于数字化平台,融合 AI、大数据、物联网、视频云、云计算等技术,围绕机场"运控、安防、服务"三大业务领域,构建"出行一张脸"及"运行一张图"两大场景化解决方案,畅通旅客流和航班流,使得旅客出行体验、运营效率得到大幅度提升,高效支撑机场数字化转型建设。

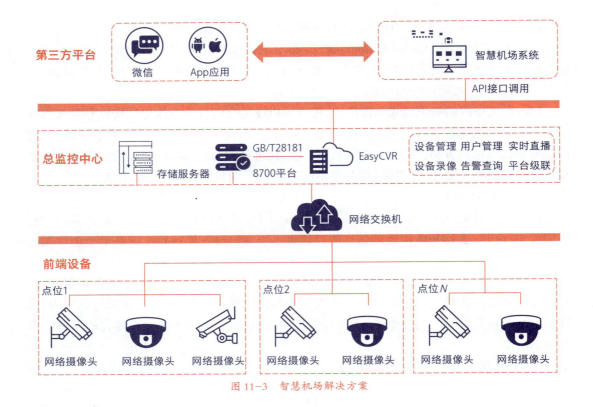

图 11-3　智慧机场解决方案

1. 智慧机场"一张脸"

人工智能、大数据、5G 等新技术的应用使从值机、安检到登机,"一张脸走遍机场"。乘坐航班的旅客无须再像以往那样出示身份证、二维码,旅客只需要通过人脸识别,就可以完成从购票、值机、托运、安检、登机等各个出行流程。客舱乘务员还可通过机舱口人脸识别系统进行旅客复验、旅客清点确认、座位引导等各环节的工作,有效提升服务精准度,使旅客感受到"智慧出行"的轻松便捷(图 11-4)。

图 11-4　大兴国际机场登机口采用人脸识别技术,
旅客登机时仅需面对屏幕便可实现快速登机

图 11-5 所示为智慧机场人脸识别方案。

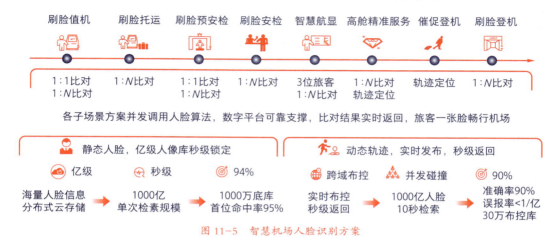

图 11-5 智慧机场人脸识别方案

2. 智慧机场"一张图"

围绕"全流程、全场景、全要素",基于机场数字平台,融合来自空管、机场和航司等 30 多个子系统的机场、航班和旅客数据,构建运行一张图解决方案。以智慧机场 IOC (Intelligent Operations Center,智能运行中心) 为中心,涵盖智慧机场 SOC (System on Chip,系统级芯片)、全景可视化、智能资源管理、航班保障节点采集、排队管理、地服智能排班、飞行区车路协同、机场群运行协同、飞行区作业智能监管等子场景,解决了未来机场运营管理中心对空侧、陆侧及地面交通的全局精准可视、智能精准预测及多域高效协同。

图 11-6 所示为智慧机场智能模块。

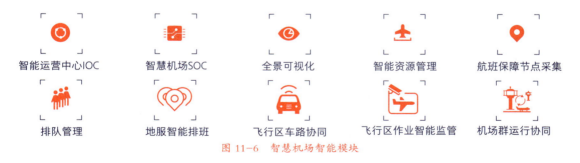

图 11-6 智慧机场智能模块

图 11-7 所示为智慧机场运营体系。

五、智慧机场是推进四型机场建设的关键支撑和实施路径

新时代民航高质量发展要求加快推进以"平安机场、绿色机场、智慧机场、人文机场"为核心的四型机场建设,着力打造集内在品质和外在品位于一体的现代化民用机场,注重质量、效率、效益的质优式发展。其中,智慧机场是推进四型机场建设的关键支撑和实施路径。

221

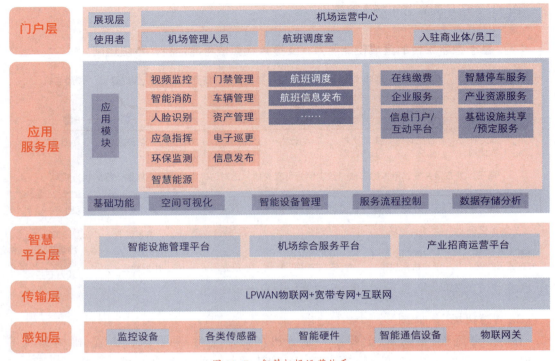

图 11-7　智慧机场运营体系

民航局已经组织行业内外专家组成课题组开展关于智慧机场的研究,明确了顶层设计,编制《中国民航推进四型机场行动纲要》;制定了建设指南,编制《四型机场建设导则》以及智慧机场框架下的《机场智慧能源管理系统建设导则》;整理了参考文件,形成《中国民航四型机场发展报告》和《四型机场发展研究与实践报告(国际篇)》;形成了示范引领,扩大了行业影响,在全行业征集评选出的 23 个"四型机场"示范项目中,有 16 个是智慧机场项目。

我国的千万级机场却普遍面临着容量饱和或濒临饱和的问题,影响旅客便捷高效舒适出行,必须向数字化、智能化新技术谋求机场发展空间,从而支撑行业安全运行、方便旅客出行。

在民航局引领下,全行业掀起"四型机场"建设热潮,白云机场、昆明机场、虹桥国际机场、首都国际机场等在生产运行、旅客服务、节能减排等方面的智慧化建设取得较好的成效,展现了科技创新对民航发展的支撑作用。北京大兴国际机场广泛应用了各项智慧型新技术,重点建设了 19 个平台的 68 个系统,自助值机设备覆盖率达到 86%,自助托运设备覆盖率达到 76%,安检通道均引入了人脸识别等智能新技术,旅客从进入航站楼一直到登机口,可实现全流程自助,无纸化通行,大大提升了通行效率;全面采用 RFID(Radio Frequency Identification,射频识别)行李追踪技术,实现旅客行李全流程跟踪管理,旅客可通过手机 App 实时掌握行李状态;建立统一的运行信息数据平台,全面掌握航班运行状态与地面保障各环节的信息,实现信息精准掌握,运行智能决策,将提升机场运行效率。

六、案例：北京大兴国际机场破解"智慧民航"课题

你看别人的脸，就是一张脸；北京大兴国际机场工作人员看你的脸，在佩戴的 AR 眼镜里弹出你的姓名、航班号、座位号……是不是特别炫酷！伴随着 2019 年 9 月 25 日大兴国际机场的正式通航，这些有如科幻片的黑科技纷纷上线（图 11-8 和图 11-9）。

北京大兴国际机场正式投入运营，迎来它"凤凰展翅"的高光时刻。这座机场被英国《卫报》列入"世界新七大奇迹"，英国《镜报》更将北京这个新机场称为"像是从科幻电影里走出来的"！

图 11-8 佩戴 AR 眼镜的地服人员可以通过眼镜识别旅客，在休息室寻找旅客通知登机，打造静音休息室

图 11-9 2019 年 9 月 25 日，北京大兴国际机场正式投入运营，旅客在候机楼用人脸识别值机

北京大兴国际机场应用了智慧物联网技术和多种高科技感产品，体现了智慧物联网技术带给我们生活的便捷。

（一）刷脸登机

大兴国际机场采用了先进的"人脸识别自动值机系统"（图 11-10），不用身份证等任何证照，手机上存好电子登机牌即可。客舱乘务员还可通过机舱口人脸识别系统进行旅客复验、旅客清点确认、座位引导等各环节的工作，提升服务精准度，体验便捷智慧物联网生活。通过便携式人脸识别装置设备，地服人员也可以快速自动识别旅客，智能推送旅客登机信息。

图 11-10　自助登机闸机前刷脸 1∶1 比对，核验通过即可登机

(二) 无感通关

大兴国际机场海关是全国首个在行李检查区全面配备新型高速 CT 检查设备的海关，这种设备的速度远快于普通 CT，除少数重点旅客及行李需进入重点查验区接受海关查验之外，绝大多数旅客入境时可实现"无感通关"，只需 3~4 秒的时间就能完成多项安检程序，走出安检通道（图 11-11）。

图 11-11　实现"无感通关"，只需 3~4 秒的时间就能
完成多项安检程序，走出安检通道

(三) 智能机器人停车系统

停车楼配有物联网 AVG 机器人智能停车区，驾驶员只需将车停在平台上，机器人就会抬起平台并将车辆运到空位。在旅客取车时，只需扫描停车票或使用终端输入车牌号码就可以知道车辆停放的位置（图 11-12）。这是机器人自动泊车功能在国内机场的首次应用，旅客停车、取车时间不超过 3 分钟。

(四) RFID 行李全流程跟踪系统

行李牌不仅可以自助打印，还可以实现全程追踪！行李牌内部装有芯片，全面采用 RFID 技术，旅客可实时掌握行李去向（图 11-13）。

图 11-12　旅客取车时，只需扫描停车票或使用终端输入
车牌号码就可以知道车辆停放的位置

（五）机器人问询自助终端

查机场交通、机场公告、室内导航、旅客服务、航班服务、商业查询……找萌萌的机器人问询自助终端吧！在机场的航站楼，10个虚拟交互式机器人和10个人形机器人（图11-14）都准备好了为乘客解答问题。

这些交互式机器人是之前语音识别机器人的升级版。基于3D人像技术，生成的动画虚拟机器人助手能够与乘客进行真实的对话。

图 11-13　行李牌内部装有芯片，全面采用 RFID 技术，
旅客可实时掌握行李去向

图 11-14　人形机器人

（六）360 度摄像头

国内出发安检区，一种配有360度拍照范围的摄像头已经启用。摄像头可以忽略旅客身高，即使不到一米的幼儿，也可以自己站在摄像头前拍照后完成安检过程。

有人说过，"未来10~20年，大家基本已经形成了一个共识，那便是新格局的发展将由AI和物联网技术来支撑。"对于当下来说，"未来"已经到来，智慧园区、智慧工厂、智慧城市、智能家居这种术语已经成为这个时代的标签。从大兴国际机场到技安智慧物联网平台,不难看出,科幻片中的科技感便捷生活不再是幻想。

第三节 智慧民航建设

一、以智慧塑造民航业全新未来

近年来,民航局高度重视智慧民航建设,先后印发了《中国民用航空局关于推动新型基础设施建设促进民航高质量发展的实施意见》《中国民用航空局关于推动新型基础设施建设五年行动方案》和《中国新一代智慧民航自主创新联合行动计划纲要》等智慧民航建设顶层架构的纲要性文件,提出了"出行一张脸、物流一张单、通关一次检、运行一张网、监管一平台"的目标,以及科技创新驱动民航高质量发展,体系化提升民航科技自主创新能力的方向。

(一)智慧民航建设服务新时代民航强国建设

智慧民航建设是深化供给侧结构性改革在民航业的集中体现,将有利于以创新驱动、高质量供给引领和创造新需求,拓展民航发展新空间,巩固航空运输强国地位;将有利于增强民航创新发展动力,提升我国民航的国际影响力,塑造国际竞争新优势,加快建成多领域民航强国;将有利于推动民航与上下游产业高水平融合发展,有力支撑全方位民航强国建设。

(二)智慧民航建设服务人民美好航空出行

建设智慧民航是贯彻以人民为中心发展思想、践行真情服务理念的重要体现,将通过打造智慧民航出行服务体系,为旅客提供全流程、多元化、个性化和高品质的航空服务新供给,实现人享其行;将有利于构建更加先进、可靠、经济的安全技术保障服务体系,确保飞行安全,更好地保障人民群众的生命财产安全。

(三)智慧民航建设服务现代化经济体系建设

将有利于打造安全可靠、高效经济、连通全球的现代航空物流体系,高效融合物流链、信息链、产业链,全面提升物流运输网络韧性,确保产业链供应链安全稳定;将有利于充分发挥民航超大规模市场和海量数据资源优势,引领带动新一代信息技术、先进制造技术、新能源技术和空天技术的产业创新,促进现代产业体系建设。

(四)智慧民航建设服务国家重大战略实施

将有力支撑交通强国建设,加快构建安全、便捷、高效、绿色、经济的现代化综合交通体系,实现人享其行、物畅其流;将有力支撑科技强国建设,抢占未来发展制高点,加快提升自主创新能力,实现民航科技高水平自立自强;将有力支撑数字中国建设,促进数字技术与民航业的深度融合。

二、智慧民航建设 4 个核心抓手

"智慧出行、智慧空管、智慧机场、智慧监管"是智慧民航建设的 4 个核心抓手。

（一）智慧出行

智慧出行是以缩短旅客综合出行时间、促进物流提质增效降本为目标，以全流程便捷出行、全方位"航空＋"服务和综合性航空物流服务为重点，构建便捷舒心的旅客服务生态和高效的航空物流服务体系。

建设重点：将围绕旅客行前、行中、机上全流程和航空物流全过程，以缩短旅客综合出行时间、促进物流提质增效降本为目标，开展机场"易安检"建设及示范推广、民航货运相关行业标准编制、行李全流程跟踪建设、中转便利化和通程航班服务推广、行李"门到门"机场覆盖范围扩大等工作。

（二）智慧空管

主要从全国民航协同保障运行、基于四维航迹的精细运行和基于算力的融合运行维度，夯实空中交通管理的安全基础，提升空中交通服务的全局化、精细化、智慧化运行水平，逐步构建新一代的空中交通管理系统。

建设重点：围绕"四强空管"建设，以提升空中交通全局化、精细化、智慧化运行水平为目标，开展包括 5G AeroMACS（航空 5G 机场场面宽带移动通信系统）协同运行、基于北斗三代系统建设及应用、无人驾驶航空器适航审定管理和校验、基于航迹运行的双机飞行验证及相应标准体系建设等工作。

（三）智慧机场

从机场全域协同运行、作业与服务能力、建造与运维水平等方面，推进机场航站楼服务智能化、旅客联程联运和货物多式联运的数字化，推动航班运行控制智能决策，提升协同保障能力，改进服务水平和运行效率。

建设重点：围绕四型机场建设，以提升机场运行安全保障能力和协同运行效率为目标，开展机场智能建造相关标准制定、智能建造项目试点、机场无人驾驶设备标准体系框架编制、无人驾驶车辆与航空器协同管理等工作。

（四）智慧监管

从打造一体化创新型数字政府、数据驱动的行业监管和融合创新的市场监测等角度，以数字政府建设为重点，构建行业智慧大脑，为公共服务和高效运转赋能，提升行业治理效能，维护航空市场秩序，带动产业融合发展。

建设重点：围绕"监管一平台"建设，以完善一体化政务服务水平，提升行业治理效能为目标，开展政务数据共享应用、无人驾驶航空器适航审定领域安全监管政策及指标研究、智慧监管服务项目推进等工作。

从世界发展态势来看，世界正在经历新一轮科技革命和产业变革，以新一代信息技术融合应用为主要特征的智慧民航建设正全方位重塑民航业的形态、模式和格局，必将引领民航业的未来发展方向。从国家战略层面来看，党的二十大作出了建设数字中国的战略部署，国民经济和社会发展"十四五"规划纲要专篇布局数字中国建设，明确提出了建设智慧民航任务。从行业发展阶段来看，我国民航正进入"发展阶段转换期、发展质量提升期、发展格局拓展期"三期叠加新阶段，过去以单纯增加传统要素投入的方式已难以适应新形势下的发展要求，运输规模持续增长与资源保障能力不足的矛盾仍将是行业面临的主要发展矛盾,尤其是在 2030 年碳达峰和 2060 年碳中和的目标要求下,要想发展好,必须通过智慧民航建设,破解行业发展难题,拓展绿色发展上线,提升行业发展空间,构筑行业发展竞争新优势。

本 章 总 结

建设四型机场,为我国机场实现高质量发展指明了前行之路。要准确把握四型机场的内涵特征,进一步明确"平安"是基本要求,"绿色"是基本特征,"智慧"是基本品质,"人文"是基本功能;四型机场建设目标是对机场从规划、设计、施工到运营进行全方位优化,提升机场治理体系和治理能力现代化水平,打造一个规划建设科学有序、安全根基扎实牢固、资源保障可靠有力、业务运行协同经济、航旅服务优质便捷、交通衔接顺畅高效、信息系统集成共享、环境友好绿色低碳,符合新时代民航高质量发展要求,满足人民群众美好出行需求的现代化机场。

新时代民航高质量发展要求加快推进以"平安机场、绿色机场、智慧机场、人文机场"为核心的四型机场建设,着力打造集内在品质和外在品位于一体的现代化民用机场,注重质量、效率、效益的质优式发展。其中,智慧机场是推进四型机场建设的关键支撑和实施路径,未来智慧机场建设将沿着《智慧民航建设路线图》的方向不断深化。

智慧民航是运用各种信息化和通信手段,分析整合各种关键信息,最终实现对行业安全、服务、运营、保障等需求做出数字化处理、智能化响应和智慧化支撑的建设过程。智慧出行、智慧空管、智慧机场、智慧监管是智慧民航运输系统建设的核心抓手和重要内容。

思 考 题

1. 什么是四型机场?
2. 四型机场的内涵是什么?
3. 简述你是如何理解智慧机场的。
4. 简要说明什么是"出行一张脸""运行一张图"?
5. 大兴国际机场运用了哪些智慧手段来提升服务水平的?
6. 智慧民航运输系统的核心抓手有哪几个方面?

资料一　民用航空安全检查规则（CCAR-339-R1）

资料二　安检员（民航安全检查员）国家职业技能标准（2019 年版）

资料三　中国民用航空局关于发布《民航旅客禁止随身携带和托运物品目录》和《民航旅客限制随身携带或托运物品目录》的公告

资料四　中国民航四型机场建设行动纲要（2020—2035 年）

资料五　公共航空运输旅客服务管理规定

资料六　航空货站收货工作规范

资料七　"十四五"航空物流发展专项规划

资料八　智慧民航建设路线图

资料九　航班正常管理规定

资料十　民用机场管理条例

资料十一　运输机场运行安全管理规定

资料十二　公共航空货物运输管理规定(征求意见稿)

资料十三　关于进一步提升民航服务质量的指导意见

资料十四　民航局关于促进航空物流业发展的指导意见

资料十五　民航局关于促进机场新技术应用的指导意见

参考文献 <<<<<<<

［1］曾小舟 . 机场运行管理［M］. 北京：科学出版社，2017.

［2］钱炳华，张玉芬 . 机场规划设计与环境保护［M］. 北京：中国建筑工业出版社，2000.

［3］王维 . 机场场道维护管理［M］. 北京：中国民航出版社，2008.

［4］中国民用航空局 .2021 年全国民用运输机场生产统计公报［EB/OL］. 中国民用航空局，2021.

［5］MH/T5114–2017，中国民用机场服务质量评价指标体系［S］.

［6］陈文华，狄娟，张恒 . 民用机场运营与管理［M］.2 版 . 北京：人民交通出版社，2021.

［7］田静，游婷婷 . 机场旅客服务［M］. 北京：中国民航出版社，2015.

［8］熊康昊，赵勇军，宋亚胜 . 机场应急管理与应急救援理论、实践与探索［M］. 北京：中国工人出版社，2018.

［9］邱珂，宋丽 . 航空安保概论［M］. 北京：清华大学出版社，2022.

［10］中国民用航空局职业技能鉴定指导中心 . 民航安全检查员［M］. 北京：中国民航出版社，2021.

［11］中华人民共和国人力资源和社会保障部，中国民用航空局 . 国家职业技能标准——安检员（民航安全检查员）（2019 年版）［M］. 北京：中国劳动社会保障出版社，2020.

读者意见反馈

为收集对教材的意见建议，进一步完善教材编写并做好服务工作，读者可将对本教材的意见建议通过如下渠道反馈至我社。

咨询电话　400-810-0598
反馈邮箱　gjdzfwb@pub.hep.cn
通信地址　北京市朝阳区惠新东街 4 号富盛大厦 1 座
　　　　　高等教育出版社总编辑办公室
邮政编码　100029

- -

责任编辑: 张卫

高等教育出版社　高等职业教育出版事业部　综合分社

地　　址: 北京市朝阳区惠新东街4号富盛大厦1座19层

邮　　编: 100029

联系电话: （010）58582742

E-mail: zhangwei6@hep.com.cn

QQ: 285674764

（申请配套教学资源请联系责任编辑）